■ 大学公共课系列教材

U0866976

大学生职业发展与就业指导

DAXUESHENG ZHIYE FAZHAN YU JIUYE ZHIDAO

谢　武◎主　编
赖靖靖◎副主编
陈　洁　张毓敏　程向雷　宋海霞◎编　委
任宪敏　徐　琼　郭彧杰　林甜芳

北京师范大学出版集团
BEIJING NORMAL UNIVERSITY PUBLISHING GROUP
北京师范大学出版社

图书在版编目(CIP)数据

大学生职业发展与就业指导 / 谢武主编. —北京 :北京师范大学出版社，2014.8（2018.7 重印）
ISBN 978-7-303-14880-6

Ⅰ. ①大… Ⅱ. ①谢… Ⅲ. ①大学生—职业选择—高等学校—教材 Ⅳ. ①G647.38

中国版本图书馆 CIP 数据核字(2014)第 078329 号

营销中心电话　010-58802181　58805532
北师大出版社高等教育分社网　http://gaojiao.bnup.com
电子信箱　gaojiao@bnupg.com

出版发行：北京师范大学出版社　www.bnup.com
北京新街口外大街 19 号
邮政编码：100875
印　刷：保定市中画美凯印刷有限公司
经　销：全国新华书店
开　本：730 mm×980 mm　1/16
印　张：15.25
字　数：270 千字
版　次：2014 年 8 月第 1 版
印　次：2018 年 7 月第 7 次印刷
定　价：30.00 元

策划编辑：王　强　刘松弢　　责任编辑：王　强
美术编辑：刘松弢　　装帧设计：刘松弢
责任校对：李　菡　　责任印制：马　洁

目 录

第一章　生涯发展理论

【学习目的】

了解工作、职业、生涯及职业生涯等基本概念，掌握基本的生涯选择及发展理论；掌握大学阶段职业生涯规划的四个阶段，明确每个阶段的目标及实施策略；了解职业生涯规划的要素、步骤及内容。

第一节　基本概念

一、工作、职业与生涯

职业发展是伴随着个人一生的一个过程，这个过程包含着个人所选择的工作、职业以及各种相应的活动，它受到个人家庭 、学校教育、宗教信仰以及其他各种社会因素的影响。

有关“职位”、“工作”、“职业”与“生涯”的含义观点众多，仍然存在一定程度的争议，本书定义如下。

(一)职位

职位是和分配给个人的一系列具体任务直接相关的。因此，职位和参与工作的个人相对应，有多少参与工作的个人，就有多少个职位。例如，一支足球队有 11 个队员，意味着这个足球队中有 11 个职位，而无论这些职位是前锋还是后卫。

(二)工作

工作是由一系列相似的职位所组成的一个特定的专业领域。例如，一支足球队中的所有球员都被称为足球运动员。

(三)职业

职业是指在不同专业领域中一系列相似的服务。例如，运动员是一种职业。

(四)生涯

广义上理解，“生”，自然是与一个人的生命相联系；“涯”，则有边际的含义。生涯即指个人终其一生所经历的一系列职业与角色的总称。人的一生，包含少年、成年、老年三个阶段，成年阶段是最重要的时期。这一时期之所以重要，是因为这是人们从事职业活动的时期。

二、职业生涯规划

职业生涯规划是由早期职业辅导运动发展而来的。职业辅导起源于美国20世纪中叶，布里奇特·A·赖特在其撰写的《成功的职业生涯规划》一书中，提出了职业生涯规划的概念。

职业生涯规划分为组织职业生涯规划和个人职业生涯规划。组织职业生涯规划是由组织（企业）的人力资源管理部门根据组织发展需要而采取的一种现代管理方式，用以了解员工、激励员工，从而发掘、留用人才，其根本目的是为了组织（企业）的发展。个人职业生涯规划是个人的一种主动行为，是指个人结合自身条件和现实环境，确立自己的职业目标，选择职业道路，制订相应的培训、教育和工作计划，并按照职业生涯发展的阶段实施具体行动以实现目标的过程。

平常人们谈论的职业生涯规划主要是指个人的职业生涯规划，本书中提到的职业生涯规划亦指个人的职业生涯规划。

【课堂练习】

下列称谓中哪些属于职位？哪些属于职业？哪些属于工作？

农民、义工、董事长、婚庆主持、公务员、学生、运动员、志愿者、家庭主妇、空姐、举报人、经理、政治家、保险经纪、保姆、私家侦探。

第二节　常用理论

一、帕森斯的特质因素论

特质因素理论是最早的职业辅导理论，由美国波士顿大学教授弗兰克·帕森斯在其《选择一个职业》一书中首次提出的，至今仍对职业辅导工作具有重要的指导意义。由于帕森斯在职业辅导工作上所做出的巨大贡献及其深远影响，他被人们尊称为“职业辅导之父”。

（一）理论观点

特质因素论的基本假设是：个人都有自己的人格模式，每种人格模式的个人都有与其相适应的职业类型。所谓“特质”就是指个人的人格特征，包括能力倾向、兴趣、价值观和人格等，这些都可以通过心理测量工具来加以评量。所谓“因素”，则是指在工作上要取得成功所必须具备的条件或资格，这可以通过对工作的分析而了解。将个人与职业相配，如果个人的特质与工作因素越接近，则个人成功的可能性也就越大。

(二)职业辅导的三大步骤

1980年，弗兰克·帕森斯在美国波士顿设立职业局，在职业指导过程中，他提出了职业设计的三要素模式：其一，清楚地了解自己，包括性向、能力、兴趣、自身局限和其他特质等；其二，了解各职业必备的条件及所需要的知识，在不同工作岗位上所占的优势、不足和补偿、机会、前途；其三，上述两者的平衡。在进行人—职匹配的指导过程中，一般要经历以下三个步骤。

第一步：评价就职者的生理和心理特点(特性)。通过心理测量及其他评测手段获得有关求职者的身体状况、能力倾向、兴趣爱好、气质与性格等方面的个人资料，通过会谈、调查等方法获得求职者的家庭背景、学业成绩、工作经历等情况，并对这些资料进行评价。

第二步：分析各种职业对人的要求(因素)，并向求职者提供有关的职业信息，包括职业的性质、工资待遇、工作条件以及晋升的可能性；求职的最低条件，诸如学历要求、所需的专业训练、身体要求、年龄、各种能力以及其他心理特点的要求；为准备就业而设置的教育课程计划，以及提供这种训练的教育机构、学习年限、入学资格和费用等；就业机会。

第三步：人—职匹配。指导人员在了解求职者的特征和职业的各项指标的基础上，帮助求职者进行比较分析，以便选择一种既适合其个人特点又有可能在职业上取得成功的职业。

(三)人—职匹配的类型

第一，因素匹配。例如，需要有专门技术知识的职业与掌握该种技能和专业知识的择业者相匹配，劳动条件很差的职业，需要有吃苦耐劳、体格健壮的劳动者与之匹配。

第二，特性匹配。例如，具有敏感、易动感情、不守常规、个性强、理想主义等人格特性的人，易于从事艺术创作类的职业。

(四)评价

特质因素论的辅导方法易于学习和操作，注重心理测量工具的使用，对心理测量的发展和应用起到了极大的推动作用。一方面，测量工具本身存在信度与效度问题；另一方面，特质因素论强调理性的适配，忽略了个人在决策中的影响作用，因此，基于此模式的辅导有可能仅止于表面的帮助。

二、霍兰德的类型论

约翰·霍兰德是美国约翰·霍普金斯大学心理学教授，美国著名的职业指导专家。他于1959年提出了具有广泛社会影响的霍兰德类型论。

(一)理论观点

该理论认为职业选择是个人人格的延伸和表现，人格特质反映在职业上就是职业兴趣，决定着职业倾向。霍兰德认为人格可分为现实型(R)、研究型(I)、艺术型(A)、社会型(S)、企业型(E)和常规型(C)六种类型，职业环境也可以分成相应的同样名称的六大类。同一类型的职业通常会吸引相同人格特质的人，从而产生特定的职业氛围。个人人格类型和职业环境之间的适配将增加个人的工作满意度、职业稳定性和职业成就感。

(二)六种类型的内容

1. 社会型(S)

共同特征：喜欢与人交往，不断结交新的朋友，善言谈，愿意教导别人。关心社会问题，渴望发挥自己的社会作用。寻求广泛的人际关系，比较看重社会义务和社会道德。

典型职业：喜欢与人打交道的工作，能够不断结交新的朋友，从事提供信息、启迪、帮助、培训、开发或治疗等事务，并具备相应的能力，如教育工作者(教师及教育行政人员)和社会工作者(咨询人员及公关人员)。

2. 企业型(E)

共同特征：追求权力、权威和物质财富，具有领导才能。喜欢竞争，敢于冒险，有野心和抱负。为人务实，习惯以利益得失、权利、地位、金钱等来衡量做事的价值，做事有较强的目的性。

典型职业：喜欢要求具备经营、管理、劝服监督和领导才能，能实现政治、经济等方面的目标的工作，并具备相应的能力，如项目经理、销售人员、营销管理人员、政府官员、企业领导、法官、律师。

3. 常规型(C)

共同特点：尊重权威和规章制度，喜欢按计划办事，细心、有条理，习惯于接受他人的指挥和领导，自己不谋求领导职务。喜欢关注实际和细节情况，通常较为谨慎和保守，缺乏创造性，不喜欢冒险和竞争，富有自我牺牲精神。

典型职业：喜欢要求注意细节、精确度、系统性、条理性，并且有记录、归档、据特定要求或程序组织数据或文字信息的职业，如秘书、办公室人员、记事员、会计、行政助理、图书管理员、出纳、打字员、投资分析员。

4. 现实型(R)

共同特点：愿意使用工具从事操作性工作，动手能力强，做事手脚灵活，动作协调。偏好于具体任务，不善言辞，做事保守，较为谦虚。缺乏社交能力，通常喜欢独立做事。

典型职业：喜欢使用工具、机器，需要基本操作技能的工作，对要求具备机械方面才能、体力或从事与物件、机器、工具、运动器材、植物、动物相关的职业有兴趣，并具备相应的能力，如技术性职业(计算机硬件设计人员、摄影师、制图员、机械装配员)和技能性职业(厨师、技工、修理工、农民)。

5. 研究型(I)

共同特点：思想家而非实干家，抽象思维能力强，求知欲强，肯动脑，善思考，不愿动手。喜欢独立的和富有创造性的工作。知识渊博，有学识才能，做事喜欢精确，喜欢逻辑分析和推理。

典型职业：喜欢抽象的、独立的定向任务，要求具备智力或分析才能，并将其用于观察、估测、衡量、形成理论、最终解决问题的工作，并具备相应的能力，如科学研究人员、教师、工程师、电脑编程人员、医生、系统分析人员。

6. 艺术型(A)

共同特点：有创造力，乐于创造新颖、与众不同的成果，渴望表现自己的个性，实现自身的价值。做事理想化，追求完美，不重实际。具有一定的艺术才能和个性。善于表达、怀旧，心态较为复杂。

典型职业：喜欢的工作要求具备艺术修养、创造力、表达能力和直觉，并将其用于语言、行为、声音、颜色和形式的审美、思索和感受，具备相应的能力，如演员、导演、艺术设计师、建筑师、摄影家、广告制作人、歌唱家、作曲家、乐队指挥、小说家、诗人、剧作家等。

然而，大多数人并非只有一种性向，如一个人的性向很可能同时包含着社会性向、现实性向和研究性向这三种。霍兰德认为，这些性向越相似，相容性越强，则一个人在选择职业时所面临的内在冲突和犹豫就会越少。为了帮助描述这种情况，霍兰德建议将这六种类型分别放在一个正六边形的每一个角上，形成霍兰德职业兴趣六边模型，如图 1-1 所示。

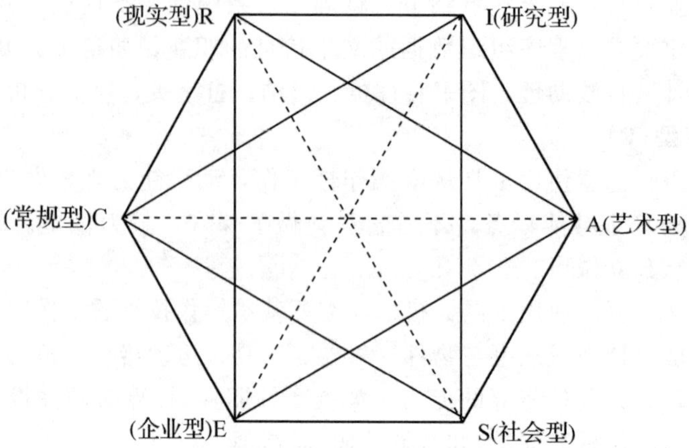

图 1-1 霍兰德的六边形模型

工作满意度与流动倾向性，取决于个体的人格特点与职业环境的匹配程度。当人格和职业相匹配时，会产生最高的满意度和最低的流动率。例如，社会型的个体应该从事社会型的工作，社会型的工作对现实型的人则可能不适合。这一模型的关键在于：个体之间在人格方面存在着本质差异；个体具有不同的类型；当工作环境与人格类型协调一致时，会产生更高的工作满意度和更低的离职可能性。

(三)六种类型的关系

霍兰德所划分的六种类型，并非是并列的，而是有着明晰的边界的。他以六边形标示出六大类型的关系。

1. 相邻关系

相邻关系如 RI、IR、IA、AI、AS、SA、SE、ES、EC、CE、RC 和 CR，属于这种关系的两种类型的个体之间共同点较多。例如，现实型 R、研究型 I 的人就都不太偏好人际交往，这两种职业环境中也都较少机会与人接触。

2. 相隔关系

相隔关系如 RA、RE、IC、IS、AR、AE、SI、SC、EA、ER、CI 和 CS，属于这种关系的两种类型的个体之间共同点较相邻关系少。

3. 相对关系

在六边形上处于对角位置的类型之间即为对称关系，如 RS、IE、AC、SI、EI 和 CA，相对关系的人格类型共同点少，因此，一个人对同时处于相对关系的两种职业环境都兴趣很浓的情况较为少见。

人们通常倾向于选择与自我类型匹配的职业环境，如具有现实型兴趣的人希望在现实型的职业环境中工作，可以最好地发挥个人潜能。但在职业选择中，个体并非一定要选择与自己兴趣完全对应的职业环境。一则因为个体本身常是多种兴趣类型的综合体，单一类型显著突出的情况不多，因此评价个体的兴趣类型时也时常根据其在六大类型中得分居前三的类型组合进行，组合时根据分数的高低依次排列字母，构成其兴趣类型组(霍兰德代码)，如 RCA、AIS 等；二则因为影响职业选择的因素是多方面的，不完全依据兴趣类型，还要参照社会的职业需求及获得职业的现实可能性。因此，职业选举时会不断妥协，寻求与相邻职业环境甚至相隔职业环境，在这种环境中，个体需要逐渐适应工作环境。但如果个体寻找的是相对的职业环境，意味着所进入的是与自我兴趣完全不同的职业环境，则工作起来可能会难以适应，或者难以做到工作时觉得快乐，甚至可能会每天工作得很痛苦。

(四)评价

霍兰德的类型论自提出以后，就对生涯辅导产生了广泛的影响。他所提出的类型论有助于对人格/兴趣类型及职业的分析、解释和评估。有许多被广泛使用的测量工作都以霍兰德的类型理论为依据，如霍兰德本人编制的自我探索量表、斯特朗兴趣量表、库德兴趣量表、电脑生涯辅助系统“发现者”和国内的北森职业兴趣测评等。

霍兰德将其职业人格类型理论运用于美国劳工部制定的职业条目词典，借助其中职业分析的有关内容，将其中的 12099 种职业赋予霍兰德人格类型代码，编撰了《霍兰德职业代码词典》，为各类人员按照自己的职业兴趣类型搜寻合适的职业提供了广泛的应用前景。

霍兰德类型论结构完整、清晰易懂，在生涯辅导实践中被广泛应用。但也有其局限性，如从长远和发展的观点看，择业者的人格、职业兴趣与职业环境都是发展变化的，两者在相互适应中相互影响。择业者的职业选择除了人格因素外还与择业者的价值观、情商、工作经验、教育与能力等状况以及广泛的社会背景如家庭期望、社会需求、科技发展、经济兴衰等有关系，应该全面综合考虑。

三、明尼苏达工作适应论

明尼苏达工作适应论是戴维斯与罗圭斯特等人在 20 世纪 60 年代提出的，旨在探索如何帮助残障人士适应工作，经过数十年发展成为强调人境符合的心理学理论。

(一)理论观点

该理论认为：选择职业或生涯发展固然重要，但就业后的适应问题更值得注意，尤其对障碍者而言，在工作上能否持续稳定，对其生活、信心与未来发展都是重要的课题。基于此种考虑，戴维斯等人从工作适应的角度，分析适应的因素。他们认为每个人都会努力寻求个人与环境之间的符合性，当工作环境能满足个人的需求(即给予个人"内在满意")，又能顺利完成工作上的要求(即达到"外在满意")，符合程度随之提高。不过个人与工作之间存在互动的关系，符合与否是互动过程的产物，个人的需求会变，工作的要求也会随时间或经济情势而调整，如个人能努力维持其与工作环境间符合一致的关系，则个人工作满意度愈高，在这个工作领域也愈能持久(见图1-2)。

事实上，工作适应论仍属于特质论的范畴，不过已将其重点扩及个人在工作情境中的适应问题，强调就业后个人需要的满足，同时亦考虑能否达成工作环境的要求。

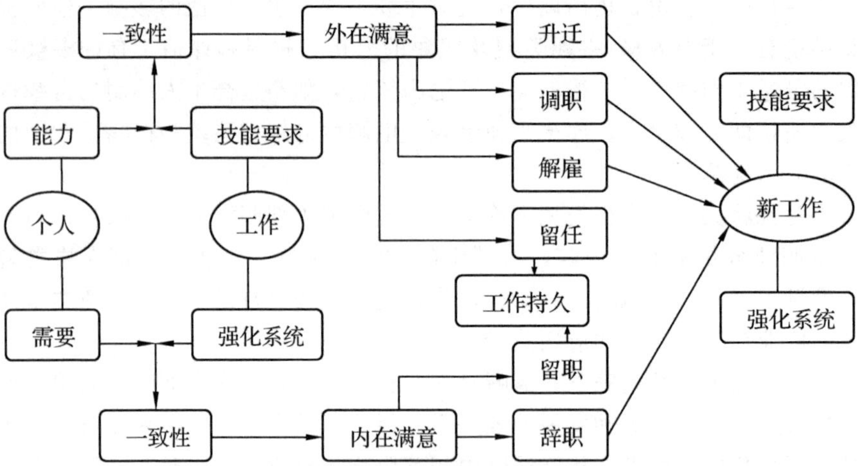

图1-2　明尼苏达工作适应模式

(二)生涯辅导上的应用

戴维斯与罗圭斯特编制了一系列的量表来对个人的人格特质和工作环境进行测量。他们认为个人的心理需求主要反映在其价值观上，因此编制了明尼苏达重要性问卷来加以评量，并以明尼苏达能力测试和明尼苏达满意感受问卷对个人的技能及其内在满意程度进行评估。至于工作环境所提供的强化系统(是否能强化个人的心理需求)及职业技能要求，则分别使用职业强化模式量表、职业能力倾向模式量表来进行分析，并通过明尼苏达满意指标量表对员工的外在满意程度进行评估。将这两组测量工具的结果一一对应，就可以对人境之间的一致性和个人的工作适应程度进行评估和分析(见图 1-3)。

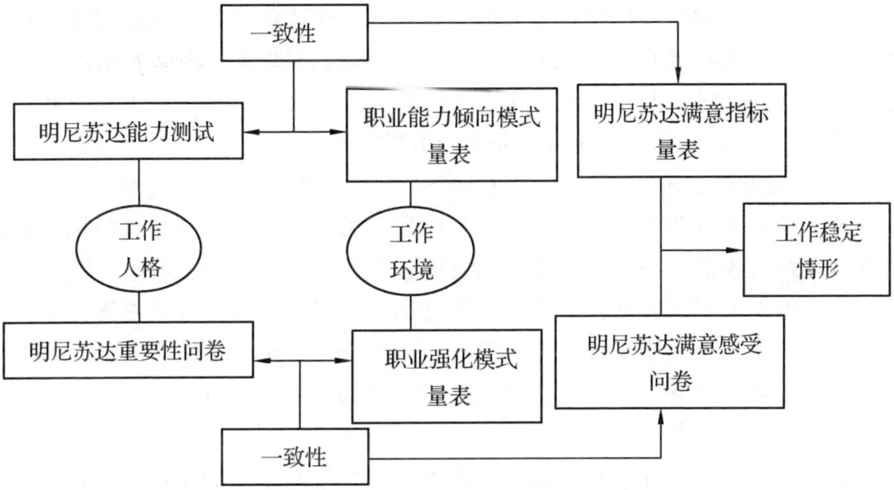

图 1-3 明尼苏达工作适应理论模式

此外，明尼苏达工作适应论不仅被应用于就业的适应问题，也为未来职业选择的标准提供了参考。不管是在职人员、即将就业的大学生、下岗人员还是正在考虑跳槽的人士，都可以运用该理论对其转变过程中的问题进行探索与评估。

(三)评价

明尼苏达工作适应论为研究个人的工作满意度及工作适应问题提供了一个比较完整而系统的理论框架。传统意义上对这方面的探讨仅限于个人内心需求的满足，而工作适应论提出了外在满意的概念，对于就业适应问题具有重要的指导意义。此外，它从不同角度讨论适配的指标，是对特质因素论和霍兰德类型论的补充。它还为生涯辅导提供了具体的测量工具与探讨的具体结构，对于各类人群的生涯辅导及相关培训都具有一定的价值。

四、舒伯的生涯发展论

舒伯于 1953 年在《美国心理学家》上发表文章，提出"生涯"的概念，他把生涯的发展看成是一个持续、渐进的过程，一直伴随个人的一生。

(一)理论观点

1. 自我概念

“自我概念”是舒伯理论的核心概念。“自我概念”就是指个人对自己的兴趣、能力、价值观及人格特征等方面的认识。一个人的自我概念在青春期以前就开始形成，至青春期较为明朗，并于成人期由自我概念转化为职业生涯概念。工作与生活满意与否，就在于个人能否在工作和生活中找到展现自我的机会，用舒伯的话说，“职业生涯就是对自我的实现”。

2. 生涯发展阶段

舒伯认为人的职业生涯可分为5个阶段，每个阶段都有其独特的职责和角色以及不同的发展任务。前一阶段的发展任务的完成情况会影响下一阶段的发展。个人面对及完成发展任务的准备程度则体现了个人的生涯成熟度。

第一阶段：生长阶段(0～14岁)。由出生至14岁，该阶段孩童开始发展自我概念，开始以各种不同的方式来表达自己的需要且经过对现实世界的不断尝试，修饰自己的角色。

这个阶段的发展任务是：发展自我形象，发展对工作的正常态度，并了解工作的意义。这个阶段共包括三个时期：一是幻想期(0～10岁)，它以“需要”为主要考虑因素，在这个时期幻想中的角色扮演很重要；二是兴趣期(11～12岁)，它以“喜好”为主要考虑因素，喜好是个体抱负与活动的主要决定因素；三是能力期(13～14岁)，它以“能力”为主要考虑因素，能力逐渐具有重要作用。

第二阶段：探索阶段(15～24岁)。该阶段的青少年，通过学校的活动、社团休闲活动、打零工等机会，对自我能力及角色、职业做了一番探究，因此选择职业时有较大弹性。

这个阶段发展的任务是：使职业偏好具体化、特定化并实现职业偏好。这个阶段共包括三个时期：一是试探期(15～17岁)，考虑需要、兴趣、能力及机会，作暂时的决定，并在幻想、讨论、课业及工作中加以尝试；二是过渡期(18～21岁)，进入就业市场或进行专业训练，更重视现实，并力图实现自我观念，将一般性的选择转为特定的选择；三是实验并稍作承诺期(22～24岁)，生涯初步确定其成为长期职业生活的可能性，若不适合则可能再经历上述各时期以确定方向。

第三阶段：建立阶段(25～44岁)。个人开始尝试选择适合自己的职业领域。这个阶段发展的任务是个人致力于工作上的稳定，大部分人处于最具创造力的时期。在这一时期，经过早期的试探和尝试后，最终确定稳定的职业，并谋求发展，获得晋升。

第四阶段：维持阶段(45～64 岁)。个人通过不断努力来获得职业生涯的发展和成就，并逐渐能在自己的领域中占有一席之地。这一阶段劳动者一般达到常言所说的“功成名就”，已不再考虑变换职业工作，发展的任务是维持既有成就与地位。

第五阶段：衰退阶段(65 岁以上)。属于退休阶段，由于生理及心理机能日益衰退，个人职业角色的分量逐渐减少，开始考虑退休并享受自己的晚年生活。

3. 职业循环发展理论

舒伯在后期提出在一个人一生的职业发展过程中，职业发展的 5 个阶段：成长阶段、探索阶段、建立阶段、维持阶段、衰退阶段是一个循环再循环的过程。职业发展的 5 个阶段并不完全和年龄相关，而且各阶段之间并不存在严格的界限，可能有交叉，在人生中的不同时期，都可以经历由这 5 个阶段构成的一个“小循环”。职业生涯发展是一个循环往复的过程(见图 1-4)。

生涯阶段	青年期（15～24岁）	成年期（25～44岁）	中年期（45～64岁）	老年期（65岁以上）
成长期	发展适宜的自我概念	学习与他人相处	接受自身的限制	发展非职业性的角色
探索期	了解更多的机会	寻找心仪的工作机会	辨识新问题并设法解决	寻找合适的退休处所
建立期	在选定的领域中起步	在一个选定的工作上安顿下来	发展新的技能	从事未完成的梦想
维持期	验证目前所做的职业选择	致力于维持工作的稳定	巩固自己，面对竞争	维持生活乐趣
衰退期	减少休闲活动的时间	减少运动的时间	专注于重要的活动	减少工作时间

图 1-4　舒伯的循环式发展任务

4. 生涯彩虹图

1976—1979 年，舒伯在英国进行了为期 4 年的跨文化研究，之后他提出了一个更为广阔的新观念——生活广度、生活空间的生涯发展观。这个生涯发展观，除了原有的发展阶段理论之外，较为特殊的是舒伯加入了角色理论，并将生涯发展阶段与角色彼此之间交互影响的状况，描绘出一个多重角色生涯发展的综合图形。这个生活广度、生活空间的生涯发展图形，舒伯将它命名为“生涯彩虹图”(见图 1-5)。

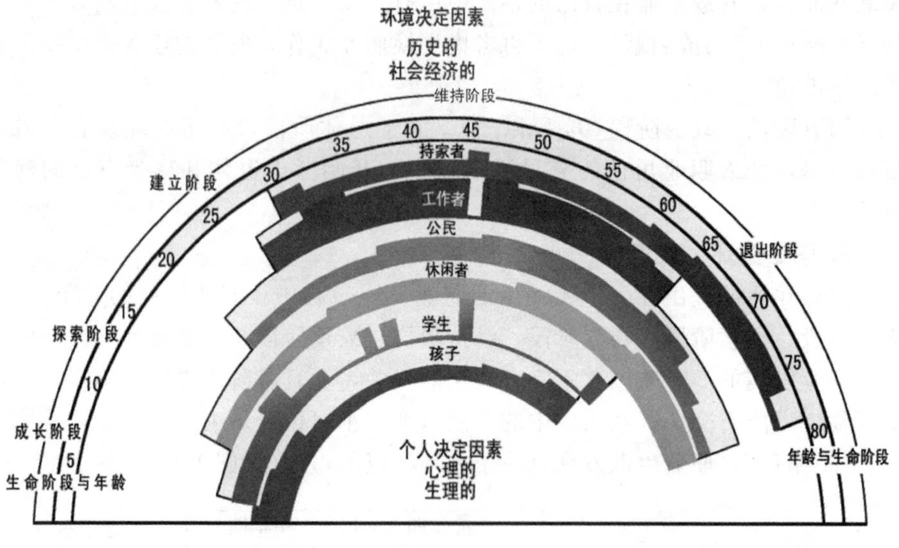

图 1-5　生涯彩虹图

第一，横贯一生的彩虹——生活广度。在一生生涯的彩虹图中，横向层面代表的是横跨一生的生活广度。彩虹的外层显示人生主要的发展阶段大致估算的年龄：成长阶段(约相当于儿童期)、探索阶段(约相当于青春期)、建立阶段(约相当于成人前期)、维持阶段(约相当于中年期)以及衰退阶段(约相当于老年期)。在这 5 个主要的人生发展阶段内，各个阶段还有小的阶段，舒伯特别强调各个时期年龄划分有相当大的弹性，应依据个体的情况而定。

第二，纵横上下的彩虹——生活空间。在一生生涯的彩虹图中，纵向层面代表的是纵观上下的生活空间，是由一组职位和角色组成的。舒伯认为人在一生当中必须扮演 9 种主要的角色，它们依次是：儿童、学生、休闲者、公民、工作者、夫妻、家长、父母和退休者。

(二)生涯辅导上的应用

在辅导过程中，辅导人员可利用“生涯自传”、“抉择日记”、“画生涯彩虹图”等方法，使个体回顾自己发展历程中一些特殊的经验、生活中重要人物的影响、个人的态度与感受以及各个阶段所扮演的角色和个人。对每一次的决定加以分析，以增进个体对自己发展历程的认识，引导其积极参与到解决问题及自己设计未来发展计划的行动中。其中，“画生涯彩虹图”是一项很重要的活动，舒伯认为人的行为方向受到三种时间因素的影响：一是对过去成长痕迹的“审视”；二是对目前发展状况的“审视”；三是对未来发展方向的“展望”。

这三种因素是互相影响的，过去是现在的成因，现在又是未来的基础。生涯辅导时，对未来的时间透视能力较为重要，一生生涯的彩虹图就提供了一个最佳的透视工具。实际应用彩虹图时，辅导人员可以先准备一幅空白的彩虹图，然后指导学生画出与其生涯发展有关的各种角色的起始与发展轨迹。

画彩虹图时以下两点特别需要强调。

一生的生涯发展，包括了发展阶段、生活空间以及生活方式等多方面的内涵。这张彩虹图可以帮助个体具体而清晰地了解不同角色是如何构建其个人特有生涯类型的，不同的角色如何在不同的发展阶段出现，角色的组合如何合理安排才能达到最佳的自我实现。

要注意辅导对象显著角色的部分与时机，这些资料往往能提供很好的线索，作为进一步了解与咨询的依据。可协助辅导对象预先设定下一步的生涯发展任务，设计如何研究具体的实施步骤，使得未来显著的角色能得到充分的发挥。

(三)评价

1. 舒伯生涯发展理论的优点

舒伯是生涯辅导理论的大师，其生涯发展理论综合了差异心理学、发展心理学、自我心理学以及有关职业行为发展方向的长期研究结果，舒伯本人比较喜欢将其理论命名为“差异—发展—社会—现象的心理学”，舒伯汲取了这四大学术领域中有关生涯发展的精华，构建了一套完整的生涯发展理论。其理论观点是现今生涯辅导重要的理论基础，指导了目前生涯辅导的具体实施，得到了各国生涯辅导界的普遍支持。

在当时的生涯辅导理论中，多数人关心的焦点都集中在“职业选择”上，只有少数理论工作者对生涯发展的问题产生兴趣，如金斯伯格是少数学者中最突出的一位。

舒伯不断地发展、完善自己的理论。以往舒伯理论大多局限于他的发展阶段和对职业的自我观念论上，这些可以解释个体一生的生涯发展，其涵盖范围很广，但深度略嫌不够，生活广度与生活空间的生涯发展即一生生涯彩虹图的提出，正好弥补了原有的不足。在实际应用方面，其横向的发展阶段、发展任务(即生活广度的部分)和纵向的生涯角色的发展(即生活空间的部分)，交织成一个具体的的生涯发展结构，这对辅导时促进个体的自我了解、自我实现，有很大益处。

2. 舒伯生涯发展理论的局限性

由于社会的快速变迁，终身学习观念的提出以及人的寿命的增加，生涯发展理论中关于中年期、老年期的角色与任务有待进一步的研究，否则理论会欠完整。

生涯发展论似乎忽略了经济、社会因素对生涯发展方向的影响，且学习的因素与职业发展历程的关系也需进一步深化研究。

【课堂练习】

1. 画你自己的生命彩虹图

➢ 画出你自己在不同的生命阶段扮演的所有角色，然后按照投入的多少画在图上。选择你认为最能代表各种角色和反映你情感的颜色。

➢ 生命彩虹图给你什么启示?

➢ 小组分享。

2. 请用学过的理论帮助小王

小王 30 岁，是个优秀的技术人员，半年前被提拔为技术经理，可是半年的管理经历让他很受挫，他觉得自己离技术越来越远了，大部分时间都是在管人，效果也不是很好，他怀疑自己不适合做管理。

问起他未来的生活，他希望像比尔·盖茨一样管理一个高端技术公司，却只是未提未来的家庭和生活，他说他现在还没有谈女朋友。

第三节　大学期间职业生涯四个阶段

一、大学一年级——探索阶段

对于大一新生来说，从中学到高等学府，校园环境发生了很大的变化，大多数新生从中小城市、乡镇农村到大城市读书，非常容易产生迷惘感和孤独感；同时，他们的人际关系和交往方式也将由狭窄、单纯变得宽广、复杂，从而要求有更高的处理人际关系的能力。对大学新生来说，无论是自然环境还是学习方法，无论是个人目标还是社会期望，都会发生很大的变化。

(一)阶段目标

适应大学生活，职业生涯认知和规划。

(二)实施策略

第一，转变角色，重新确定学习目标和要求。

第二，开始接触职业和职业生涯的概念，重点了解所希望从事的职业或与专业对口的职业，咨询就业方面的问题，进行初步的职业生涯设计。

第三，熟悉环境，建立新的人际关系，尽快融入大学生活，认真学习，掌握专业基础知识，加强英语、计算机学习，掌握现代职业者所应具备的最基本技能；积极参加各种各样的社团活动，尽可能全面地锻炼自己。

（三）建议

大一时进行兴趣、能力、性格、价值观等个性测试，发现自己的长处与不足，以便今后注重自己正确个性的培养；有意在大学入党的同学，应在大一提交入党申请书；学会充分利用学校资源，如图书馆、海报栏、勤工助学等。

二、大学二年级——定向阶段

大二是四年中重要的过渡期，大学概念已经形成，已渐渐适应了校园生活。学业方面，开始接触专业基础课及专业课，实践方面，大多数已成为学生会或社团的骨干分子。

（一）阶段目标

初步确定就业方向、相应能力与素质的培养。

（二）实施策略

第一，认识自己的需要和兴趣，确定价值观、动机和抱负。

第二，以提高自身的基本素质为主，通过参加学生会或社团等组织，培养和锻炼自己的组织领导能力、团队协作精神，同时检验自己的知识技能。

第三，思考未来的就业方向，开始尝试兼职、社会实践活动，争取在课余时间长时期从事与自己未来职业或本专业有关的工作，提高自己的责任感、主动性和抗挫折能力，不断总结职业经验。

第四，增强英语口语和计算机应用的能力，通过英语和计算机的相关证书考试。

（三）建议

可在大二确定毕业后的发展方向，即确定就业、考研还是出国。有意向考研的同学在确定所要报考的专业和学校后，可去相关学校研究生办公室要一份该专业的考试科目和推荐书目，进行有针对性的学习；决定就业者，应初步了解将来的就业形势，对职业有大致的定位。

三、大学三年级——准备阶段

学习上基本都是专业课，因此对自己专业的认识也是比较深入和全面的。实践方面，在学生会或社团组织已经是骨干人物了；对于是出国、考研还是就业，有了明确的方向。

（一）阶段目标是

掌握求职技能，为择业做好准备。

（二）实施策略

第一，加强专业知识学习，考取与目标职业有关的职业资格证书或通过相应的职业技能鉴定。

第二，进一步树立科学的就业观念，学习撰写简历、求职信，学习面试知识、求职礼仪，掌握求职技能。

第三，了解就业信息的渠道，加入校友网络，向已经毕业的校友了解往年的求职情况，参加和专业有关的暑期工作，和同学交流求职的心得体会等。

（三）建议

加入校友网络，和已经毕业的学长交流，评估大二确定的职业定位及知识、能力方面的不足。如果决定考研，也要做好复习准备；希望出国留学的学生，可多接触留学顾问，参与留学系列活动，准备 TOEFL 和 GRE 等的应试，注意留学考试信息，向相关教育部门索取简章参考。

四、大学四年级——冲刺阶段

养兵千日，用在一时。大四的首要任务是实习、找工作。

（一）阶段目标

成功就业。

（二）实施策略

第一，审视职业目标、就业期望及所做的准备是否充分。

第二，主动参加就业、创业讲座，积极参加模拟招聘，提高择业技巧。

第三，重视实习机会，了解单位的工作方式、运转模式、工作流程，明确个人在岗位上的职责要求及规范，为正式走上工作岗位奠定良好的基础。

第四，精心设计制作求职材料，开始毕业后工作的申请，主动了解就业指导中心提供的招聘信息，积极参加招聘活动，落实就业单位。

(三)建议

积极利用学校提供的条件，了解就业指导中心提供的用人单位信息；强化求职技巧，尽可能地在做出较充分准备的情况下进行实战演练。在撰写毕业论文时，可大胆提出自己的见解，锻炼自己独立解决问题的能力和创造性。

【案例分享】

提前开始职业生涯规划

Melody小学、中学的成绩一直名列前茅。进入上海交大后，在这个精英云集的校园里，Melody变成一个成绩很一般的学生，经历了一段时间的心理落差期。但Melody不是一蹶不振的人，她要求自己在其他方面找到平衡，需要高于现有位置的定位。Melody找了许多进入中国的跨国公司的资料，最后选择进入GE公司。

大学三年级，大多数大学女生还在寝室与教室、书本与恋爱之间徘徊，Melody已进入GE公司，做part-time实习生的工作。她大学毕业不满4年，但在GE公司的工作时间已有5年多。

不少跨国公司，如GE、联合利华，都有这种体制：在大学就读期间，可以进入公司做part-time实习生的工作。经过一段时间的观察和评估，如无意外，毕业时，基本上可以留在该公司。这样做的好处是：

第一，毕业前夕，别人像无头苍蝇，手忙脚乱四处出击时，自己已经offer在握；

第二，积累了比同届毕业生丰富得多的工作经验；

第三，这段时间的资历，对于自己在GE公司乃至整个职业生涯的长期发展大有益处。

毕业第一年，Melody进入GE公司声誉卓著的领导人培训系统之一的OMLP(Operations Management Leadership Program)。领导人培训系统是出产GE公司绝大部分CEO的“黄埔军校”，也是GE公司大部分高层管理人员来自于本公司内部提拔，而不依靠空降兵的秘密武器。

第一份工作：动力系统全球采购部职员。Melody毕业第一年的主要出差地：东北。

第二年1月，Melody被公司派驻日本，学习日本企业领先世界的成本控制的生产理论和实践，为今后在制造领域的工作打下了基础。

第二年2月，Melody作为GE公司整个亚洲首位进入OMLP培训系统的学员，被派往美国总部，学习生产、制造以及物流管理的先进理论并参与实践。

在美国，Melody由公司资助，白天全职工作，晚上及周末攻读MBA学位。三年后，她成为一名合格的生产质量工程师，持有MBA文凭。

2003年3月，27岁的Melody由GE美国总部派回上海，担任GE塑料集团亚太区结构成品部物流总监。

【课堂练习】

你打算如何安排自己的大学生活？

第四节　职业生涯规划的步骤与内容

一、职业生涯规划的要素

职业生涯规划是指个人结合自身条件和现实环境，确立自己的职业目标，选择职业道路，制订相应的培训、教育和工作计划，并按照职业生涯发展的阶段实施具体行动以实现目标的过程。

根据以上定义，职业生涯规划的要素包括自身条件、现实环境、职业目标、职业道路、行动方案、实施过程等。必须强调一点，职业生涯规划不是一个一次性动作，而是一个周而复始的连续过程，方案实施过程中，个人要不断地进行评估反馈，可根据现实条件跟方案执行效果调整自己的职业目标、行动方案，以便更好地实现自己的职业目标。

综上所述，我们归纳出职业生涯规划的五要素：知己、知彼、抉择目标、行动规划及评估反馈。

二、职业生涯规划的步骤与内容

(一)知己——认识自我

知己知彼，方能百战不殆。认识自我是职业生涯规划的第一步，是做好职业生涯规划的关键。“知己”是一个自我探索的过程，需要从自身内部条件及外部环境两个方面进行。

1. 内部条件

包括自身性格、兴趣、能力、价值观等。个人可通过标准化评估与非标准化评估手段，探索自己的职业性格、职业兴趣、职业能力及职业价值观，全面地了解自己“适合做什么”、“喜欢做什么”、“能做什么”、“最看重什么”。

2. 外部环境

个人的生存与发展离不开所处的环境，如自然环境、家庭背景、人脉关系等。因此，认识自我除了了解自身内部条件外，还需分析所处的外部环境，包括自身可利用的外部资源以及面临的各种限制等，这对个人进行职业抉择有着至关重要的影响。

(二)知彼——认识职场

认识职场即对职业环境进行分析，就是要全方位地了解当前整体就业环境和就业趋势、各行各业的现状、发展前景、自己的就业机会及职业发展途径。此外，了解相关行业、职位的具体情况，在知识结构、能力结构、职业技能以及职业素质方面应多积累和准备，才能够胜任职业和职位。

个人可通过静态资料的接触、动态资料的接受及人物访谈等方法了解相关信息。

(三)抉择目标

俗话说，男怕入错行，女怕嫁错郎。一个人的择业适当与否关系到他一生的前途。职业目标的设定，是在自我评估(知己)和环境分析(知彼)的基础上，对人生目标作出的抉择，是职业生涯规划的核心。

1. 职业抉择

职业抉择是指人们从自己的职业期望、职业理想出发，依据自己的性格、兴趣、能力、价值观等自身素质，结合外部影响因素，从社会现有的职业中选择一种适合自己的职业的过程。职业抉择的方法有“5W”法、SWOT 分析法、决策平衡单法等，本书第四章将重点介绍 SWOT 分析法及决策平衡单法。

2. 目标的设定

没有目标的人，都是在为有目标的人实现目标。通过职业抉择确定职业目标是职业生涯规划至关重要的一步。职业生涯规划中所确立的目标包括终极目标(人生目标)、长期目标、中期目标和短期目标。

目标的设定应该遵循一定的原则，经过周全计划的职业目标应具备以下特征：具体的、明确的、不能含糊的；可以量化的、能度量的；可达到但必须有一定挑战；目标须有一定意义、相关及有价值；有明确时间限制的。

(四)行动规划

对职业生涯进行规划就好比在做一个项目的设计，在确定了职业生涯目标之后，要制订具体的行动计划，并逐步缩小差距，以实现各个阶段的目标。没有行动，目标就难以实现，也谈不上事业的成功。行动规划是指落实目标的具体实施方案，应包括职业生涯发展路线、教育培训安排、时间计划等方面的内容，实施方案必须具体、可行、易评估。

(五)评估反馈

俗话说:“计划赶不上变化”。影响职业生涯规划的因素很多,绝大部分变化因素是难以预测的。在规划实施过程中,环境会变,个人的兴趣、能力、价值观也会变,这些变化可能会打乱我们原本制定的规划,使规划发生偏差。因此,要使得职业生涯规划行之有效,就必须不断地对职业生涯规划进行评估反馈。评估反馈要设定一个衡量规划是否成功的标准,及时诊断生涯规划各个环节出现的问题,找出相应对策,对规划进行调整与完善。内容可包括职业的重新选择、职业生涯路线的选择、人生目标的修正、行动规划的变更,等等。

【扩展阅读】

将规范的职业生涯规划引入大学生的就业日程

西方发达国家一直比较重视职业生涯的规划,许多国家的学校都开设了职业设计辅导课。许多大公司也把职业道德规划作为培养员工的一项主要内容。1994 年 5 月,美国联邦政府通过了《学校到工作机会法案》,推出“学校到工作”行动计划,在全国范围内推广共同执行的“职业生涯教育”,把学生的在校学习和职业教育结合起来,使学生由在校学习向走上工作岗位的过渡更加顺利,同时也会增加学生在校学习的目的性和实用性,使学生对在校学习更感兴趣,更加努力。

在我国,职业生涯规划也开始成为现代人力资源管理学的核心内容之一,但由于种种原因,当前多数大学生对职业生涯规划理念模糊,学校就业指导中心所提供的职业生涯规划服务也不尽完善。

北森测评网、新浪网与《中国大学生就业》杂志于 2004 年 6 月共同实施了一次“大学生职业生涯规划现状”的调查。调查显示,被调查者中只有 5%的人曾经接受过系统的职业生涯规划服务,相当一部分学生对自己的职业生涯规划现状并不满意。沈阳市人才市场 2004 年 6 月对 1898 名应届大学毕业生所做的调查,结果显示,有明确目标的仅为 13%,60%的大学生没有“职业生涯”概念,更不知道自己的优势和劣势,对自己适合做什么、不适合做什么、哪些职位能成功、自己潜能有多大等都模糊不清。职业生涯规划的缺失,给大学生就业带来压力。大学生职业目标模糊,对自我缺乏认知,这种情况已日渐显露并被人们重视。

谈及职业生涯规划,相当一部分学生都觉得在目前就业十分困难的情况下,工作应“随行入市”,对职业生涯规划的作用和职业目标的实现缺乏信心。

如何将规范的职业生涯规划引入大学生就业日程,从而使学生“水到渠成”

地面向市场呢？对大学生而言，就是要在自己兴趣、爱好的前提下，认真分析个人性格特征，结合自己专业特长和知识结构，将自己定位在一个最能发挥自己长处的位置，以最大限度地实现自我价值。职业生涯规划实质上是追求最佳职业生涯的过程，是求职就业乃至将来职位晋升的关键一环。

本章知识点总结

一、工作、职业与生涯：工作是由一系列相似的职位所组成的一个特定的专业领域；职业是在不同专业领域中一系列相似的服务；生涯是指个人终其一生所经历的一系列职业与角色的总称。

二、职业生涯规划是指个人结合自身条件和现实环境，确立自己的职业目标，选择职业道路，制订相应的培训、教育和工作计划，并按照职业生涯发展的阶段实施具体行动以实现目标的过程。

三、主要理论：帕森斯的特质因素论、霍兰德的类型论、明尼苏达工作适应论、舒伯的生涯发展理论。

四、大学期间职业生涯规划的四个阶段：大学一年级——探索期，大学二年级——定向期，大学三年级——准备期，大学四年级——冲刺期。

五、职业生涯规划六要素：知己、知彼、抉择、目标、行动、评估反馈。

六、职业生涯规划的步骤：认识自己→了解职场→抉择目标→行动规划→评估反馈。

第二章 认识自我

【学习目的】

了解自我认识的内涵和意义，掌握自我认识的方法。掌握兴趣、性格、价值观、能力与职业之间的关系。了解外部环境对自我认识的影响。

第一节 自我认知

一、自我认知的内涵与意义

自我认知是对自己的洞察和理解，包括自我观察和自我评价。自我观察是指对自己的感知、思维和意向等方面的觉察。自我评价是指对自己的想法、期望、行为及人格特征的判断与评估，这是自我调节的重要条件。

如果一个人不能正确地认识自我，看不到自我的优点，觉得处处不如别人，就会产生自卑，丧失信心，做事畏缩不前。相反，如果一个人过高地估计自己，也会骄傲自大、盲目乐观，导致工作失误。因此，恰当地认识自我，实事求是地评价自己，是自我调节和人格完善的重要前提。

二、自我认知的方法

(一)非标准化评估方法

非标准化评估方法包括360度主观评价法、自省法、比较法、经验法、二分法等。比较常用的方法有以下几种。

1. 360度评估法

360度评估法又称为多渠道评估法，是指通过收集与受评者有密切关系的、来自不同层面人员的评估信息，来全方位地评估受评者。通过评估反馈，可以获得来自多层面人员对受评者素质、能力等评估意见，比较全面、客观地了解有关受评者个人特质、优缺点等信息，作为受评者进行职业生涯规划及能力发展的参考，如通过家人、亲戚、朋友、老师和同学等对本人进行客观的分析，来达到自我认知。

2. 比较法——从我与他人的关系认识自我

他人是反映自我的镜子，与他人交往，是个人获得自我认识的重要来源。我们先从家庭中的感情扩展到外面的友爱关系，进入社会又体验到人与人之间的利害关系。有自知之明的人能从这些关系中用心向别人学习，获得足够的经验，然后按照自己的需要去规划自己的前途。

第一，跟别人比较的是行动前的条件，还是行为后的结果？大学生来大学学习，如果认为自己来自农村，条件不如别人开始就置自己于次等地位，自然影响心态和情结，而大学毕业后看行动后的成绩才有意义。

第二，跟人比较是看相对标准还是绝对标准？是可变的标准还是不可变的标准？经常有大学生认为自己不如他人。其实他们关注的可能是身材、家世等不能改变的条件，但这没有实际比较的意义。

第三，比较的对象是什么人？是与自己条件相类似的人，还是个人心目中的偶像或极不如己的人？所以，确立合理的参照体系和立足点对自我的认识尤为重要。

3. 经验法——从我与事的关系认识自我

从我与事的关系认识自我，即我从做事的经验中了解自己。一般人通过自己所取得的成果、成就及社会经验都是一种学习，不经一事，不长一智。成败得失，其经验的价值也因人而异。对聪明又善用智慧的人来说，成功和失败的经验都可以促使他再次成功，因为他们了解自己，有坚强的人格特征，善于学习，因而可以避免再蹈失败的覆辙；而对于某些自我比较脆弱的大学生，失败的经验会使其再次失败。这也是最常见的现象。因为他们不能从失败中吸取教训，改变策略追求成功，而且挫败后形成了怕败心理，不敢面对现实去应付困境或挑战，甚至失去许多良机。而对一些自大的人而言，成功反可能成为失败之源。

4. 自省法——从我与己的关系中认识自我

古人曰："吾日三省吾身"。从我与己关系中认识自我，看似容易实则难。我们可以从实际的我，自觉别人眼中的我，自觉别人心中的我等多个我来全面认识自己。但是，对于现代大学生而言，虽然有多个"我"可供认识自己，但形成统合的自我观念比较困难。因为现代社会急剧变迁，改革开放后多元价值的影响，使现在的大学生自我认识难以客观、全面。

(二)标准化评估方法

标准化评估即我们常说的标准化测验，是一种定量的评估。标准化的测验是基于一定的理论和研究的基础上的。对理论和相关研究的分析可以帮助测验开发者清晰地界定各种相关的概念，有助于保证测验结果的科学性、准确性和有效性。

标准化测验的编制是以目标人群的典型性为基础进行取样的，在编制过程中依据严谨的程序进行，其中一个重要的工作就是对大量的行为样本和项目进行筛选，从而抽取出最具代表性的行为样本和最有区分度的项目来构成测验内容，从而保证其测验的准确性、有效性和稳定性等多方面的特点。

标准化的测验能够给我们带来什么样的好处？标准化的测验可以帮助我们更加准确地认识自己，是一个很好的评估工具。标准化测验过程的严谨性和科学性可以提高我们认识自我的准确性，提供给我们更有意义的结果和结果解释，从而为我们的职业生涯规划和职业决策提供更科学的参考意见。像北森公司研发的职业天空（大学生）系统中就包含了各种自行研发的本土化职业测评工具。这些测评工具是北森研发人员在调研各种理论和研究资料的基础上，对数万中国大学生进行常模抽样的基础上编制的，各类参数指标都非常好。

需要特别指出的是即使是标准化的测验，也不可能完全准确地测出个体相应的心理特质。影响测验结果准确性的因素有多种。测验的使用人群以及测验时被试的状态等因素都会影响测验结果的准确性。

【案例分享】

小丛同学是一名大四的学生，邻近毕业时一直在找工作，但是似乎找工作的结果不是很好，非常郁闷，因而找到了老师进行咨询。咨询老师首先建议他做职业测评。在第二次咨询时他带来了他的职业测评结果报告。他的兴趣测试报告中显示他各种兴趣得分都比较低。实际上他是一个兴趣很广泛的学生，在大学期间参加过各种社团的活动。经过老师的询问才知道他在做测试时是比较累的状态，白天刚刚参加完一轮紧张的面试，但自己感觉并无多大的把握。在身体很累，精神疲惫的时候他做了兴趣测试，其结果自然会有所偏差。

因此即使是标准化的测验，测试时不好的状态也会影响到结果的准确性，因此标准化测验都会详细地给出各种指导语，对测试的环境也会有一定的要求。而在解释测评结果或者将这些结果运用到职业生涯规划和决策中时我们也要考虑到各种影响测试结果的因素，从而更真实地认识我们的内心世界，做出符合我们实际情况的职业生涯规划。

第二节　性格与职业

在现实生活中，经常会发现身边的同学，有的活泼开朗，喜欢交际；而有的则做事谨慎、深思熟虑。这是为什么呢？这是因个人性格不同所致。性格对于个体将来所从事的职业有着很重要的意义。

一、性格与性格类型

心理学家认为，性格是个人对现实的稳定的态度和习惯化了的行为方式的总和，是人在社会活动中通过与环境相互作用而逐步形成的。

性格类型是指一类人身上所共有的某些性格特征的独特结合。按照一定的原则将性格加以分类，具有十分重要的理论和实践意义。目前为止，最有名的性格分类学说是由瑞士心理学家荣格提出来的向性说。荣格认为，人的性格按照个体心理活动倾向于外部还是内部，可以划分为外向型、内向型和中间型。

二、MBTI人格理论

MBTI人格理论的基础是著名心理学家卡尔·荣格关于心理类型的划分，后由美国心理学家布里格斯和迈尔斯母女在荣格的两种态度类型和四种功能类型的基础上，又增加了判断和知觉两种类型，由此组成了个性的四维八极特征，它们彼此结合就构成了十六种个性类型。

(一)思维八极

1. 内倾(I)—外倾(E)维度

该维度用以表示个体心理能量的获得途径和与外界相互作用的程度，即个体的注意较多地指向于外部的客观环境还是内部的概念建构和思想观念。外倾型态度表现为主体的注意力和精力指向于客体，即在外部世界中获得支持并依赖于外在环境中发生的信息，这是一种从主体到客体的兴趣向外的转移。外倾型个体需要通过经历来了解世界，所以他们更喜欢大量的活动，并偏好于通过谈话的方式来思考，在语言的交流中对信息予以加工。而内倾型态度表现为主体的注意力和精力指向于内部的精神世界，其心理能量通过内部的思想、情绪等而获得。内倾型个体在内部世界中获得支持并看重发生的事件的概念、意义等，因此他们的许多活动是精神性的，他们倾向于在头脑内安静地思考以加工信息。外倾型个体经常先行动后思考，而内倾型个体经常耽于思考而缺乏行动。

2. 感觉(S)—直觉(N)维度

该维度又可称之为非理性维度或知觉维度，表示个体在收集信息时注意的指向，即倾向于通过各种感官去注意现实的、直接的、实际的、可观察的事件还是对事件将来的各种可能性和事件背后隐含的意义及符号和理论感兴趣。感觉型的个体倾向与接受能够衡量或有证据的任何事物，关注真实而有形的事件。他们相信感官能告诉他们关于外界的准确信息，也相信自己的经验。他们重现在，关心某一刻发生的所有的事情。而直觉型的个体自然地去辨认和寻找一切事物的含义，他们重视想象力，更注重将来，努力改变事物而不是维持它们的现状。直觉型的个体看到一个环境就想知道它的含义和结果可能如何。感觉型的个体被视为较具有实际意识，而直觉型个体被视为较有改革意识。感觉一直觉维度在问题解决过程中有重要作用。

3. 思维(T)—情感(F)维度

该维度又被称之为理性维度或判断维度。该维度用于表示个体在做决定时采用什么系统，即做决定和下结论的方法，是客观的逻辑推理还是主观的情感和价值。情感型的个体期望自己的情感与他人保持一致，他们做决定的基石是何者对他们自己和他人是重要的；其理性判断的依据是个人的价值观。而思维型的个体通过对情境做客观的、非个人的逻辑分析来做决定，他们注重因果关系并寻求事实的客观尺度，因此较少受个人感情的影响。

4. 知觉(P)—判断(J)维度

该维度用以描述个体的生活方式，即倾向于以一种较固定的方式生活(或做决定)还是以一种更自然的方式生活(或收集信息)。这一维度是一种态度维度。虽然个体能够使用直觉和判断，但是这两极不能够同时被运用。多数个体会自然地发现采用某种生活方式时总是比另一种更加轻松，因此总是在和外部世界打交道时采用这种生活态度。判断型个体倾向于以一种有序的、有计划的方式对其生活加以控制，他们期望看到问题被解决，习惯于并喜欢做决定。而知觉型个体偏好于知觉经验，他们不断地收集信息以使其生活保持弹性和自然。他们努力使事件保持开放性，让其自然地变化，以便出现更好的事件。

5. 八极的基本个性特征

八极的基本个性特征见表 2.1。

表 2.1　八极的基本个性特征

外倾型	内倾型
倾向于对外部世界的客体作出反应	倾向于在内部世界里沉思
积极活动	偏好内省
经验先于理解	理解先于行动
从外界获得心理能量	从精神世界获得心理能量

续表

外倾型	内倾型
采用尝试错误的工作方式	采用持久稳固的工作方式
偏好新异刺激	偏好静态的外部环境
感觉型	**直觉型**
着眼于现实	着眼于未来
重视现实性和常情	重视想象力和独创力
关注具体性和特殊性，善于细节描述	关注普遍性和象征性，使用隐喻和类比
循序渐进的工作方式	跳跃性的工作方式
看重常规，相信确定有形的事物	不拘常规，相信灵感和推断
倾向于观察具体事件	倾向于把握事件的全局图面
偏好已知事物	偏好新的思想观念
思维型	**情感型**
退后思考，对问题进行非个人因素的分析	超前思考，考虑行为对他人的影响
公正，坚定，怀疑	温和，同情，体贴
倾向于分析性和逻辑性的工作方式	倾向于和自己的情感一致的工作方式
行为简洁、经济、带有批判性	行为期望他人认同
奉行清晰一致的客观原则	奉行清晰一致的主观价值观
知觉型	**判断型**
行为保持开放性	行为有组织性和系统性
时间观念宽松，经常变动最后期限	时间观念严谨，认真对待最后期限
看重工作过程	看重工作结果
倾向于使问题带有弹性	倾向于解决问题
在获取新信息的过程中不断改变目标	认真完成预设目标

心理类型理论认为，个体中存在着两种根本的差异，即我们是如何收集信息的和我们是如何加工所收集到的信息并做出决定的，由此形成了第二、第三的认知功能维度，它们经常被视为最重要的维度。第一、第四维度是态度维度，它们描述了我们对心理能量的处理以及如何面对外部世界。要注意的是类型不存在好坏之分，并且个体在不同时间、场合能够使用所有的偏好。类型理

论并不能解释一切也不被用于测试能力，它只是说明了个体在态度和功能上的倾向，定性而不定量。

【案例分享】

小李，23岁，上海某大学毕业，文秘专业。由于性格内向，所以在毕业后经过学校推荐，她进入一家事业单位当秘书。领导了解小李的性格后，就尽量安排一些文字的工作给她做。

小李在五年的秘书生涯中一直平平淡淡，工作相当安逸，没有来自生活的压力。这家事业单位的领导退休后，新的领导来了，他对小李的工作并不认可，他希望自己的秘书能够八面玲珑，善于与他人沟通。然而，这些要求和小李的个性相差很大。为了保住这份工作，小李只能硬着头皮干，她不得不接待不同的来访者，这对性格内向的她来说很难适应。小李感觉到了前所未有的职业压力，于是想重新找一份工作。

(二)16种不同的心理类型、表现及职业匹配

1. 16种不同的心理类型

四维八极构成了16种不同的心理类型，其特征如下：

(ISTJ) 内倾感觉思维判断；(ISFJ) 内倾感觉情感判断

(INFJ) 内倾直觉情感判断；(INTJ) 内倾直觉思维判断

(ISTP) 内倾感觉思维知觉；(ISFP) 内倾感觉情感知觉

(INFP) 内倾直觉情感知觉；(INTP) 内倾直觉思维知觉

(ESTP) 外倾感觉思维知觉；(ESFP) 外倾感觉情感知觉

(ENFP) 外倾直觉情感知觉；(ENTP) 外倾直觉思维知觉

(ESTJ) 外倾感觉思维判断；(ESFJ) 外倾感觉情感判断

(ENFJ) 外倾直觉情感判断；(ENTJ) 外倾知觉思维判断

注：I：内倾；E：外倾；S：感觉；N：直觉；T：思维；F：情感；J：判断；P：知觉

MBTI各种性格类型的表现和职业匹配见表2.2。

表2.2　MBTI各种性格类型的表现和职业匹配表

ISTJ 检查员型	安静、严肃，通过全面性和可靠性获得成功。实际，有责任感。决定有逻辑性，并一步步地朝着目标前进，不易分心。喜欢将工作、家庭和生活都安排得井井有条。重视传统和忠诚	首席信息系统执行官、天文学家、数据库管理、会计、房地产经纪人、侦探、行政管理、信用分析师

续表

ISFJ 照顾者型	安静、友好、有责任感和良知。坚定地致力于完成他们的义务。全面、勤勉、精确，忠诚、体贴，留心和记得他们重视的人的小细节，关心他人的感受。努力把工作和家庭环境营造得有序而温馨	内科医生、营养师、图书/档案管理员、室内装潢设计师、客户服务专员、记账员、特殊教育教师、酒店管理
INFJ 博爱型	寻求思想、关系、物质等之间的意义和联系。希望了解什么能够激励人，对人有很强的洞察力。有责任心，坚持自己的价值观。对于怎样更好地服务大众有清晰的远景。在对于目标的实现过程中有计划而且果断坚定	特殊教育教师、建筑设计师、培训经理/培训师、心理咨询师、职业策划咨询顾问、网站编辑、作家、仲裁人
INTJ 专家型	在实现自己的想法和达成自己的目标时有创新的想法和非凡的动力。能很快洞察到外界事物间的规律并形成长期的远景计划。一旦决定做一件事就会开始规划并直到完成为止。多疑、独立，对于自己和他人的能力及表现的要求都非常高	首席财政执行官、知识产权律师、设计工程师、精神分析师、心脏病专家、媒体策划、网络管理员、建筑师
ISTP 冒险家	灵活、忍耐力强，是个安静的观察者直到有问题发生，就会马上行动，找到实用的解决方法。分析事物运作的原理，能从大量的信息中很快地找到关键的症结所在。对于原因和结果感兴趣，用逻辑的方式处理问题，重视效率	信息服务业经理、计算机程序员、警官、软件开发员、律师助理、消防员、私人侦探、药剂师
ISFP 艺术家	安静、友好、敏感、和善。享受当前。喜欢有自己的空间，喜欢能按照自己的时间表工作。对于自己的价值观和自己觉得重要的人非常忠诚，有责任心。不喜欢争论和冲突。不会将自己的观念和价值观强加到别人身上	室内装潢设计师、按摩师、客户服务专员、服装设计师、厨师、护士、牙医、旅游管理

续表

INFP 哲学家	理想主义，对于自己的价值观和自己觉得重要的人非常忠诚。希望外部的生活和自己内心的价值观是统一的。好奇心重，很快能看到事情的可能性，能成为实现想法的催化剂。寻求理解别人和帮助他们实现潜能。适应力强，灵活，善于接受，除非是有悖于自己的价值观的	心理学家、人力资源管理、翻译、大学教师（人文学科）、社会工作者、图书管理员、服装设计师、编辑、网站设计师
INTP 学者型	对于自己感兴趣的任何事物都寻求找到合理的解释。喜欢理论性的和抽象的事物，热衷于思考而非社交活动。安静、内向、灵活、适应力强。对于自己感兴趣的领域有超凡的集中精力深度解决问题的能力。多疑，有时会有点挑剔，喜欢分析	软件设计师、风险投资家、法律仲裁人、金融分析师、大学教师（经济学）、音乐家、知识产权律师、网站设计师
ESTP 挑战者	灵活、忍耐力强，实际，注重结果。觉得理论和抽象的解释非常无趣。喜欢积极地采取行动解决问题。注重当前，自然不做作，享受和他人在一起的时刻。喜欢物质享受和时尚。学习新事物最有效的方式是通过亲身感受和练习	企业家、股票经纪人、保险经纪人、土木工程师、旅游管理、职业运动员/教练、电子游戏开发员、房产开发商
ESFP 表演者	外向、友好、接受力强。热爱生活和物质上的享受。喜欢和别人一起将事情做成功。在工作中讲究常识和实用性，并使工作显得有趣。灵活、自然不做作，对于新的任何事物都能很快适应。学习新事物最有效的方式是和他人一起尝试	幼教老师、公关专员、职业策划咨询师、旅游管理/导游、演员、促销员、海洋生物学家、销售
ENFP 公关型	热情洋溢、富有想象力。认为人生有很多的可能性。能很快地将事情和信息联系起来，然后很自信地根据自己的判断解决问题。总是需要得到别人的认可，也总是准备着给予他人赏识和帮助。灵活、自然不做作，有很强的即兴发挥的能力，言语流畅	广告客户管理、管理咨询顾问、演员、平面设计师、艺术指导公司团队培训师、心理学家、人力资源管理

续表

ENTP 智多星	反应快、睿智，有激励别人的能力，警觉性强、直言不讳。在解决新的、具有挑战性的问题时机智而有策略。善于找出理论上的可能性，然后再用战略的眼光分析。善于理解别人。不喜欢例行公事，很少会用相同的方法做相同的事情，倾向于一个接一个地发展新的爱好	企业家、投资银行、广告创意总监、市场管理咨询顾问、文案、广播/电视主持人、演员、大学校长
ESTJ 管家型	实际、现实主义。果断，一旦下决心就会马上行动。善于将项目和人组织起来将事情完成，并尽可能用最有效率的方法得到结果。注重日常的细节。有一套非常清晰的逻辑标准，有系统性地遵循并希望他人也同样遵循。在实施计划时强而有力	公司首席执行官、军官、预算分析师、药剂师、房地产经纪人、保险经纪人、教师(贸易/工商类)、物业管理
ESFJ 主人型	热心肠、有责任心、善于合作。希望周边的环境温馨而和谐，并为此果断地执行。喜欢和他人一起精确并及时地完成任务。事无巨细都会保持忠诚。能体察到他人在日常生活中的所需并竭尽全力帮助。希望自己和自己的所为能受到他人的认可和赏识	房地产经纪人、零售商、护士、理货员/采购、按摩师、运动教练、饮食业管理、旅游管理
ENFJ 教导型	热情、为他人着想、易感应、有责任心。非常注重他人的感情、需求和动机。善于发现他人的潜能，并希望能帮助他们实现。能成为个人或群体成长和进步的催化剂。忠诚，对于赞扬和批评都会积极地回应。友善、好社交。在团体中能很好地帮助他人，并有鼓舞他人的领导能力	广告客户管理、杂志编辑、公司培训师、电视制片人、市场专员、作家、社会工作者、人力资源管理
ENTJ 统帅型	坦诚、果断，有天生的领导能力。能很快看到公司/组织程序和政策中的不合理性和低效能性。善于做长期的计划和目标的设定。通常见多识广，博览群书，喜欢拓广自己的知识面并将此分享给他人。在陈述自己的想法时非常强而有力	公司首席执行官、管理咨询顾问、政治家、房地产开发商、教育咨询顾问、投资顾问、法官

【案例分享】

张某是一个非常活泼、外向的女生。刚毕业的时候，迫于就业形势，她没考虑自己的性格特点，就匆匆选择了一家知名的杂志社担任编辑工作。半年下来，日复一日的重复工作让她感到十分厌倦。之后，她做了专业的性格和职业能力倾向性测试。职业顾问给她的建议是从事与市场策划相关的工作。于是她去了一家合资的广告公司从事客户工作，并且她的业绩一跃成为公司客户代表的榜首。五年后，她又成功跳槽到一家跨国4A广告公司担任中国区经理。

第三节　价值观与职业

一、什么是价值观

价值观是人对周围事物的一种评价或态度，是人们在一定的环境中的动机、目的需要和情感意志的综合体现。社会中存在个人价值与社会价值两个范畴。个人价值是指作为价值客体的社会，对于作为价值主体的个人所具有的价值；社会价值是指作为价值客体的个人，对作为价值主体的社会所具有的价值。美国心理学家洛特克于1973年在对人类价值观本质的论述中提出13种价值观：

(一)成就感。提升社会地位，得到社会认同。希望工作能得到他人的认可，对工作的完成和挑战成功感到满足。

(二)美感的追求。能有机会多方面地欣赏周遭的人、事、物，或任何自己觉得重要且有意义的事物。

(三)挑战。能有机会运用聪明才智来解决困难。舍弃传统的方法，选择创新的方法处理事物。

(四)健康。包括身体和心理，工作能够免于焦虑、紧张和恐惧，希望能够心平气和地处理事物。

(五)收入与财富。工作能够明显、有效地改变自己的财物状况，希望能够得到金钱所能买到的东西。

(六)独立性。在工作中能有弹性，能充分掌握自己的时间和行动，自由度高。

(七)爱、家庭、人际关系。关心他人并与别人分享，协助别人解决问题，体贴、关爱，对周围的人慷慨。

(八)道德感。与组织的目标、价值观、宗教观和工作使命不相冲突，紧密结合。

（九）欢乐。享受生命，结交新朋友，与别人共处，一同享受美好时光。

（十）权力。能影响或控制他人，使他人照着自己的意思去行动。

（十一）安全感。能够满足基本的需求，有安全感，远离突如其来的变动。

（十二）自我成长。能够追求知性上的刺激，寻求更圆融的人生，在智慧、知识与人生的体会上有所提升。

（十三）协助他人。体认到自己的付出对团体有帮助的，别人因你的行为而受惠颇多。

二、职业价值观

价值观在职业选择上的体现就是职业价值观，是人们对待职业的一种信念和态度，或是在职业生活中表现出来的一种价值取向。工作价值观可以反映出个人价值观。人们在选择职业时，个人的择业标准和对具体职业的评价集中反映了他们的职业价值观。例如，在择业过程中，有的人看重丰厚的收入，有的人重视地位权力，有的人喜欢工作环境轻松愉快，有很多大学生将能充分发挥自己的才能作为择业的第一标准。同一个规章制度，如果两个人的价值观相反，那么就会产生完全相反的行为，这将对目标的实现起着完全不同的作用。

三、价值观澄清

价值观的澄清与确认，在生涯抉择过程中是非常重要的。价值观澄清有七个步骤。这七个步骤可以为分三个阶段(见图 2-1)。第一阶段是选择一个价值

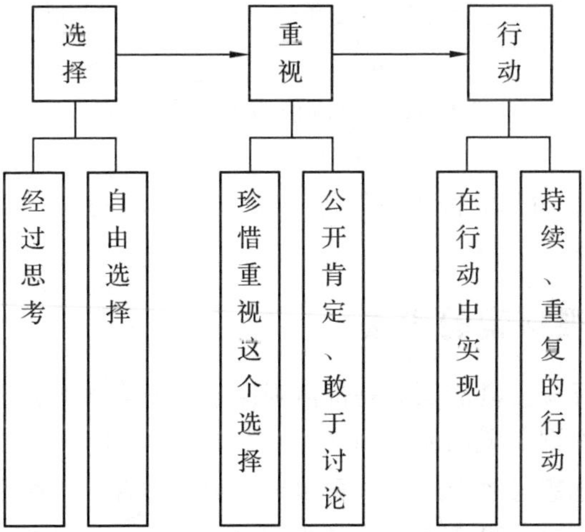

图 2-1　价值观澄清的三个阶段

观，包括：你自由地选择一个价值观，不考虑他人的压力，也不考虑其他的价值观，不思考每一个选择的后果。第二阶段是珍视你的价值观，包括珍爱和喜欢你的价值观，愿意在合适的时候向他人公开声明自己的选择。最后一个阶段是依照你的价值观行动，包括做出一些与你的选择有关的行为，不断以一种与你的价值观选择相一致的模式行动。

学习理解你自己的价值体系是一个需要花费一生的时间的过程。价值观澄清的七个步骤如下。

对你所选择的价值观：

1. 你是否是自主地选择了这项价值观——也就是说从来没有任何人和任何方面把它强加给你？

解释____

2. 它是你从众多的价值观中挑选出来的吗？

解释____

3. 它是你在思考了所做选择的结果或后果后被挑选出来的吗？

解释____

4. 它是一个让你如何珍视的价值观？

解释____

5. 你是否为你选择的这一价值观而感到骄傲(珍视、爱护)？

解释____

6. 你是否愿意公开地向其他人声明你的选择——也就是说，在别人面前公开地为它辩护？

解释____

7. 你是否能做一些与你选择的价值观有关的事情？

解释____

8. 你是否有能与你的价值观保持一致的行为模式？

解释____

四、价值观探索的方法

第一，澄清反应。澄清反应是价值观探索法中最基本、最主要的方法。它是指咨询员根据咨询对象的所作所为、所说所感，引发咨询对象在行为动机，刺激咨询对象在思想过程中进行一番慎思明辨的内省，从而澄清其价值观。

第二，价值表决。事先由咨询员拟定并向咨询对象提出一套关心的问题，让咨询对象表明自己的意见并做出选择。

第三，价值排队。价值排队就是让咨询对象在三四种事物之中，按其认为的重要性为它们排名次，并说出这样排的原因。人们在日常生活中常常遇到这种必须做选择的情境。排队法就是为咨询对象提供这种选择的机会，使咨询对象通过对各种情况的衡量比较，分出优先次序，从而进一步明了各种事物的价位，并且公开表示自己的选择。

第四，公开提问。公开提问就是由咨询者直接提问，让咨询对象公开回答咨询者的问题。

第五，生活馅饼。咨询者画一个大圆圈(馅饼)，然后让咨询对象根据他们自己生活中各项内容所占比例的大小和多少将馅饼分割。比如，用大圆圈表示1天24个小时，让咨询对象说出以下活动，如睡眠、玩、做作业、看电视、吃饭、做家务、独自活动、与父母聊天或其他活动所占的时间，并按照各项活动所占时间的多少分割圆圈。生活馅饼的主要作用是帮助咨询对象对自己的生活做客观、具体、系统的分析和检查，使他们的生活朝着更为理想的方向发展。

第六，魔术箱法。咨询员可告诉咨询对象，魔术箱是伸缩自如的箱，它装着许多人想要的各种各样的东西和看不到的东西。然后，向他们提出一些问题，诸如：

1. 你想从魔术箱中拿出什么送给妈妈?
2. 你想拿出什么送给爸爸?
3. 你想拿出什么送给要好的朋友?
4. 你想拿出什么送给世上的穷人?
5. 你最想要的东西是什么?
6. 你最不想要的东西是什么?
7. 你认为世界上最不好的东西是什么?

魔术箱的目的在于帮助咨询对象认真回顾和思考他所珍视和痛恨的东西，从而进一步形成正确的价值观。

第七，展示自我法。展示自我法是提供给咨询对象一个自由发言的机会，让他把和自己有关的事情讲给大家听，借此机会公开和珍惜自己的价值观。

第四节　兴趣与职业

一、什么是兴趣

兴趣是指个体力求认识、掌握某种事物，并经常参与该种活动的心理倾向，或者说，兴趣是一个人积极探究某种事物的心理倾向。人的兴趣是在需要的基础之上、在活动之中发展起来的，而且，它还是推动人们去寻求知识和从事活动的巨大内在动力。一个人在从事自己感兴趣的活动时，注意力会更加集中，思维会更加活跃，行为会更为持久稳定，更能产生愉快的心理状态。

按照兴趣的不同，我们可以将其分为表现在对衣食住行、生活环境与条件的追求之上的物质兴趣和对学习、研究等认识活动的追求之上的精神兴趣。按照兴趣所指向的目标，它又可以分为对活动过程表现出来的直接兴趣和对活动结果表现出来的间接兴趣。由于个体之间存在差异，个人的兴趣也表现出很大的不同。这不仅有兴趣内容上的区别，也有兴趣范围和兴趣持久性上的明显差异。

人的兴趣在广度、深度、稳定性和效能方面所表现出的不同特点叫兴趣的品质，它包括如下几个方面。

第一，兴趣的广阔性。兴趣的广阔性是就兴趣范围的大小而言的。有的人样样都乐于探求，有的人兴趣就比较单一。

第二，兴趣的中心性。有些人兴趣广泛，对什么都感兴趣。兴趣的中心性是指兴趣的深度。人不可能对所有的事物都抱有浓厚的兴趣，而只是对某些方面特别感兴趣。因此，只有广泛的兴趣与中心兴趣相结合，才能促使人更好地发展。否则，什么都知道又什么也不深入，浅尝辄止，博而不专，这样的人很难有大发展。

第三，兴趣的稳定性。兴趣的稳定性是指兴趣的持久性与稳固程度。人与人之间的差异很大，有的人能长期地对自己从事的工作或研究的问题保持浓厚的兴趣，无论在工作中遇到什么困难都能克服，因此，在事业上能取得成功。

第四，兴趣的效能性。兴趣的效能性是指兴趣对活动产生的效果的大小。凡是能促使人积极主动地学习和工作，并产生明显效果的都是积极的有效能的兴趣。

二、兴趣与职业的关系

大家都知道著名科学家爱迪生的故事，他经常在实验室里吃饭、睡觉，每天工作十几个小时，但他从不叫苦，爱迪生称：“我一生中从未间断过一天的工作，我每天其乐无穷。”我们身边也不乏这样的例子，大学里很多的知名学者和教授，他们也是不分昼夜地工作，如果没有强烈的兴趣在指引，他们怎么可能在浩瀚的知识海洋里寻到宝藏呢？德国伟大作家歌德曾这样说：“如果工作是一种乐趣，人生就是天堂。”人生最大的生活价值，就在于对所从事的工作有兴趣。

那么什么是职业兴趣呢？职业兴趣是指一个人想从事某种职业的愿望，即一个人力求从事某种职业的心理倾向，或称为争取得到某种职业的意向。为帮助你更好地了解职业兴趣的含义，一起来做个小练习吧。

【课堂练习】

愉快的生活体验

请回顾你最近一段时间的生活点滴，回味让你感到愉快的经验。请举出一至三个发生在生活中的事件，在事件发生之时或完成之后让你感受到相当程度的喜悦和满意，想想这些事件的共同特性。

第一件：________________

第二件：________________

日常喜欢的活动：________________

闲暇时间你通常会从事哪些休闲活动呢？列出一至三个你所喜欢的，想想这些活动的共同特性。

活动一：________________

活动二：________________

活动三：________________

这些令人愉快的日常体验和活动中，都蕴含着自己的兴趣，想想如果让你做这样的工作，你会不会感到兴奋呢？

职业兴趣简单说起来就是兴趣和职业的有机结合，是兴趣在职业方面的表现，按照自己的兴趣去找工作，便会沉浸在工作的过程和成果之中。不同的人职业兴趣取向不同：有的人是社交型，喜欢和人打交道；有的人是研究型，对有深度、难度的事情好奇；有的人是艺术型，对美的事物很敏感；有的人是经营型，对数字、结果很敏感。不同的兴趣取向对职业的期望不同，适合从事的工作不同。下面跟随美国著名的职业指导专家霍兰德教授了解一下自己的职业兴趣吧！

三、霍兰德职业兴趣测评

美国著名职业指导专家、心理学专家、约翰霍普金斯大学心理学教授约翰·霍兰德先生于1959年提出了具有广泛社会影响的兴趣类型理论，即“人—职互择”理论，并在20世纪70年代初期，提出了一些新的思考兴趣及兴趣量表的方法，对职业兴趣测评的发展产生了重要的影响。先从一个小游戏入手了解一下这个理论。

【课堂练习】

兴趣岛游戏

恭喜你！你获得了一次免费度假游的机会，有机会去下列六个岛屿中的一个。唯一的要求是你必须要在这个岛上待满至少一年的时间。请不要考虑其他因素，仅凭自己的兴趣按一、二、三的顺序挑出你最想前往的三个岛屿。

R岛：岛上保留有热带的原始植物，自然生态保持得很好，也有相当规模的动物园、植物园、水族馆。岛上居民以手工见长，自己种植花果蔬菜、修缮房屋、制作工具。

I岛：岛上人迹较少，建筑物多偏处一隅。岛上有多处天文馆、科博馆及科学图书馆等。岛上居民喜好沉思、追求真知，喜欢和来自各地的哲学家、科学家、心理学家等交换心得。

A岛：岛上有多处美术馆、音乐厅，弥漫着浓厚的艺术文化气息。同时，当地的原住民还保留着传统的舞蹈、音乐与绘画，许多文艺界的朋友都喜欢来这里找寻灵感。

S岛：岛上居民个性温和、十分友善、乐于助人，社区均自成一个密切互动的服务网络，人们多互助合作，重视教育，弦歌不辍，充满人文气息。

E岛：岛上的居民热情豪爽，善于企业经营和贸易。岛上的经济高度发达，处处是高级饭店、俱乐部、高尔夫球场。来往者多是企业家、经理人、政治家、律师等。

C岛：岛上建筑十分现代化，是进步的都市形态，以完善的户政管理、地政管理、金融管理见长。岛民个性冷静保守，处事有条不紊，善于组织规划，细心高效。

把最想前往岛屿的代码写在下面的横线上，这三个字母按顺序填写。

A ________岛 B ________岛 C ________岛

做完这个游戏，感觉如何？是不是颇有意思？但职业兴趣的探索没有那么简单，不可能仅仅通过一个游戏，就完全确定了职业兴趣，还需要通过其他的测评方式来验证结果，先看看刚才的三个字母所对应的职业兴趣类型，重点看排在第一顺序的字母，然后看第二个字母，再看第三个字母，对应一下每个类型喜欢的活动和职业。

R 型：实际型(Realistic)

喜欢的活动：愿意从事事务性的工作，喜欢户外活动或操作机器而不喜欢在办公室工作。

喜欢的职业：计算机硬件人员、摄影师、制图员、机械装配工及制造业、技术贸易业、机械业、农业、军事类工作。

I 型：研究型(Investigative)

喜欢的活动：处理信息(观点、理论)，喜欢探索和理解、研究那些需要分析、思考的抽象问题。喜欢独立工作，不善于领导他人。

喜欢的职业：工程师、生物学者、系统分析员、天文学家、药剂师、动物学者、化学家、科学报刊编辑、地质学者、医生。

A 型：艺术型(Artistic)

倾向于理想化，做事追求完美。通常情况下，艺术的测试不是指做艺术工作，而是指工作中的艺术，倾向于将事情做得漂亮、有美感、有情调、锦上添花，追求完美。

喜欢的职业：艺术方面(演员、导演、艺术设计师、摄影师、雕刻家、建筑师、广告制作人)，音乐方面(歌唱家、作曲家、乐队指挥)，文学方面(小说家、诗人、剧作家)。

S 型：社会型(Social)

喜欢的活动：帮助别人，喜欢与人合作，热情关心他人，愿意帮助别人解决困难。

喜欢的职业：导游、教育行政人员、福利机构工作者、咨询人员、社会工作者、社会科学教师、学校领导。

E 型：企业型(Enterprising)

喜欢的活动：喜欢领导和影响别人，为了达到个人或组织的目的而善于说服别人。希望成就一番事业。

喜欢的职业：商业管理、律师、政治运动领袖、营销人员、市场或销售经理、公关人员、采购员、投资商、电视制片人和保险代理。

C 型：常规型(Conventional)

喜欢的活动：组织和处理数据，喜欢固定的、有秩序的工作或活动，希望确切地知道工作的要求和标准。愿意在一个大的机构中处于从属地位。

喜欢的职业：会计师、银行出纳、行政助理、秘书、档案文书、税务专家和计算机操作员、投资分析员。

霍兰德职业兴趣测评量表是目前使用较为广泛的一种量表，还可以通过其他的测量方式来探索职业兴趣，比如职业实习就是最为有效的方法，它能帮助你检验出是否真的喜欢该职业。

【扩展阅读】

相传古代有个叫叶子高的人，他总向人吹嘘自己是如何如何喜欢龙。他在衣带钩上画着龙，在酒具上刻着龙，他的房屋卧室凡是雕刻花纹的地方也全都雕刻着龙。天上的真龙知道叶子高是如此喜欢龙，很是感动。一天，真龙降落到叶子高的家里，它把头伸进窗户里探望，把尾巴拖在厅堂上。叶子高见了，吓得脸都变了颜色，惊恐万状，回头就跑。真龙明白了叶子高喜爱的只是社会所称赞的龙图腾，而非真正的龙，只好失望而归。

启迪：大家可能都有类似的经验，一直以为是自己喜欢的，没想到实际接触、深入了解之后，才发现过去所喜欢的只是一个社会大众口耳相传所建构出来的假象，或者说只是别人对自己的期待。所以，在选择工作之前，要进行实际考察了解。

四、职业兴趣在人的职业活动中的作用

具体来说，兴趣对人们的职业活动的影响主要表现在以下三个方面。

(一)兴趣是人们职业选择的重要依据

正像人们在日常生活中喜欢参加自己感兴趣的活动一样，具有一定兴趣类型的个人更倾向于寻找与此有关的职业，特别是在外界环境限制较小时，人们都会选择自己感兴趣的职业。因此，对个人的兴趣类型有了正确的评估后，就有可能预测或帮助人们进行职业选择。

(二)兴趣可以增强人的职业适应性

兴趣可以通过工作动机促进个人能力的发挥，兴趣和能力的合理结合会大大提高工作效率。研究表明，如果一个人从事自己感兴趣的职业，就会发挥其全部才能的 80%～90%，而且长时间保持高效率却不感到疲劳；而对所从事的工作没有兴趣的人，只能发挥其全部才能的 20%～30%。

（三）兴趣在某些情况下具有决定性作用

由兴趣的本质特征所决定，兴趣会影响一个人的工作满意度和稳定性，在某些情况下，如不考虑经济因素，甚至具有决定性作用。一般来说，从事自己不感兴趣的职业很难让人感到满意，并由此会导致工作的不稳定。

第五节 能力与职业

一、能力的概念

能力是指个人顺利完成某种活动所必需具备的心理特征，包括智力、性向和成就三种。智力是指个人的一般能力；性向是指个人可以发展的潜在能力；成就是指个人通过教育或培训在学识、知识和技能方面达到的较高水平。

从定义即可看出，能力对于生涯的作用是不言而喻的，人们从事任何一种活动都必须具备一定的能力，能力是影响活动效果的基本因素。同样，对任何一种职业生涯而言，要使职业生涯得以顺利进行，必须具备相应的能力。能力总是和人们所从事的活动联系在一起，人们总是通过某种活动来考察他人的能力。

职业能力是人们从事某种职业的多种能力的综合。例如，一位教师只具有语言表达能力是不够的，还必须具有对教学的组织和管理能力，对教材的理解和使用能力，对教学问题和教学效果的分析、判断能力等。如果说职业兴趣或许能决定一个人的择业方向以及在该方面所乐于付出努力的程度，那么职业能力则能说明一个人在既定的职业方面是否能够胜任，也能说明一个人在该职业中取得成功的可能性。

二、职业能力的分类

由于职业能力是多种能力的综合，因此，我们可以把职业能力分为一般职业能力、专业能力和综合能力。

（一）一般职业能力

一般职业能力主要是指一般的学习能力、文字和语言运用能力、数学运用能力、空间判断能力、形体知觉能力、颜色分辨能力、手的灵巧度、手眼协调能力等。此外，任何职业岗位的工作都需要与人打交道，因此，人际交往能力、团队协作能力、对环境的适应能力以及遇到挫折时良好的心理承受能力都是我们在职业活动中不可缺少的能力。

(二)专业能力

主要是指从事某一职业的专业能力。在求职过程中，招聘方最关注的就是求职者是否具备胜任工作的专业能力。例如，你去应聘教学工作岗位，对方最看重你是否具备最基本的教学能力。

(三)职业综合能力

这里主要介绍国际上普遍注重培养的“关键能力”，主要包括四个方面。

第一，跨职业的专业能力。从以下三方面可以体现出一个人跨职业的专业能力：一是运用数学和测量方法的能力；二是计算机应用能力；三是运用外语解决技术问题和进行交流的能力。

第二，方法能力。一是信息收集和筛选能力；二是掌握制订工作计划、独立决策和实施的能力；三是具备准确的自我评价能力和接受他人评价的承受力，并能够从成败中有效地吸取经验教训。

第三，社会能力。社会能力主要是指一个人的团队协作能力、人际交往和善于沟通的能力。在工作中能够协同他人共同完成工作，对他人公正宽容，具有准确裁定事物的判断力和自律能力等，这是胜任岗位和在工作中开拓进取的重要条件。

第四，个人能力。随着我国经济体制改革的深入、法制的不断健全完善，人的社会责任心和诚信将越来越被重视，假冒伪劣将越来越无藏身之地，一个人的职业道德会越来越受到全社会的尊重和赞赏，爱岗敬业、工作负责、注重细节的职业人格会得到全社会的肯定和推崇。

三、职业能力类型及适应性职业对应表(表 2.3)

表 2.3　职业能力类型及适应性职业对应表

职业能力类型	特　点	适应性职业类型
操作型	运用专业知识或经验，掌握特定的技术或工艺，形成相应技能与技巧	驾驶汽车、种植、操纵机床、控制仪表
艺术型	以想象能力为核心，进行艺术创作，再现社会生活和创造某种艺术形象	写作、绘画、演绎、美工

续表

职业能力类型	特　点	适应性职业类型
教育型	运用各种教育手段传授知识或组织受教育者进行知识学习的能力	教育、宣传、思想政治工作
科研型	以创造型思维为核心，善于调查、研究，然后进行新的综合、发明与发现	研究、技术革新、发明、理论
服务型	以敏锐的社会知觉能力和人际关系协调能力为主，使顾客获得心理满足	商业、旅游业、服务业
经营型或管理型	以决策能力为核心，在广泛获得信息的基础上做出应变、决策	经理、厂长、主任等管理岗位
社交型	以人际关系协调能力为核心，善于周旋、协调，与对方通力合作	联络、洽谈、调解、采购

【课堂练习】

成就事件的撰写

写下生活中令你有成就感的至少10个具体事件，然后对其进行分析，看看你在其中使用了哪些技能/特质。

要求：1. 在撰写成就事件时，每一个故事都应当包含以下要素：时间、事件、角色、困难、结果/成就。2. 看看在这些故事中是否有重复出现的技能/特质，并将这些技能/特质按优先次序加以排列。

第六节　认识自我的外部环境因素分析

一、家庭环境分析

任何人的性格和品质的形成及个人的成长都离不开家庭环境的影响，大学生在进行职业生涯规划时，考虑更多的是家庭的经济状况、家人期望、家族文化等因素对本人的影响。个人职业发展规划的确立，总是同自身的成长经历和家庭环境相关联的。个人在成长过程中，在不同的时期也会根据自己的成长经历和所受教育的情况，不断修正、调整，并最终确定职业理想和职业计划。正确而全面地评估家庭情况才能有针对性地设计适合自己的职业规划。

二、学校环境分析

学校环境是指所在学校的教学特色与优势，明确自己学校以及专业在社会上所处的地位。当今社会，有的公司趋向于选择名牌大学的大学生，一些普通学校的大学生可以通过降低自己的薪资标准，或者提高自己在某一方面的技能来竞争就业机会。

三、社会环境分析

对社会环境因素的了解主要包括以下几个方面：社会政策，主要是人事政策和劳动政策；社会变迁，比如知识经济和信息化社会的发展，会对人的职业生涯发展产生较大的影响；价值观会随着社会的不断发展和进步而发生不同程度的变化，从而会影响社会对人的认识和对职业的要求；科学技术的发展，科技的发展会带来理论的更新、观念的转变、思维的变革、技能的补充等，而这些都是职业生涯规划中不可或缺的要素。

本章知识点总结

一、自我认知的内涵与意义。自我认知是对自己的洞察和理解，包括自我观察和自我评价。恰当地认识自我，实事求是地评价自己，是自我调节和人格完善的重要前提。

二、自我认知的方法包括标准化评估和非标准化评估。在职业生涯规划中我们对自身的认识可以有多种评估的方式，大致分为正式评估和非正式评估两类。正式评估即我们常说的标准化测验，是一种定量的评估；而非正式评估是指一些定性的、非标准化的评估，比如360度主观评价法等

三、自我认识的四个维度：性格、兴趣、价值观、能力与职业的关系分析。

四、自我认识受家庭环境因素、学校环境因素、社会环境因素等外部因素的影响。

第三章　了解职场

【学习目的】

了解职业世界的现状及发展趋势，行业、职业分类，掌握职业素养与能力储备的内容和方法，掌握职业信息探索方法，如生涯人物访谈等。

第一节　职业世界的现状及趋势

一、有关职业的基本事实

目前有超过2万种的职业，对于大多数人而言，会有数种职业适合他们。各个经济收入阶层和各种行业领域的人都热爱自己的工作。没有哪一种工作能够完全满足所有的需要，所有工作都有其局限和令人失望之处，需要其他活动来平衡。工作市场和经济形势都随市场发生变化。

当用更广阔的视野来看工作世界的时候，我们就不难理解以上这些基本事实。在工作世界中，每个人都有可能找到属于自己的那份工作，只是需要做好心理准备，这是一个过程。对不同的人，这个过程会有长有短，变化是其中必然要面对的。一个人的决定可能不会持续一生，也常常伴随着风险。因此需要个人不断地调整和变化才能保持满意度。面对工作世界，需要学会如何应对工作中的变动，而不是一味地回避它。

【案例分享】

雷曼兄弟公司的破产

雷曼兄弟公司雄厚的财务实力支持其在所从事的业务领域的领导地位，并且是全球最具实力的股票、债券承销和交易商之一。同时，公司还担任全球多家跨国公司和政府的重要财务顾问，并拥有多名业界公认的国际最佳分析师。

由于雷曼公司的业务能力受到广泛认可，公司因此拥有包括众多世界知名公司的客户群，如阿尔卡特、美国在线、时代华纳、戴尔、富士、IBM、英特尔、美国强生、乐金电子、默沙东医药、摩托罗拉、NEC、百事、壳牌石油、住友银行及沃尔玛等。

北京时间2008年9月15日，在次级抵押贷款市场(次贷危机)危机加剧的形势下，美国第四大投行雷曼兄弟宣布申请破产保护。

二、未来职业发展预测

1. 未来职业的特点

有专家预测，未来职业将呈现以下三大特点。

第一，职业的教育含量增大。

各种就业岗位，需要更多的受过良好教育、掌握最新技术的技术工人，单纯的体力劳动或机械操作职业将明显减少。在发达国家，制造业中蓝领工人失业率高于从事管理工作的白领员工；而白领员工中从事服务性工作，如银行、广告等的失业率又明显高于从事开发和研究工作的员工。未来白领、蓝领阶层的界限将越来越模糊，职业逐渐向专业化方向发展。

第二，职业要求不断更新。

一些职业，因新的设备和条件的变化，对职业内容有了新的要求。如行政工作人员，在以前只要求具备较好的组织协调能力、分析问题和解决问题的能力、文字能力、口头表达能力等，但现在除要求他们具备上述能力以外，还要求具备社会交往及计算机辅助管理、办公自动化操作能力等。

第三，永久性职业减少。

只有少数人能拥有“永久性”的工作，而从事计时、计件或临时性职业的人会越来越多。

2. 未来的热门职业

热门职业是人才市场供求双方都非常关心的职业，只要有可能，双方都愿意率先选择热门职业。因为从事热门职业和录用有热门职业专长的人，会有助于保证在激烈的市场竞争中获得更多的生存机会和发展机会。

热门职业一般是根据经济发展的情况形成的，21世纪是知识经济时代，高新技术、电子通信将是经济新的增长点。所以，一些与信息、生物、高新科技高速发展相关的职业将逐渐成为热门职业。

专家估计，21世纪我国热门职业将朝着以下方向发展。

第一，软件开发、硬件维护、网络集成等高层次计算机科技类职业。当今社会已步入信息化时代，计算机应用日益普及。据有关方面预测，数年之内计算机专业的毕业生，将持续走俏人才市场，成为高新技术企业争夺的焦点。据了解，2000年上海交大、复旦、同济、华南师大等名校计算机专业的研究生、本科生几乎每人都有五六家单位任其选择，其薪水的市场价格也水涨船高，普遍在3000元以上；即便是一般高校的计算机专业毕业生，月薪也不低于2000元。正因为计算机专业毕业生供不应求，不少用人单位只得改聘应用数学专业的毕业生，这使得前几年一度滞销的数学专业毕业生身价暴涨。

第二，通信工程、无线电技术等电子工程类职业。近几年邮电通信事业发展迅猛，程控电话、移动通信网等通信设备现代化建设需要大批通信工程、无线电技术等电子工程类专业的毕业生。随着“九五”期间国家把机械、电子、汽车制造业定为带动整个经济增长和结构升级换代的支柱产业，与此相关专业的毕业生将大有用武之地，若干年内就业前景广阔。

第三，农科类职业。科教兴农，提高农业科技含量，给农科类毕业生提供了大显身手的广阔舞台。相当一部分的农科类毕业生将充实到乡镇、农场的作物栽培、菜篮子工程、家禽水产养殖、农业机械行业或农科研究机构中去。他们将凭借自身掌握的现代技术和经营管理的优势，大胆从事各类集体或个体承包，逐步发展成为中国新型的“农场主”、“牧场主”、“水产大王”。

第四，金融、房地产、信息咨询等第三产业。技术密集型的第三产业是发展经济的重点，这些行业紧缺高学历、高层次人才。尽管今后仍会出现部分非金融类高校的金融专业毕业生改行就业的现象，但金融专业研究生和名校金融专业本科生在人才市场上依然吃香。

第五，政法类职业。时下，专、兼职律师队伍和企业法律顾问队伍日益壮大，并且成为热门职业。而且随着市场经济的深入发展，社会对法律类专才的需求将日益扩大，今后司法队伍的主要来源将是政法类专业毕业生。此外，公务员考试制度的确立，更为政法类专业毕业生开辟了公平竞争的机会。

第六，师范、医科类职业。据了解，今后师范、医科类毕业生的就业重点将引向技术力量较弱的基层单位和边远地区、郊区、一线文教卫生单位，以解决城乡发展不平衡、结构布局不合理的矛盾。目前改造薄弱学校，挂编流动支教、支医计划已经启动。

第七，环境类职业。环境问题是人类发展中的一个日益严重的社会问题和重要课题，越来越受到各国重视。更多的废物管理员、废物处理师和环境工作研究、开发、应用职业会应运而生。

第八，院外医疗业。随着人们生活水平的提高和医学科技的发展，人类寿命将延长，出现人口老龄化问题，需要大批的医疗保健专家。

第九，美容职业。时至今日，我国公民已普遍接受了“化妆即是表达尊重”的理念。化妆的含义已不仅仅是对颜色、材质和搭配的考虑，它的外延将扩大到妆容与时间、地点和场合的协调。其实，在美容业高度发达的国家和地区，妆容的分类早已到了不厌其"细"的地步，工作妆与舞会妆，都有极其严格的区分标准，因此美容业将成为热门职业。

第十，国际商务策划师。21 世纪，商务策划将成为发展前景最好、收入最高、就业最稳定的热门职业之一。在"1999 北京 WBSA 商务策划师发展报告会"上，史宪文教授说，当前中国企业最缺乏的人才就是能提供商务策划的企业军师，这些军师必须是具备丰富的商务经验且善言谈或笔谈的人，善独立思考且洞察力和创新意识较强、能产生好点子或新建议的人，熟悉行业的运行机制且有行业发展战略眼光、能帮助本企业克服转型危机的人，这些人总是能够在各自领域不断提供新创意、新设想，能够发现更有战略价值的新领域、新课题、新产品，不断形成人无我有的优势，也因此成为最受欢迎的人。

3. 未来衰落的职业

由于全球经济受互联网络的影响，职业变化的速度加快，某些非常熟悉的职业，甚至是目前比较热门的职业将要消亡。西方有位专家就曾撰文介绍了今后 15 年极有可能过时的职业。

第一，传统秘书。自从个人电脑、电子邮递和传真机问世，秘书的时间就有 45%以上是用来把文件归档、传递信息、邮寄信件和复印材料。但是更先进的电子办公系统将使主管人员和经理有可能把哪怕是潦草的便条变成备忘录，按一下指令键便可以分发出去，管打字的秘书实际上将不复存在。

第二，银行出纳员。几乎所有的银行客户都使用自动柜员机，只留下为数不多的出纳员负责银行业务的前台交易。

第三，电话话务员。据测西方发达国家的电话电报公司可望在今后几年用自动化语音识别技术取代其一半以上的长途电话话务员。这种技术和自动化电话网与语音信息系统将会使人们失去一些就业机会。

第四，接待员。美国某些通信公司现在可以提供能够处理打进和打出电话的极其先进的语音识别系统，许多公司也正在研制相似的系统，这使得不少大公司和政府机构将来可以取消接待员这种职业。

第五，公共图书馆管理员。电脑已取代图书馆的卡片目录，而且不久可能取代你所知道的图书馆，那时人们将忘记传统的图书馆，而且干脆通知图书馆通过互联网络把书送过来。

第六，矿业。由于商业区、住宅区、房地产已渐有起色，加上环境的整修，公共工程中公路、桥梁、水坝的兴建，建筑业将会持续成长。然而因石油、天然气等工业的不振，煤、金属等矿产的需求不高，矿业的成长将相当有限。

第七，制造业。包含机械的设定、调整、操作及维修等，或是以手工利用小型器械来制造产品或组合零件。目前由于进口品多且多利用国外生产和生产线的自动化，传统的人工制造业难逃日渐衰退的命运。唯一的例外是塑胶器具的操作，因为某些金属器械将为塑胶制品取代。

第八，运输业。含大众运输及货品的搬运。一般而言，这一行业将会持续成长，当然也因行业相异而有不同的发展。就公车司机这个行业的发展来说，仍会快速成长，卡车、货运则是持续成长。而操纵搬运机械者则因机器的自动化而成长有限，水路和铁路运输也将因为新科技的发明而日益衰退。

第九，基层劳动力。基层劳力，由于自动化，这方面将成长缓慢；也因离职率高等因素所影响，未来不甚乐观。

第二节　行业、职业分类

一、我国的职业分类

《中华人民共和国劳动法》规定：国家确定职业分类，对规定的职业制定职业技能标准，实行职业资格证书制度。

《中华人民共和国职业分类大典》是由劳动和社会保障部、国家质量技术监督局、国家统计局联合组织编制，中共中央、国务院50多个部门以及有关研究机构、大专院校和部分企业的近千名专家学者参与了编制工作，于1995年初启动，历时4年，1999年年初通过审定，1999年5月正式颁布。该大典将我国职业归为8个大类，66个中类，413个小类，1838个细类(职业)。

职业分类是对在业人口所从事的工作性质的同一性进行分类。这种分类不问其所有制形式、用工形式及分属行业。目前，我国职业分类可分为8大类，其排列顺序如下。

第一大类：国家机关、党群组织及企业、事业单位负责人，其中包括5个中类，16个小类，25个细类。

第二大类：专业技术人员，其中包括14个中类，115个小类，379个细类。

第三大类：办事人员和有关人员，其中包括4个中类，12个小类，45个细类。

第四大类：商业、服务业人员，其中包括8个中类，43个小类，147个细类。

第五大类：农、林、牧、渔、水利业生产人员，其中包括 6 个中类，30 个小类，121 个细类。

第六大类：生产、运输设备操作人员及有关人员，其中包括 27 个中类，195 个小类，1119 个细类。

第七大类：军人，其中包括 1 个中类，1 个小类，1 个细类。

第八大类：不便分类的其他从业人员，其中包括 1 个中类，1 个小类，1 个细类。

据了解，我国现行职业分类大典中共收录的 1838 个细类中还包括 4700 多个职业。目前，分类大典中新增玩具设计师、网络编辑员、水生哺乳动物驯养师、有害生物防治员、职业信息分析师、呼叫服务员、锁具修理工、汽车模型工、汽车饰件制造工和汽车生产线操作调整工十大职业。

二、国内外职业分类方法比较

职业分类对不同行业、不同性质的职业按一定标准进行划分归类，以便于统计。职业分类的方法很多，标准各异，但一般划分的标准是按从事社会劳动的不同内容、手段、劳动方法、环境、劳动消耗量等方面进行的。

依据就业者主要付出劳动的性质来分类，可以分成脑力劳动和体力劳动职业。

依据对专门知识和技术所需要的程度来分类，可以分成专门职业和非专门职业或一般职业。

从职业指导的角度，又可分为现实型职业、研究型职业、艺术型职业、社会型职业、企业型职业、常规型职业六类。

职业的种类与各国经济发展水平有关系，与各国职业分类标准也有关系。

由于各国职业分类标准并不统一，因此，国与国之间的职业种类尚不具可比性。但是，在现代社会中，最常见的分类方法是按照职业活动及职业角色接近的程度，将诸多的职业分成若干大类、中类和细类。

例如，1958 年，国际劳工组织制定了《国际标准职业分类》，并于 1986 年第二次出版。它的出版，为各国编制或修订本国的职业分类提供了一个样板。《国际标准职业分类》把职业由粗而细分为四个层次，即 8 个大类，83 个小类，284 个细类，1506 个职业项目，总共列出职业 1881 个。其中 8 个大类是：(1)专家、技术人员及有关工作者；(2)政府官员和企业经理；(3)事务工作者和有关工作者；(4)销售工作者；(5)服务工作者；(6)农业、牧业和林业工作者、渔民和猎人；(7)生产和有关工作者、运输设备操作者和劳动者；(8)不能按职业分类的劳动者。这种分类方法便于提高国际间职业统计资料的可比性和交流。

再如，加拿大《职业岗位分类词典》中把分属于国民经济中主要行业的职业划分为23个主类，下分81个子类，489个细类，7200多个职业基本名称。23个主类是：1. 管理行政及有关职业；2. 自然科学工程和数学方面的职业；3. 社会科学及有关领域的职业；4. 宗教方面的职业；5. 教学及有关职业；6. 医疗和保健方面的职业；7. 艺术、文学、表演艺术及有关职业；8. 体育及娱乐方面职业；9. 文书事务性工作及有关职业；10. 销售职业；11. 服务职业；12. 农业、园艺和畜牧职业；13. 渔业及有关职业；14. 林业和采伐职业；15. 采矿和采石职业；16. 加工职业；17. 机械加工及有关职业；18. 产品的制造、组装和修理职业；19. 土建行业的职业；20. 运输设备操作职业；21. 材料搬运及有关职业；22. 其他手工工艺和设备操作职业；23. 未归他类的职业。

以上分类对每种职业都有定义，逐一说明了各种职业的内容及从业人员在教育程度、职业培训、能力倾向、兴趣、性格以及体质等方面的要求，有较大的参考价值。

职业分类与职业选择、就业咨询、就业指导之间有着密切联系。高校毕业生与用人单位在就业市场进行"双向选择"，实际上就是求职者选择职业和职业选择求职者的过程。因此，对于高校毕业生来说，不了解职业的种类及分类的依据，不了解职业对于劳动者素质的不同要求，就很难做出正确的择业决策。

【扩展阅读】

层出不穷的新职业

- ◆ 短信写手、微博微信写手
- ◆ 农民经纪人
- ◆ 职业道歉人、职业讨债人、职业道谢人
- ◆ 职业砍价人、职业游戏玩家、职业领路人
- ◆ 私家侦探、私人理财顾问
- ◆ 新闻线人、代驾员

正在或已经消失的职业

- ◆ 电报员
- ◆ 电报投递员

- 寻呼员
- 铅字制版工
- 照相馆相片着色工
- 公交车售票员

第三节 职业信息的探索

职业生涯，亦即事业生涯，是一个职业的发展道路。如何科学合理地为自己做一个职业生涯规划？这已成为大学生现在和将来都要面对的人生课题之一。及时了解当前的就业形势，准确把握就业外部的环境特征，是当代大学生顺利找到理想工作岗位的前提和基础。

一、职业世界的环境认知

(一)进行行业状况分析

1. 应了解这个行业是什么性质的行业

这个行业有着怎样的发展趋势：是不是一个逐渐萎缩的行业，比如资源消耗大、造成环境污染的小型采矿业，小型造纸厂；是不是一个朝阳行业，比如旅游业、保险业、管理咨询行业。

2. 要关注重大事件对行业的影响

行业的发展往往容易受到国内国际重大事件的影响，进而影响到该行业能否提供较多的职业机会。比如，北京成功申办2008年奥运会，拉动了北京乃至全国的奥运经济，给建筑业、旅游业和服务业等都提供了较大的发展机遇，提供了相对较多的就业机会。

3. 行业优势及问题

社会的发展变化总是影响着各个行业的变化。所以，行业的优势和劣势都是相对的。我们要特别关注的是行业目前存在的问题，是可以改进或避免的还是无法消除的？行业是否具有优势和竞争力？这种优势会持续多久？

4. 行业发展前景预测

发展前景预测可以从两方面进行分析：一方面是行业自身的生命力，是否有技术、资金支持等；另一方面也要考虑和研究国家对相关行业的政策。政府会根据经济与社会发展状况对一些行业发布法规、政策，如对一些行业实施鼓励、扶持，对一些行业则限制发展，缩小其规模。

总之，分析和了解影响行业的各种因素，有利于个人选择有发展前途的行业和职业，有助于个人职业目标的更好实现。

(二)进行企业环境分析

1. 了解企业实力

企业实力包括企业的社会地位和声望；产品、服务延伸的范畴；发展前景如何(是在发展扩张还是在紧缩被吞并中)；战略目标是什么；技术力量和设施是否先进；本行业中的竞争力如何；企业目前的财政状况如何(收支、工资待遇等)，该企业的竞争对手是谁；企业的组织结构是怎样的(是扁平的还是等级森严的)；企业领导人、企业文化和企业管理制度如何。

2. 根据企业的“生命周期”来考虑就业

“生命周期”是指企业的寿命大致经历的5个阶段：开发期、成长前期、成长后期、成熟期与衰退期。

一方面，处于“开发期”的企业，其创业阶段为大学生大展身手创造了有利条件，晋升的机会通常较多，短时间内就可能升到较高的位置；但另一方面，企业基础尚不够稳固，所以要承受较大的经营风险。处于“成长前期”的企业，晋升的机会也较多，但发展的速度则略微缓慢一些。处于“成长后期”的企业，制度、体系都已进入发展的轨道，想在短期内获得晋升或加薪恐怕比较困难。而一般的大企业多处于此阶段。处于“成熟期”的企业要有心理准备，因为大学生的工作生涯漫长，在这样的企业工作辛苦，晋升的可能性也较小。对处于“衰退期”的企业，需具有超凡的能力，可以使濒临关门的企业起死回生。

大学生在就业时要准确定位，要清楚并不是所有的企业都适合自己，要从中挑选适合自己的企业。只有这样，才能最大限度地发挥自己的潜能，实现人生价值，为社会多做贡献。

(三)社会环境分析

1. 经济水平分析

就经济发展与职业生涯的关系而言，一般来说，社会经济发展状况较好，人才需求就相对大一些，人才市场也会比较活跃，职业选择的机会也会增加一些。反之，职业选择的机会就会相对少一些。要了解经济增长率、经济景气度、发展速度、就业率、培训教育情况，对其进行分析，制定科学的事业生涯目标，并借力发展，以实现生涯目标，走向成功。

2. 政治氛围分析

政治和经济是相互影响的，政治不仅影响到经济体制，而且影响着企业的组织体制，进而直接影响个人的职业发展。政治制度和氛围还会潜移默化地影响个人的追求，从而对个人的职业生涯产生影响。认真分析国家政策、法规及政治导向，借助政策合理制定出符合社会潮流及发展趋势的生涯目标。

3. 文化环境分析

文化环境是影响人们行为、欲望的重要因素。它主要包括教育水平、教育条件和社会文化设施等。一般来说，在良好的社会文化环境中个人就会受到比较好的教育和熏陶，其知识和能力水平就会得到更大的提高，这有利于为今后的职业发展打下更好的基础。

4. 价值观念分析

一个人生活在社会环境中必然会受到各种社会价值观念的影响。价值取向反映出社会对人才的价值评价和素质要求，同时也体现了个人的思想发展、成熟的过程。对于大学生来说，要坚持正确的价值观念，就要在大学的学习和训练中进一步认可、接受社会积极进步的主体价值观。在我们的学习和生活中，社会价值观念正是通过影响我们个人的价值观从而影响我们个人的职业选择的。总之，树立正确的价值观是树立正确职业观的基础。

除了对上述四个方面进行分析外，还应对有些情况进行了解：第一，要了解他人情况：学习、工作、创业是一个群体性的组织活动，大小部门都是由不同年龄、专业、性格、兴趣的人组成。全面了解将会促进自己的发展。第二，了解组织情况，对组织的构成、性质、特色、人事(人力资源状况)、财务、工资、营销、管理情况、发展目标及发展形态(创始、发展、稳定、衰退期)进行综合分析，确定符合组织要求的生涯目标。

(四)进行人才需求分析

1. 人才需求状况分析

这是指对社会各行业对当前人才需求状况的分析。例如，随着信息技术的发展和普及应用，对计算机、网络等方面的应用人才的需求不断增加；同时，对各种管理人才的需求也越来越多。对这方面信息的分析，可以使个体认识到自己目前所具备的知识和技能是否为社会所需要。明确了社会需求程度如何，自己就应在相关方面主动学习和提高，以便更好地适应社会的需要。

2. 人才竞争状况分析

这是指对社会各行业人才竞争状况的分析。在现实中，往往是很多人竞争同样的单位或是同一个岗位。通过了解和分析人才竞争状况，可以使个体认识到与自己竞争相似职业的其他人的状况，同时能更好地注意到自己与他人相比较的优势在哪里，不足之处在哪里。知己知彼，才能在竞争中获得优势。

3. 相关政策分析

这是指对国家和当地政府制定的各项有关政策进行分析。目前，国家的相关就业政策对大学生就业市场有积极的作用。通过政策分析，可以使个体了解到一些新的机会，以便在进行职业设计时利用这些机会，如对大学生志愿服务西部的鼓励政策，对大学生的创业扶持政策等。了解这些政策，有利于愿意到西部发展和创业的同学找到职业发展路线。

现阶段，我国社会经济高速发展、政治稳定、文化繁荣、人们的价值取向呈现出多元化。良好的社会发展环境，推动了对各类人才的需求。其中，应用型高级技术人才很有竞争力，市场对这样的人才表现出“求贤若渴”。这是由市场经济对人才的需求决定的。

我们通过了解和认识社会环境与职业的关系，就可以在设计职业生涯时做出与社会经济、政治、文化和价值观相一致的职业选择，在人才需求、人才竞争和相关政策的条件下，找到适合自己的职业发展定位，从而使我们的生涯规划有一个务实和坚实的社会基础，使个人在变化的社会环境中不断取得职业生涯的更好发展。

【扩展阅读一】

阿里巴巴的企业文化

阿里巴巴(英语：Alibaba.com Corporation，港交所：1688)，中国最大的网络公司和世界第二大网络公司，是由马云在1999年一手创立的企业对企业的网上贸易市场平台。2003年5月，投资一亿元人民币建立个人网上贸易市场平台——淘宝网。2004年10月，阿里巴巴投资成立支付宝公司，面向中国电子商务市场推出基于中介的安全交易服务。阿里巴巴在香港成立公司总部，在中国杭州成立中国总部，并在海外设立美国硅谷、伦敦等分支机构、合资企业3家，在中国北京、上海、浙江、山东、江苏、福建、广东等地区设立分公司、办事处十多家。

自阿里巴巴于1999年成立以来，基于阿里巴巴价值观体系的强大的企业文化已成为阿里巴巴集团及其子公司的基石。他们在商业上的成功和快速增长以企业家精神和创新精神为基础，并且始终关注于满足客户的需求。

阿里巴巴集团有六个核心价值观，支配着他们的一切行为，是公司DNA的重要部分。在有关雇用、培训和绩效评估的公司管理系统中融入了这六个核心价值观。当新员工加入阿里巴巴时，他们要在杭州总部参加为期两周的入职培训和团队建设课程，该课程的重点集中于公司的远景目标、使命和价值观。

而且，在定期的培训课程、团队建设训练和公司活动中还要强化这些内容。

阿里巴巴从中国杭州最初18名创业者开始成长为在三大洲20个办事处拥有超过5 000名雇员的公司。他们努力为员工创造能够在积极、灵活和以结果为导向的环境中共同紧密工作的大家庭。强大的共享价值观使他们保有共同的公司文化和阿里之家。

阿里巴巴的梦想：通过发展新的生意方式创造一个截然不同的世界。

阿里巴巴的使命：让天下没有难做的生意。

Vision 远景：

1. 成为一家持续发展102年的公司。

2. 成为全球最大电子商务服务提供商。

3. 成为全球最佳雇主公司。

Mission 使命：To make doing business easy。让天下没有难做的生意。

Values 价值观：

客户第一——客户是衣食父母。

尊重他人，随时随地维护阿里巴巴形象。

微笑面对投诉和受到的委屈，积极主动地在工作中为客户解决问题。

与客户交流过程中，即使不是自己的责任，也不推诿。

站在客户的立场上思考问题，在坚持原则的基础上，最终达到客户和公司都满意。

具有超前服务意识，防患于未然。

团队合作——共享共担，平凡人做非凡事。

积极融入团队，乐于接受同事的帮助，配合团队完成工作。

决策前积极发表建设性意见，充分参与团队讨论；决策后，无论个人是否有异议，必须从言行上完全予以支持。

积极主动分享业务知识和经验；主动给予同事必要的帮助；善于利用团队的力量解决问题和困难。

善于和不同类型的同事合作，不将个人喜好带入工作中，充分体现“对事不对人”的原则。

有主人翁意识，积极正面地影响团队，改善团队士气和氛围。

拥抱变化——迎接变化，勇于创新。

适应公司的日常变化，不抱怨。

面对变化，理性对待，充分沟通，诚意配合。

对变化产生的困难和挫折，能自我调整，并正面影响和带动同事。

在工作中有前瞻意识，建立新方法、新思路。

诚信——诚实正直，言行坦荡。

诚实正直，表里如一。

通过正确的渠道和流程，准确表达自己的观点；表达批评意见的同时能提出相应建议。

不传播未经证实的消息，不背后不负责任地议论事和人，并能正面引导，对于任何意见和反馈“有则改之，无则加勉”。

勇于承认错误，敢于承担责任，并及时改正。

对损害公司利益的不诚信行为正确有效地制止。

激情——乐观向上，永不放弃。

喜欢自己的工作，认同阿里巴巴企业文化。

热爱阿里巴巴，顾全大局，不计较个人得失。

以积极乐观的心态面对日常工作，碰到困难和挫折的时候永不放弃，不断自我激励，努力提升业绩。

始终以乐观的精神和必胜的信念，影响并带动同事和团队。

不断设定更高的目标，今天的最好表现是明天的最低要求。

敬业——专业执着，精益求精。

今天的事不推到明天，上班时间只做与工作有关的事情。

遵循必要的工作流程，没有因工作失职而造成的重复错误。

持续学习，自我完善，做事情充分体现以结果为导向。

能根据轻重缓急来正确安排工作优先级，做正确的事。

遵循但不拘泥于工作流程，化繁为简，用较小的投入获得较大的工作成果。

马云说：“我认为，客户第一，员工第二。没有他们，就没有这个网站。也只有他们开心了，我们的客户才会开心。而客户们那些鼓励的言语，鼓励的话，又会让他们像发疯一样去工作，这也使得我们的网站不断地发展。”

【扩展阅读二】

张瑞敏与海尔文化的启迪

海尔首席执行官张瑞敏被哈佛商学院请去讲怎样用海尔文化激活“休克鱼”。当时去听的人都认为张瑞敏会讲很多方法，但张瑞敏主要讲的是认识论问题。他告诉大家海尔为什么成功，他说：“《老子》教育我怎么战略思考，《孙子》教育我怎么战术思考，《论语》教育我怎么做人。如果你感到自己的德行还不够，你千万不要去当老总，你肯定做不好。要做事，先做人。”

张瑞敏最喜欢《道德经》中的“无为而治”和“太上，不知有之”的句子。张瑞敏说自己主要抓两件事：一是海尔文化；二是战略决策。人类管理经历三个阶段：最初是靠暴力管理，随着人类文明的进步开始用制度管理，现在聪明的组织领导开始用组织文化来管理。所谓“小公司用资本推动，大公司用文化推动”。现在很多优秀组织都在构建自己的组织文化。海尔管理大楼外面是方的，走进门里面是圆的，这就是海尔文化。通过管理大楼告诉管理者怎么才能把组织管理好，要有方圆，要有规矩。大楼旁边有高高的石碑，张瑞敏在上面写下了海尔的文化：

容纳百川洗涤污毒势不可当。

海尔今天就像大海一样能容纳百川，海尔的员工不光容纳山东人，海尔要搞好就得容纳各个地方的优秀人才；海尔要像大海那样洗涤污毒，世界上有乌烟瘴气的各种东西，但海尔要做社会的净化剂；海尔要像大海那样汹涌澎湃、势不可当。

张瑞敏的《海尔是海》：

海尔应像海，唯有海能以博大的胸怀纳百川而不嫌其细流；容污浊且能净化为碧水。正如此，才有滚滚长江、浊浊黄河、涓涓细流，不惜百折千回，争先恐后，投奔而来。汇成碧波浩渺、万世不竭、无与伦比的壮观！

一旦汇入海的大家庭中，每一分子便紧紧地凝聚在一起，不分彼此形成一个团结的整体，随着海的号令执着而又坚定不移地冲向同一个目标，即使粉身碎骨也在所不辞。因此，才有了大海摧枯拉朽的神奇。而大海最被人类称道的是年复一年默默地做着无尽的奉献，袒露无私的胸怀。正因其“生而不有，为而不恃”不求索取，其自身也得到了永恒的存在。这种存在又为海中的一切提供了生生不息赖以生存的环境和条件。

海尔应像海，因为海尔确立了海一样宏伟的目标，就应敞开海一样的胸怀。不仅要广揽五湖四海有用之才，而且应具备海那样的自净能力，使这种氛围里的每一个人的素质都得到提高和升华。海尔人都应是能者，而不应有冗者、庸者。因为，海尔的发展需要各种各样的人才来支撑和保证。

要把所有的海尔人凝聚在一起，才能迸发出海一样的力量，这就要靠一种精神，一种我们一贯倡导的“敬业报国、追求卓越”的组织精神。同心干，不论你我；比贡献，不惟文凭。把许许多多的不可思议和不可能都在我们手中变为现实和可能，那么海尔巨浪就能冲过一切障碍，滚滚向前！

我们还应像大海，为社会、为人类做出应有的贡献。只要我们对社会和人类的爱“真诚到永远”，社会也会承认我们到永远，海尔将像海一样得到永恒的存在，而生活于其间的每一个海尔人都将在为组织创一流效益、为社会做卓越贡献的同时得到丰厚的回报。海尔人将和整个社会融为一个整体。

海尔是文化的海洋，思维的海洋，智慧的海洋。

启示：大学生在就业时要及时地了解企业实力：企业的社会地位和声望；企业文化和企业管理制度等；根据企业的“生命周期”来考虑就业选择。

二、收集就业信息的常见途径

收集就业信息的渠道是多种多样的，就目前而言，可以通过下面的渠道进行收集。

(一)社会关系

相当一部分毕业生是通过自己的社会关系网去找工作的。通过这种渠道就业的成功率是很高的，这种社会关系包括自己的父母、亲戚、朋友、同学、校友，也包括自己本专业的老师和班主任。

本专业的教师，比一般人更了解本专业毕业生适合就业的方向和范围以及近几年来毕业生的就业情况。在与校外的研究所、企业、公司合作开发科研项目或兼职教学、培训活动中，教师会熟悉这些用人单位的经营状况、工作环境和人才需求情况。他们提供的信息针对性强，更能满足学生对专业发展的要求。因此，毕业生可以通过自己的老师获得有关用人单位的相关信息，从而不断充实自己的信息库，且可以直接通过老师作为推荐人或引荐人，以此增加自己求职成功的系数。

历届校友不要错过，要经常跟校友保持联系。他们对所在单位、行业的情况比较广解。通过他们可以获得许多具体、准确的就业信息。校友提供的就业信息，其最大特点是比较接近本校，尤其是本专业的毕业生。他们对人才市场上的供求状况及其在具体行业中的实际工作、发展状况更了解。尤其是近几年毕业的校友更有着职业信息获取、比较、选择、处理的经验和竞争择业的亲身体会，这比一般纯粹的职业信息更有参考、利用价值。

对于尚未步入社会的大学生而言，家长和亲友是他们社会关系网的主要构成元素。而他们也都非常关心自己家庭亲友的就业问题，又与社会的方方面面有联系，可以从不同渠道带来各种用人单位的需求信息，常常是毕业生找到工作最有力的后盾。所以，这也是毕业生获取就业信息的一个重要渠道。

(二)实习和社会实践

毕业生在实习、社会实践中可以直接与用人单位接触，可以更清楚地了解有关需求情况，让用人单位更多地了解自己。社会实践是大学生自我开发职业信息的重要途径。在社会实践的过程中，通过自己的努力赢得用人单位的好感、信任，取得职业信息甚至直接谋得职业的大学生不乏其人。因此，大学生在各种社会实践活动中，在了解社会、提高思想觉悟、培养社会能力的同时，也要做一个收集就业信息的有心人。

此外还有一个很重要的实践环节是毕业实习。毕业实习是学生踏入社会的前奏曲，是参加工作的预演，所以每个毕业生必须充分认识到这是一份非常难得也是很有价值的经历。通过实习，一方面使用人单位对你有所认识和了解；另一方面使学生对择业领域有更深入的了解。

(三)院校就业主管部门

各院校都设有毕业生就业指导机构(就业指导中心或就业办公室)，这是高校毕业生就业工作的直接主管部门。高校毕业生就业指导机构的职责是：向国家、地方主管部门和用人单位征集用人单位信息并加以整理、归纳、分析；通过各种方式组织毕业生和用人单位的供需见面会；负责毕业生的就业指导，提供就业咨询服务；编制毕业生就业建议方案，处理毕业生就业的一系列问题。可以说，高校就业指导机构是学校和社会相互交换信息的窗口，是链接毕业生和用人单位的纽带。通过高校就业指导机构获取就业信息是大学生求职的主要途径。这一途径具有针对性强、可靠性高、成功率大的优点。

从这些部门获得的信息具有较强的针对性、准确性和可靠性，并具有一定的指导性，是毕业生获取就业信息的主要渠道之一。一般而言，各个学校的毕业生就业指导机构都有相对固定的就业信息发布渠道，毕业生可以按照学校的指导，经常或定期浏览学校毕业生就业信息网、就业信息发布栏、就业信息简报等，方便获得一定量的就业信息。高校辅导员、班主任和专业秘书是就业指导工作的具体执行者，要多与他们联系，从而获得需要的信息。

(四)各级政府人事部门

全国县级以上各级政府都成立了毕业生就业指导机构，这些主管部门会定期收集所在地用人单位的需求信息，经过整理，分单位和专业汇编成册，然后通过多种渠道发布出去。这些信息几乎涵盖了当地各行业的需求信息，因此地域性较强：对于有明确的就业地点要求的毕业生来说，这种渠道的就业信息显得尤为重要。

(五)供需见面会及人才市场

高校单独或联合举办的毕业生供需见面洽谈会和各地市举办的主要面向本地区的用人单位和毕业生的供需见面会及定期举办的人才市场招聘会，能在较短的时间内汇集众多用人单位和大量的需求信息，因而时效性很强。对于毕业生来说，高校举办毕业生供需见面会的针对性更强，是让毕业生与用人单位直接见面、洽谈的一种择业活动方式。目前，各地的人才市场越来越重视高校毕业生这一极具潜力的市场资源，也纷纷举办毕业生专场招聘会。

(六)新闻媒介

报刊、广播、电视等传统新闻媒体历来关注高校毕业生的就业情况。一些用人单位的简介、需求信息、招聘启事等都会在当地主要媒体登出、播报，或在报纸辟出专栏登载招聘信息。一些专门针对毕业生就业的期刊汇集了就业政策、就业指导和就业需求信息。由于是当地就业主管部门创办的，所以具有一定的权威性。每年在大学生毕业择业之际，广播、电视、报纸、杂志上都会有大量关于大学生就业的信息，包括就业政策、行业现状、职业前景、人才需求等方面的报道和分析。这些信息从不同侧面和角度反映了当年大学生就业的整体情况，受到招聘机构和求职者们的共同青睐。近年来，随着国家和社会对大学毕业生就业工作的重视，有关大学生就业的专业媒体不断增加。

(七)互联网

随着互联网的普及，越来越多的用人单位在互联网上发布了大量的用人信息，与毕业生就业相关的网页也如雨后春笋般冒了出来。有的网站以就业政策咨询为主；有的网站以提供就业需求信息为主；还有的网站为毕业生介绍求职经验，提供就业指导，帮助其进行职业生涯规划分析。

通过网络求职是近年来在大学毕业生中比较流行的方式。用人单位和毕业生将招聘信息与求职信息上网公开，用人单位和毕业生可以通过网络互相选择、直接交流。网上求职，最大的优势在于即使毕业生身在异地也能获得大量招聘信息及就业机会，它跨越时空界限，突破了人才信息与招聘信息难以沟通的种种限制，打破了单向选择的人才交流传统格局。随着我国就业工作信息化进程的加快，网上搜寻就业信息已成为如今大学毕业生最常用的求职手段之一。

三、职业探索的方法

职业探索的方法很多，包括查阅、参观、实习、讨论、访谈等。

第一，查阅。将个人希望了解的职业方向(或职业群)，通过网络、书籍、期刊及有关声像资料，进行初步查阅。

第二，参观。到相关职业现场短时间地观察、了解。

第三，实习。到职业场所进行一定时间的打工、义务劳动或教学实习、实践。

第四，讨论。与他人共享对职业的探索结果。

第五，访谈：通过和相关的从业人员交流，了解相关职业的知识、技能需求、待遇和发展前景。这里重点介绍人物生涯访谈。

人物生涯访谈，是通过与一定数量的职场人士(通常是自己感兴趣的职业从业者)会谈而获取关于一个行业、职业和单位“内部”信息的一种职业探索活动。通过访谈，了解该职业岗位的实际工作情况，获取相关职业领域的信息，进而判断你是否真的对该工作感兴趣，实际上是一次间接、快速的职业体验。

人物生涯访谈操作的流程具体如下。

1. 认识和了解自己

加强对自己的了解和认识，可以借助一定的工具，如霍兰德职业倾向测试、职业能力测量表、职业价值观自测量表或测评软件分析自己的兴趣、性格、技能和工作价值观。(注意：可以使用各种测评工具或软件，但不能迷信)

2. 寻找生涯人物

结合自己的兴趣、技能、工作价值观、教育背景和已掌握的职业知识列出未来可能从事的几个职业，然后在每个职业领域寻找在职人士作为生涯人物。可寻求协助亲人、老师、朋友。

3. 拟定访谈提纲

结合目标职业信息设计访谈问题。

建议的问题：

为什么有人会离职?

有没有得到这份工作最好的办法?

你觉得这份工作最好和最糟糕的是什么?

你觉得干这份工作最重要的是什么?

有什么你觉得我必须知道，但通常书本不会提及的东西?

4. 预约并实地采访

预约方式有电话、QQ、电子邮件和普通信件等。

注意：

采访前为自己准备个“30秒的广告”，因为在访谈过程中人物生涯可能会问采访者的职业兴趣和求职意向。

面谈一定要守时、简洁，不浪费他人时间。

尊重他人。

注意礼貌用语。

访谈结束后，对于不允许访谈现场记录的内容应迅速补记。

采访结束后一天之内，要通过合适的方式表示感谢。

5. 访谈结果分析

工作真实素质及能力要求是什么？

这些要求和自己现有的素质及能力有什么差距？

大学四年应该如何度过以缩小差距？

如果访谈结果与自己之前的认识出现严重脱节，就有必要进入另一个职业领域开展新一轮生涯人物访谈。

【课后练习】

通过与2位(以上)职场人士访谈，从而获得关于行业、职业和公司内部信息的职业探索活动。

- 目的：获得从大众媒体得不到的深入信息。
- 时间：30～60分钟。
- 人物：刚入职；有一段工作经历。
- 方式：面对面，电话次之。

信息采访中可以提问的问题举例如下：

- 在这个工作岗位上，每天都做些什么？
- 最近，这项工作因科技、市场、竞争等发生变化了吗？
- 你是如何找到这份工作的？
- 你是如何看待该领域工作的将来变化趋势的？
- 你的工作是如何为实现组织的总体目标或使命贡献力量的？
- 你所在领域有“职业生涯道路”吗？
- 本职业需要什么样的人？到本领域工作所需的基本前提是什么？
- 就你的工作而言，你最喜欢什么？最不喜欢什么？
- 什么样的初级工作最有益于学到尽可能多的知识？
- 本领域初职和略高级别职位的薪水是多少？
- 采取工作行动和解决问题的自由度如何？
- 本领域有发展机会吗？
- 本工作的哪部分让你最满意，哪部分最有挑战性？

➢ 什么样的个人品质或能力对本工作的成功来讲是重要的?

➢ 你认为将来本领域潜在的不利因素是什么?

➢ 依你所见，在本领域工作你遇到了什么样的问题?

➢ 对于一个即将进入该领域的人，你愿意提出特别建议吗?

➢ 本工作需要特别的知识、技能和经验吗?

➢ 这种工作需要什么样的教育或培训背景吗?

➢ 公司对刚进入该领域的员工提供哪些培训?

➢ 哪些职业杂志或组织能帮助我深入了解该领域?

➢ 您的熟人中有谁能够成为我下次采访的对象吗?当我打电话给他/她的时候，可以用您的名字吗?

➢ 根据您对我的教育背景、技能和工作经验的了解，你认为我在做出最终决定之前还应在哪个领域、什么样的工作上进行深入调查研究呢?

第四节　职业素养与能力储备

一、职业素养的含义

职业素养，指专业知识、专业技能和专业能力等与职业直接相关的基础能力和综合素质。每个劳动者，无论从事何种职业，都必须具备一定的思想道德素质、科学文化素质、生理素质和心理素质等，才能顺应知识经济时代社会竞争激烈、人际交往频繁、工作压力大等要求。以下几种素质是对职业素质的一般要求。

(一)思想道德素质

近年来，用人单位对大学生的思想道德素质越来越重视，他们认为思想道德素质高的学生不仅用起来放心，而且有利于本单位文化的发展和进步。思想是行动的先导，而道德是立身之本，很难想象一个思想道德素质差的人能够在工作中赢得别人充分的信任和良好的合作。毕竟人是社会的人，在企业的工作中更是如此。所以，企业和单位在选拔录用毕业生时，对其思想道德素质都会很在意。虽然这种素质很难准确测量，但是人的思想道德素质会体现在人的一言一行中，这也是面试的主要目的之一。

(二)事业心和责任感

事业心是指干一番事业的决心。有事业心的人目光远大、心胸开阔，能克服常人难以克服的困难而成为社会上的佼佼者。责任感就是要求把个人利益同国家和社会的发展紧密联系起来，树立强烈的历史使命感和社会责任感。拥有较强的事业心和责任感的大学生才能与单位同甘共苦、共患难，才能将自己的知识和才能充分发挥出来，从而创造出效益。

(三)职业道德

体现在每一个具体职业中，任何一个具体职业都有本行业的规范，这些规范的形成是人们对职业活动的客观要求。具体来说，就是热爱本职工作，恪尽职守，讲究职业信誉，刻苦钻研本职业务，对技术和专业精益求精。今天，敬业更具有新的、丰富的内涵和标准。不计较个人得失、全心全意为人民服务、勤奋开拓、求实创新等，都是新时代对大学毕业生职业道德的要求。缺乏职业道德的大学生不可能在工作中尽心尽力，更谈不上有所作为；相反，大学毕业生如果拥有崇高的职业道德，不断努力，那么在任何职业上都会做出贡献，服务社会的同时体现个人价值。

(四)专业基础

随着科学技术的迅速发展，社会化大生产不断壮大，现代职业对从业人员的专业基础要求越来越高，专业化的倾向越来越明显。“万金油”式的人才已经不能满足市场的需求，只有拥有“一专多能”才能在求职过程中取胜。大学毕业生应该拥有宽厚扎实的基础知识和广博精深的专业知识。拥有宽厚扎实的基础知识，才能有持续学习和发展的基础和动力。专业知识是知识结构的核心部分，大学生要对自己专业的知识和技术精益求精，对学科的历史、现状和发展趋势有较深的认识和系统地了解，并善丁将所学的专业和其他相关知识领域紧密联系起来。

(五)学习能力

现代社会科学技术飞速发展，一日千里。只有基础牢，会学习，善于汲取新知识、新经验，不断在各方面完善自己，才能跟上时代的步伐。有研究观点认为，一个大学毕业生在学校获得的知识只占一生工作所需知识的10%，其余需在毕业后的继续学习中不断获取。

(六)人际交往能力

人际交往能力就是与人相处的能力。随着社会分工的日益精细以及个人能力的限制，单打独斗已经很难完成工作任务，人际间的合作与沟通已必不可少。大学毕业生应该积极主动地参与人际交往，做到诚实守信、以诚待人，同时努力培养团队协作精神，这样才能逐步提高自己的人际交往能力。

(七)吃苦精神

用人单位认为近年来所招大学生最缺乏的素质是实干精神，占50%以上。现在的大学生最大的弱点是怕吃苦，缺乏实干的奋斗精神。大凡有所成就的人，无一不是通过艰苦创业而成才的。当代大学生，应平时从小事做起，努力培养吃苦耐劳的创业精神。

(八)创新精神

现代社会日新月异，我们不能墨守成规。在市场经济条件下，各企业都要参与激烈的市场竞争。用人单位迫切需要大学生运用创新精神和专业知识来帮助他们改造技术，加强企业管理，使产品不断更新和发展，给企业带来新的活力。信息时代是物资极弱的时代，非物资需求成为人类的重要需求，信息网络的全球架构使人类生活的秩序和结构发生了根本变化。人才，尤其是信息时代的人才，更需要创新精神。

(九)身体素质

现代社会生活节奏快，工作压力大，没有健康的体魄很难适应。用人单位都希望自己的员工能健康地为单位多做贡献，而不希望看到他们经常请病假。身体有疾病的员工不但会耽误自己的工作，还有可能对单位的其他同事造成影响。用人单位和大学生签订协议书之前，都会要求大学生提交身体检查报告，如果身体不健康，即使其他方面非常优秀，也会被拒之门外。

(十)健康的心理

健康的心理是一个人事业能否取得成功的关键。它是指自我意识的健全、情绪控制的适度、人际关系的和谐和对挫折的承受能力。心理素质好的人能以旺盛的精力、积极乐观的心态处理好各种关系，主动适应环境的变化；心理素质差的人则经常处于忧愁困苦中，不能很好地适应环境，最终影响了工作甚至带来身体上的疾病。大学毕业生在走出校园以后，会遇到更加复杂的人际关系和更为沉重的工作压力，这都需要大学毕业生很好地进行自我调适以适应社会。

二、不同专业类学生应具备的素养

(一)经济类专业

经济类专业是培养从事经济工作人员的专业的总称，包括市场营销、国际经济与贸易、农业经济、农村发展经济、财政会计等所有关于经济的专业。经济类专业的学生除了要具备良好的知识素养外，还必须具备较高的能力素养，具体地说应具备以下几个方面的基本知识和能力。

1. 知识方面

第一，懂得国家的政策法令、党的方针路线和政策，特别是有关经济方面的法令、条例、规定和制度。

第二，懂得马克思主义政治经济学的基本理论，特别是社会主义市场经济理论。

第三，懂得企业管理的基本原理和方法，包括经营决策、生产管理、销售管理、财务管理、信息管理等方面的基本知识，会使用计算机和运用现代化管理方法管理企业。为适应对外开放的新形势，还应懂得一两门外语及有关国际贸易、国际金融、技术引进、涉外经济等方面的基本知识。

第四，了解与本专业相关的一些企业的生产技术特点、技术知识，了解它们的产品结构的制造工艺，了解经济类专业科研与技术发展动向。

还应多学一些社会学、公共关系学、心理学、历史、人文地理、美学等方面的知识。

2. 能力方面

第一，主动适应社会的能力。在高速变化的社会里，应当有迎接各种挑战的勇气，能够运用自己的多项综合能力，应付将要出现的种种新的变化。因此，经济类专业的学生要灵活运用经济类学科的基础理论、基本技能和方法及相关专业知识，应对可能出现的各种经济问题和社会问题，更好地适应社会。

第二，经济人员每天面对的是信息和资金运动，大量的经济信息经过加工处理后，不仅为企业内部经营管理，企业外部与企业有经济利益关系的投资者、债权人、债务人的决策提供服务，而且也为国家宏观政策的制定提供及时、准确的决策依据。因此，高校经济类专业学生应具有对信息资源的敏锐感，具有较强的信息收集、整理和分析能力。另外，所有资金运动的背后，体现的都是方方面面的经济利益关系。在经济人员的职责条例中规定经济人员身兼二职，是企业的管理者也是国家政策、法令、法规的执行监督者。

第三，专业分析和实际处理能力。经济工作不仅仅是简单的程序处理，经济人员必须具备较高的经济分析能力，才能适应未来工作的需要。经济人员的经济活动，是对资金的筹集、运用、消耗、回收和分配等工作进行预测、计划、控制、核算、考核和分析的一个过程。经济人员必须参与企业的经营决策，为决策者提供有价值的经济技术等方面的分析材料。他们要通过经济理论、经济技能方面课程的学习，对社会中可能出现的纷繁复杂的经济活动进行科学合理的分析和处理。

第四，良好的职业道德和心理素质。经济人员职业道德是社会公共道德的一个重要组成部分。经济人员职业道德是经济法规得以正确贯彻实施的有力保证和能否顺利实施的前提。经济人员具备了良好的职业道德，才能自觉地遵纪守法，坚持原则，敢于抵制、揭露违反经济犯罪的行为。而且，经济工作责任重大，经济人员需要面对许多新情况、新问题，工作中需要付出较多的体力和精力。经济人员应具备良好的心理系质，应能承受各种压力，保持健康的心理状况。

(二)管理类专业

管理类专业主要包括国民经济管理、企业管理、金融管理、外贸管理、行政管理、人力资源管理等。

1. 良好的政治思想素养

作为未来的管理者，应具备良好的政治思想素养，能深刻理解并很好地执行党和国家的方针政策，能很好地适应国家改革开放的形势和市场经济的发展形势，有正确的世界观和人生观，具有饱满的政治热情、高度的革命责任心和全心全意为人民服务的精神，具有较强的法制观念、纪律观念和群众观念。

2. 职业道德素养

管理类专业的学生要具备良好的职业道德素养，能够正确处理个人与组织、奉献与索取之间的关系。能够爱岗敬业，有高度的事业感和责任感；能够以身作则，严于律己，宽以待人；能够在工作中与他人团结协作、相互理解和支持，能够勇于开展批评和自我批评。

3. 科学完整的知识结构

未来管理者的必备职业素养决定了他们必须具有科学的、完整的知识结构和深厚广博的知识底蕴，主要包括以下几个方面。

第一，扎实深厚的理论基础。就是掌握多种研究问题的方法和多学科的知识。

第二，广博的知识面。管理类专业学生对自己所要从事的专业知识和技术，具有一定深度、一定范围的量和质的要求，对概念体系、理论体系、研究方法、科学历史和现状、国内外最新信息等都要了解和把握。同时，对相邻专业领域的知识也要有所了解和熟悉，善于将所学所专的领域与其他相关知识领域紧密结合起来。

第三，通专结合的知识结构。也就是既精通专业知识，又有比较宽的知识面，应熟练掌握 2 至 3 项可就业的特长与技能，并有较深造诣和建树，做到通能拓宽面，专能突破点。

第四，熟练掌挥和应用现代管理方法和手段，包括组织管理、人文管理、技术管理等，掌握计算机及信息网络的知识和应用。

4. 良好的业务素养

第一，本业务能力。基本业务能力是对未来管理者的最基本的要求，是管理者顺利完成工作的保障，包括能快速了解所从事行业的内容、特点、程序等。管理类专业学生应具有较强的办事能力，工作忙而不乱，并能出于公心，公道办事。有较强的综合分析能力和比较周密的思维能力，有较强的技术和经济观念。

第二，组织管理能力。组织管理能力是核心的管理要素，包括组织协调能力、规划能力、决策能力、领导能力、激励能力、控制能力等。每一项能力都有独特的功能，如组织协调能力——组织协调各方面力量共同完成任务；规划能力——对一项任务、工程或项目进行合理规划，制订出一套行之有效的计划；决策能力——从多个备选方案中准确选择出最佳方案的能力；领导能力——领导和指挥各个方面力量实现目标的能力；激励能力——调动员工的工作积极性和工作热情的能力；控制能力——有效控制局面和控制组织人力和物力的能力等。

第三，创新能力。它主要体现为提出新的适合本行业特点的管理理念，或通过各种灵活的形式把管理理念创造性地贯彻到日常管理工作中去，以取得更好的管理效益。

第四，其他能力。管理类专业的学生要有较强的口头和文字表达能力；具有良好的谈判和社交能力；有及时发现问题和提出问题的能力；处理问题灵活机动，具有接受反馈、适时反应的应变能力；信息观念强，善于捕捉信息并又有较强的信息沟通能力。

三、职业素养的培养

(一)制订合理的专业学习计划

1. 专业学习计划的内容

通常个人的专业学习计划应当包括以下三方面的内容。

第一，明确的专业学习目标，也就是学生通过专业学习达到预期的结果，在专业基本理论、基本知识和基本技能方面达到的水平，在专业能力方面和实际应用方面达到的目标。

第二，进程表，即学习时间和学习进度安排表，包括两个层次：一是总体学习时间和学习进度安排表，即大学四年如何安排专业学习进程。一般而言，大学专业学习进程指导原则是第一年打基础，即学习从事多种职业能力通用的课程和继续学习必需的课程。二是学期进程表，把一个学期的全部时间分成三个部分：学习时间、复习时间、考试时间。分别在三个时间段内制定不同的学习进程表。三是课程进度表，是学生在每门课程中投入的时间和精力的体现。

第三，完成计划的方法和措施。主要指学习方式，学习方式的选择需要考虑许多因素：学习基础、学习能力、学习习惯、学科性质、学校能够提供的支持和服务及学生能够保证的学习时间等，还要遵循学习心理活动特点和学习规律以及个人的生理规律等。

2. 科学合理的专业学习计划要求

第一，全面合理。计划中除了有专业学习时间外，还应有学习其他知识的时间和进行社会工作、为集体服务的时间；有保证休息、娱乐、睡眠的时间。

第二，长时间短安排。在一个较长的时间内，究竟干些什么，应当有个大致计划。比如，一个学期、一个学年应当有个长计划。

第三，重点突出。学习时间是有限的，而学习的内容是无限的，所以必须要有重点，要保证重点，兼顾一般。

第四，脚踏实地。一是知识能力的实际，每个阶段，在计划中要接受、消化多少知识？要培养哪些能力？二是指常规学习时间与自由学习时间各有多少？三是“债务”实际，对自己在学习上的“欠债”情况心中有数。四是教学进度的实际，掌握教师教学进度，就可以妥善安排时间，不至于使自己的计划受到“冲击”。

第五，适时调整。每一个计划执行结束或执行到一个阶段，就应当检查一下效果如何。如果效果不好，就要找找原因，进行必要的调整。检查的内容应包括：计划中规定的任务是否完成，是否按计划去做了，学习效果如何，没有完成计划的原因是什么。通过检查后，再修订专业学习计划，改变不科学、不合理的地方。

第六，一定的灵活性。计划变成现实，还需要经过一段时间，在这个过程中会遇到许多新问题、新情况，所以计划不要太满、太死、太紧。要留出机动时间，使计划有一定的机动性、灵活性。

(二)能力的自我培养

大学生在大学应基本上具备工作岗位所要求的能力，大学生在大学期间就应注重能力的自我培养。大学生自我培养能力的途径主要有以下几个方面。

1. 积累知识

知识是能力的基础，勤奋是成功的钥匙。离开知识的积累，能力就成了“无源之水”，而知识的积累要靠勤奋的学习来实现。大学生在校期间，既要掌握已学书本上的知识和技能，也要掌握学习的方法，学会学习，养成自学的习惯，树立终身学习的意识。

2. 勤于实践

善于学习是培养能力的基础，实践是培养和提高能力的重要途径，是检验学生是否学到知识的标准。因此大学生在校期间，既要积极主动参加各种校园文化活动，又要勇于参与一些社会实践活动；很重要的一点，也是现在大学生不可或缺的一部分，就是在实践的过程中通过团队协作等方式培养沟通能力。

什么样的大学生最受企业欢迎？不少企业透露，在专业成绩相近的条件下，优先选择沟通能力较强的学生。有的企业直言不讳地说，对专业成绩要求不高，但沟通能力一定要过硬。那么，沟通能力是否天生？沟通能力和性格有一定的关系，但性格可以通过后天的锤炼得到改善。下面提供几条培养沟通能力的途径，供大家参考。

第一，公司实习。利用寒暑假去企业实习，是培养沟通能力的传统方式。实习能使大学生熟悉公司文化，知道如何和上级、同事相处，等于提前补上了社会大学的课程，有未雨绸缪的功效。

第二，勤工俭学。部分勤工俭学的方式也能有效锻造沟通能力。做家教时，如何让学生听懂你讲的课？如何让家长认同你？在实现这些目标的过程中，大学生的沟通能力能得到提高。市场调查和促销是较有挑战性的项目，因为它要求同学们能给人良好的第一印象，言辞富有说服力，这样受众才可能接受调查并购买产品。这种勤工俭学能有效打磨同学们的沟通能力和心理承受能力，使其真正融入到社会生活中去。

第三，参加社团活动。这个是培养沟通能力的最佳舞台。同学们可以尝试活动组织、节目主持、广告宣传等多种角色，获得丰富的社会体验；还能和学校内外各个层面的人打交道，小到借一间教室，大到去企业拉赞助，都要亲力亲为，使沟通能力得到全方位的锻炼。

第四，当志愿者。当志愿者是大学生锻炼沟通能力的又一途径。在国际西博会、国际艺术节、嘉年华、世博会、F1 赛事上作为翻译、会场联络员、临时演员、组委会工作人员出现，可广泛接触世界各地的文化，学会和不同语言、不同国籍、不同行业、不同职业的人士沟通交流。

在培养沟通能力的过程中，很强调团队合作的重要性，俗话说：“一个和尚挑水喝，两个和尚抬水喝，三个和尚没水喝。”“一只蚂蚁来搬米，搬来搬去搬不起，两只蚂蚁来搬米，身体晃来又晃去，三只蚂蚁来搬米，轻轻抬着进洞里。”上面这两种说法有截然不同的结果。“三个和尚”是一个团体，可是他们没水喝是因为互相推诿、不讲协作。“三只蚂蚁来搬米”之所以能“轻轻抬着进洞里”，正是团结协作的结果。团队合作的力量是无穷尽的，一旦被开发，这个团队将创造出不可思议的奇迹。当今社会，随着知识经济时代的到来，各种知识、技术不断推陈出新，竞争日趋紧张激烈，社会需求越来越多样化，使人们在工作、学习中面临的情况和环境更加复杂。在很多情况下，单靠个人能力已很难完全处理各种错综复杂的问题并采取切实高效的行动。所有这些都需要人们组成团体，并要求组织成员之间进一步相互依赖、相互关联、共同合作，建立合作团队来解决错综复杂的问题，并进行必要的行动协调，依靠团队合作的力量创造奇迹。

【案例分享】

华硕团队

世界500强企业之一的台湾华硕电脑集团中国区总经理许佑嘉先生在谈到华硕公司的发展历程时说，华硕公司从当初一间小作坊起步发展到现在的规模和影响力，就是注重团队合作，弘扬团队精神的结果。最典型的代表就是在2005年华硕产品之一的笔记本，W5系列电脑获得具有IT业界“奥斯卡”之称的德国“EF”工业设计金奖，该奖以往都是SONY、APPLE等外国品牌所获得，这是第一次被中国的厂商所获得，为中国人争得了荣誉。而其设计团队，平均年龄只有20多岁，是一个非常有向心力、讲究协作的团队。

点评：单打独斗的个人英雄主义时代已经一去不复返，现代社会是讲求团队协作的时代，现代企业要生存发展，拥有强大的团队协作能力是走向成功的关键因素之一。

在一个组织或部门之中，团队合作精神显得尤为重要，合作的成员不是我们能选择得了的，如何加强与他人的合作，有以下几点建议：一是相互信任；二是优势互补；三是共同的价值观；四是目标一标；五是调节个人情感与工作的关系。只有这样，当遇到情感危机的时候才不至于影响到工作。

3. 发展兴趣

兴趣是最好的导师，在学习上，兴趣直接表现为求知欲。郭沫若说：“兴趣爱好有助于天才的形成，爱好出勤奋，勤奋出天才。有丰富的兴趣爱好对于就业是很有帮助的。兴趣包括直接兴趣和间接兴趣。直接兴趣是事物本身引起的兴趣。间接兴趣是对能给个体带来愉快或益处的活动结果发生的兴趣，人的意志在其中起着积极的促进作用。大学生应该重点培养对学习的间接兴趣，以提高自身能力为目标鼓励自己学习。

4. 超越自我

作为一名大学生，应当注意发展自己的优势能力，但只有优势能力是不够的，大学生必须对已经具备的能力有所拓展，不管其发展程度如何，这是他们今后生存的需要，也是发展的需要。

(三)身心素质培养

身体素质和心理素质合称为身心素质。身心素质对大学生成才有着重大影响，不断提升身心素质显得尤为重要。大学生心理素质提升的主要途径包括如下几个方面。

1. 科学用脑，养成良好习惯

第一，勤于用脑。大脑用得越勤快，脑功能越发达。讲究最佳用脑时间。研究发现，人的最佳用脑时间存在着很大的差异性，就一天而言，有早晨学习效率最高的百灵鸟型，有黑夜学习效率最高的猫头鹰型，也有最佳学习时间不明显的混合型。

第二，劳逸结合。从事脑力劳动的时候，大脑皮层兴奋区的代谢过程就逐步加强，血流量和耗氧量也增加，从而使脑的工作能力逐步提高。如果长时间用大脑，消耗的过程逐步超过恢复过程，就会产生疲劳。疲劳如果持续下去，不仅会使学习和工作效率降低，还会引起神经衰弱等疾病。

第三，多种活动交替进行。人的脑细胞有专门的分工，各司其职。经常轮换脑细胞的兴奋与抑制，可以减轻疲劳，提高效率。

第四，培养良好的生活习惯。节奏性是人脑的基本规律之一，大脑皮层的兴奋与抑制有节奏地交替进行，大脑才能发挥较大效能。要使大脑兴奋与抑制有节奏，就要养成良好的生活习惯。

2. 正确认识并悦纳自己

良好的自我意识要求做到自知、自爱，其具体内涵是自尊、自信、自强、自制。这里重点介绍自信和自强。

自信就是自己相信自己，是个人对自己所做各种准备的感性评估。不管你有多少真才实学，如果没有信心，便不能充分表现出来，那么别人仍然无法对你有信心。你自己都没有自信，你的老师、领导怎么敢把重要的任务交给你？你的亲人和朋友怎敢信任你？

提升自信的方法：第一，积极的自我心理暗示——想象成功，成功的人不断找方法突破，失败的人不断找借口抱怨。我们为什么不可以这样想？——过去并不代表未来；每件事的发生必有其原因，皆有利于我；每天进步一点点。第二，总结过去失败的经验，成功其实就是比失败多那么一“点”。

爱迪生发明电灯曾经经历了无数次失败，但他仍埋头于这项发明。一位年轻的记者问他：“爱迪生先生，你目前的发明曾失败过一万次，你对此有何感想?”爱迪生回答说：“我并没有失败过一万次，只是发现了一万种行不通的方法。”

拿破仑·希尔在他著名的“黄金法则”中说：“失败只是成功的垫脚石，垫得越高跨越越容易，成功者并没有超常的智能，也不是不曾失败过，而是自信能行、不怕失败的人，甚至可以说，成功者大都是经历失败最多、挫折最重的人。”

为什么同样遭遇了失败，有的人能走向成功，有的人却走向失败呢？答案是：一个人遭到失败的时候，他就来到了一个岔路口，一条路通向成功，另一条路通向失败。自信的人相信自己能行、不怕失败，在挫折中寻找成功的契机，战胜挫折，反败为胜，取得成功；缺乏自信的人，就与成功分道扬镳。

建立自信心的建议：挑前面的座位坐；练习正视别人；把走路速度加快25%；练习当众发言；畅怀大笑；利用积极的心理暗示；使用肯定式的表现法；遇到挫折时，常常想“天无绝人之路”。闷闷不乐时，尽量把原因写出来。

一个人能不能自强，这从来都不是问题，因为自强的能力是在每个人身上几乎与生俱来的，问题的关键是：你想不想自强，你要不要自强，你敢不敢自强？

自强的原则：明确自己想要做什么，如果你想得到幸福，想要心满意足、取得成功，就得由你去计划你的生活。越是艰难的时刻，越要努力奋斗，过早地放弃努力，只会使问题更麻烦，遭受严重挫折的时候，要努力坚持下去。不要犹豫退缩，要使出全部的力量，不要顾虑把力量耗光。按你的预感去做，一旦下了决心就要冲上去，既要理智也要相信自己的直觉，要有自己的主意和判断。要化不利条件为有利因素，头脑要保持清醒，随时注意发现可能存在于危机与困境之中的机会。不要把精力集中在多么倒霉上，而要寻求有什么可以把握的希望和积极的出路。

自信、自强的人对自己的动机、目的有明确的了解，对自己的能力能做出比较客观的估价。

3. 积极的心态，提高克服挫折的能力

心态决定一切。积极的心态创造人生，消极的心态消耗人生。生命可以价值很高，也可以一无是处，看你怎么去选择。

【案例分享】

一个人与一个世界

一个星期六的早晨，一位企业经理正在为一份演讲词伤透脑筋。他的太太出去买东西了，外面下着雨，小儿子烦躁不安，无事可做，跑来找他玩。

他随手拿起一本旧杂志，顺手一翻，看到一张色彩鲜丽的巨幅图画，那是一张世界地图。于是他把这一页撕下来，把它撕成小片，丢到客厅地板上说："康康，你把它拼起来，我就给你十元钱。"心想他至少会忙上半天。谁知不到十分钟，他书房就响起敲门声——儿子已经将地图拼好了。经理真是惊讶万分，儿子居然这么快就拼好了。每一片纸头都整整齐齐地排在一起，整张地图又恢复了原样。

"儿子啊，怎么这么快就拼好啦?"经理问。康康说："很简单啊，这张地图的背面有一个人的图画。我先把一张纸放在下面，把人的图画放在上面拼起来，再放一张纸在拼好的图上面，然后翻过来就好了。我想，假使人拼得对。地图也该拼得对才是。"经理忍不住笑起来，给他十元钱，"你把明天讲的题目也给我了，"他说："假如一个人是对的，他的世界也是对的。"

点评：你对了，世界就对了，如果你不满意自己的环境，力求改变，则首先应该改变自己，即"如果你是对的，则你的世界也是对的"。假如你有积极的心态，你四周所有的问题就会迎刃而解。

悲观者说："当我看见它时我相信它。"乐观者说："当我相信它时我看见它。"乐观者看到半杯水说它是半满，悲观者看到同样的半杯水说它是半空。

积极心态是由"正面"的性格因素所构成的，诸如"信心""正值""希望""乐观""勇气""进取心""慷慨""耐性""机智""亲切""丰富的常识"等。积极的心态影响你说话时的语气、姿势和脸部表情，它会修饰你说的每一句话，并且决定你的情绪感受，还会对你的思想产生影响。

消极的心态会浇熄你的热情，蒙蔽你的想象力，降低你的合作意愿。使你失去自制能力，容易发怒，缺乏耐性，甚至使你散失理智。消极心态只会为你树立敌人，并且摧毁你的成就和朋友。

遇到挫折，要冷静分析原因，找出问题的症结，充分发挥主观能动性，想办法战胜它。如果主客观差距太大，虽然经过努力，也无法战胜，就接受它，适应它，或者另辟蹊径，以便再战。

4. 时间管理

在今天这样的网络经济时代，"时间就是效率"、"时间就是金钱"、"时间就是生命”，诸如此类的描述我们每个人都可以脱口而出，但是我们做得究竟怎样呢？

世界几乎每天都在进步，但我们一天还是只有24小时。最成功和最不成功的人一样，一天都只有24小时，但区别就在于他们如何合理地利用这24小时。那时间究竟是什么呢？时间是世界上最充分的资源，每天我们有24小时，每小时由60分钟组成，每分钟由60秒组成，总计就是8.64万秒。上天非常公平。

【案例分享】

如何花费这笔钱？

如果银行每天早晨向你的账号拨款8.6万元。你在这一天可以随心所欲，想用多少就用多少，用途也没有任何的规定。条件只有一个：用剩的钱不能存入银行，不能留到第二天再用，不能赠送他人，也不能节余归自己。前一天的钱你用光也好，分文不花也好，第二天你又有且只有8.6万元。请问：你如何用这笔钱？

点评：很多人会精打细算，买自己喜欢的很多东西，如果8.6万不是钱而是时间，你会不会在意，会不会视而不见，会不会随意处置呢？

5. 情绪管理

情绪虽然难以定义，但是很容易理解。情绪就是我们常说的“七情”六欲，即喜、怒、忧、思、悲、恐、惊。从情绪的功效角度来看，情绪又可分为：积极情绪(正面情绪，愉快、欢乐、舒畅、欢喜等都是对生活的积极心态)和消极情绪(负面情绪，痛苦、烦恼、气愤、悲伤等都是遭遇生活的挫折与不如意时所做出的负面反应)。

【案例分享】

情绪毁了他

一名初涉歌坛的歌手，满怀信心地把自制的录音带寄给某知名制作人。然后，他就日夜守候在电话机旁等候回音。

第1天，他因满怀希望，所以情绪极好，逢人就大谈抱负。第17天，他因为情况不明，所以情绪起伏，胡乱骂人。第37天，他因前程未卜，所以情绪低落，闷不吭声。第57天，他因为期望落空，所以情绪坏透，拿起电话就乱骂人。没想到电话正是那位知名制作人打来的。他为此毁了期望，自断了前程。

点评：我们在为这位歌手惋惜的同时，也更深刻地明白了不良情绪带给人的危害。日常生活中难免会遇到一些挫折、困苦等不愉快的事情，但一味地生气、焦虑、怨恨，不但不会使事情好转，反而可能错失良机。

常见坏情绪的管理方法包括如下几个方面。

第一，改变定义。我们每天所遇到的事，皆无一定规律，就看你如何定义。如将其定义为“问题”，则压力有增无减；如果定义为“挑战”或“机会”则压力会转化为动力。

第二，改变画面。一般人常常不快乐，是因为脑海中有不愉快的画面，所以，如何“修好”画面、创造活力，是决定我们工作热情的枢纽。

第三，改变位置。不知你是否坐过云霄飞车，当你在下面看别人玩的时候，虽然尖叫声不绝于耳，但看了开心，不由得想玩，而当你自己坐上了，却惨叫连连，冷汗直冒。由此可知，换位思考，的确可调整我们的情绪。

第四，改变焦点。学习转变焦点，十件工作，有九件做得不够好，请锁定在那一件做好的事情上面，如果十件都搞砸了，没有关系，请锁定在你已尽力做了的部分，永远锁定对你有益的、积极的工作。

第五，改变动作。如果学习中遇到挫折，通常会垂头丧气，此时如果你昂首挺胸，你的情绪马上就会改变。

第六，改变问话。无论何事发生，问自己两个问题：第一，这件事带给我什么样的经验及教训？第二，我该如何才能将此事处理得更圆满、更好？

第七，改变方法。我们经常坚持用相同的方式、方法做事，却期待不同的结果。方法的改变可帮助我们产生不同的心境及工作动力。比如运动和音乐是扭转心情的妙方。

6. 压力管理

人才的成长恰如发豆芽，豆芽放在湿布上，上面还必须压上石头，没有石头的压力，豆芽长得又长又细，味道很差；有了石头的压力，豆芽才会长得又白又胖，味道鲜美。

对压力的反应每个人都不同，有的人是消极的反应(当你受压之后无法恢复正常状态，你被压力压变形了，这时压力就变成一种消极因素，它影响到你的生理和心理。你会变得易怒、性情急躁等)，有的人是积极的反应(能够把压力很好地保持在一定的可控制的水平，这样反倒会激励你)。

当代大学生的压力：

压力一——时代压力，时代对当代大学生的高期望值。

压力二——生活压力，经济压力和自理自律压力(独生子女，不少人缺乏自理和自律能力)。

压力三——学习压力，各类证书、考研等。

压力四——就业压力，形势严峻。

压力管理的建议：

A 注重饮食。

B 慢吃。

C 通过想象，训练思维“游艇”。

D 有许多事情我们必须做、应该做和想做，但如果你发现有许多必须做的却没做，应考虑时间上的统筹安排。

E 想哭就哭。

F 不要害怕求助。

G 把生活中的压力罗列出来。一、二、三、四……一旦写出来你就会发现，只要逐个击破，这些所谓的压力，便可以逐一化解。

H 搞清楚什么原因使你紧张。

I 在书的世界里遨游。

J 确保每天有放松的时间、睡眠的充足。

K 同家人、同学分享一天中的快乐。

L 利用空闲的时间锻炼身体。

M 生活中不要顾虑太多，提醒自己任何事不可能都尽善尽美。

N 不要急切地、过多地表现自己。

一位国外的心理咨询师这样说道：“压力就像一根小提琴琴弦，没有压力，就不会产生音乐，但是如果弦绷得太紧，就会断掉。你需要将压力控制在适当的水平，使压力的程度能够与你的生活相协调。”

【案例分享】

一杯水的重量

这是从中央电视台《财富星空》栏目听到的故事。有一位培训讲师在课堂上拿起一杯水，然后问观众：“各位认为这杯水有多重?”听众有的说 20 克，有的说 500 克不等。讲师则说：“这杯水的重量并不重要，重要的是你能拿多久?拿一分钟，各位一定觉得没问题；拿一个小时，可能觉得手酸；拿一天，可能就得叫救护车了。其实这杯水的重量是不变的，但是你拿得越久，就越觉得沉重。这就像我们承担着压力一样，如果我们一直把压力放在身上，不管时间长短，到最后我们就觉得压力越来越沉重而无法承担，我们必须做的是，放下这杯水休息一下再拿起这杯水，如此我们才能够拿得更久。”

点评：压力是生活的一部分，所以，我们应该将承担的压力在一段时间后适时地放下并好好休息一下，然后再重新拿起来，如此才可承担久远。我们要做的是：将学习上的压力在玩的时候放下，别带到娱乐中去。

对我们而言，关键不在于要不要压力，而在于如何转换认知和情绪，让压力在生活中散发“芳香”。

本章知识点总结

一、有关职业的基本事实。目前有超过2万种职业，对于大多数人而言，都有数种职业适合他们。各个经济收入阶层和各个行业领域的人都热爱自己的工作。没有哪一种工作能够完全满足所有的需要，所有工作都有其局限和令人失望之处，需要其他活动来平衡。

二、有专家预测，未来职业将呈现以下三大特点：职业的教育含量增大；职业要求不断更新；永久性职业减少。

三、《中华人民共和国职业分类大典》将我国职业归为8个大类，66个中类，413个小类，1838个细类(职业)。

四、由于各国职业分类标准并不统一，因此，国与国之间的职业种类尚不具可比性。

五、职业世界的环境认知。

六、收集就业信息的常见途径。

七、职业探索的方法很多，包括查阅、参观、实习、讨论、访谈等。

八、职业素养，指专业知识、专业技能和专业能力等与职业直接相关的基础能力和综合素质。

九、人的职业素质的一般要求。

十、不同专业类学生应具备的素养。

十一、职业素养的培养。

第四章　职业抉择

【学习目的】

职业选择是大学毕业生在人生过程中的一项重要抉择，也是他们步入社会最具象征意义的一件大事。本章通过对职业抉择的过程分析和职业抉择方法的应用，进一步了解大学生职业选择的心理过程，从而更好地帮助大学生合理定位职业，从而发挥潜能、达到自我认同、实现理想和社会价值。

第一节　概述

一、职业抉择的定义

职业抉择是指人们从自己的职业期望、职业理想出发，依据自己的兴趣、能力、特点等自身素质，从社会现有的职业中选择一种适合自己的职业。

决策一词的意思就是做出决定或者选择。做出职业选择的决定是人成长过程中的重要环节，一些重要决定甚至可能成为一生的里程碑。

二、职业抉择的原则

职业抉择必须是个人兼顾自己性格、能力倾向、兴趣、价值观等内在因素以及外在的社会机遇和变数等做出的。

(一)符合社会需要的原则

个人在选择职业岗位时，应把社会需要作为出发点和归宿，以社会对自己的要求为准绳，去观察、认识问题，进而决定自己的职业岗位。虽然大学生就业实行双向选择、自主择业，但自主择业是相对的、有条件的，并非可以不顾社会需要，一味地追求“自我设计”。社会的发展、科技的进步和经济的繁荣，也都期望着合格的大学生为之去奋斗。从另一方面看，社会是由人构成的，社会需要在本质上就是人类的需要。在现实生活中，个人需要的内容无论怎样多，个人需要结构无论怎样复杂，它总是受现实社会要求的制约。人们正是通过不同的职业活动，在满足社会需要的同时，也在满足着个体的需要。社会的每一步发展，都是上述职业活动共同作用的结果。

(二)发挥个人素质优势的原则

一个人在选择职业岗位时，综合考虑自己的素质情况，根据自身的特长和优势选择职业岗位，以利于在职业岗位上能够顺利、出色地完成本职工作。发挥个人素质优势主要包括以下几个方面。

第一，发挥专业所长。大学生经过大学阶段的学习，不仅具有较为扎实的基础知识，而且具有一定的专业知识。因此在选择职业岗位时，要从所学专业特点出发，做到专业基本对口。这样就可以在职业岗位上发挥所长，大显身手。

第二，发挥能力所长。同一专业的同届毕业生，由于个人的情况不同，能力也有差异，根据不同的能力选择不同的职业岗位，是充分发挥个人素质优势的最佳体现。比如，有的人语言表达能力较强，适合搞教学、宣传工作；有的设计能力较强，适合从事设计工作；有的研究能力较强，适合搞科研；有的人组织能力较强，适合领导或管理工作；还有的人文字表达能力较强，适合从事文秘、编辑等工作。由此可见，根据自己的能力所长选择职业岗位，既是胜任工作的需要，也是发挥个人最大潜力、进行创造性劳动的需要。否则的话，事与愿违，功不成、业不就，就会贻误事业与前程。

第三，适当考虑性格特点。就性格本身来讲，并不能决定一个人的成才方向和成就的高低。同一性格的人，有的可能很有作为，有的则可能一事无成。性格相异的人也可能在同一领域、同一职业中成才。但是，在选择职业岗位时，适当考虑自己的性格特点，充分发挥性格所长则是十分必要的。比如在职业活动中，有的人是用理智去衡量一切并配合行动，这样的人就适合从事基础理论研究工作；有的人很有主见，并善于发现问题和解决问题，这样的人就较适合从事科学研究或领导工作。

(三)主动选择的原则

大学毕业生在职业选择中不能消极等待，而应主动出击，积极参与。这里所说的主动选择，主要包括以下三个方面。

第一，主动参与职业岗位竞争。竞争机制的引入，冲击着各行各业，也冲击着人才就业市场。竞争使人们增加了紧迫感和危机感，也增加了责任感。从某种意义上说，职业岗位的竞争，就是靠才华、靠良好的素质去争的一份比较理想的职业。

第二，主动地了解人才供求信息和规格要求。由于社会对大学生的要求在不断发生着变化，因此主动了解用人单位对人才规格的要求和需求信息，对有的放矢地选择职业岗位有着重要意义。

第三，主动完善自己。大学生应根据社会需要，加强学习、主动提高、完善自己，以尽快适应新的工作岗位。

(四)分清主次的原则

在就业选择过程中，摆在毕业生面前的选择是多方面的，如单位性质、工作地点、工作条件、生活待遇、使用意图、发展方向等诸多方面，不可能每项都称心如意，重要的是在择业过程中怎样权衡利弊，分清主次，做出抉择。切不可因一味求全，急功近利，好高骛远而失去良机。

(五)着眼未来，面向未来的原则

毕业生在选择职业时，不能只看眼前实惠，不看企业发展前景；不能只看暂时困难，而不看企业的未来；不能只图生活安逸，而不顾事业的追求等。选择职业时，要站得高，看得远，放开视野，理清思路，把自己的命运紧紧地和祖国的命运联系在一起，找到自己的最佳位置，牢牢地把握好职业选择的主动权。

三、职业抉择的类型

(一)测一测你的决策风格类型

对于如何做出决定每个人都有自己独特的方式，或者说独特的决策风格。有时我们会不满意自己的决策风格，那么首先让我们来测一测自己的决策风格。

你平时是如何做出决定的呢，下面题目中的句子，是一般人在处理日常事务及职业抉择时的态度、习惯以及行为方式。请阅读题目中的句子并填写右边的选项，注意每一个选项无所谓对错，只要符合你的真实情况就可以。当你完成下面句子的选择之后将分数计算出来，看看你是属于那种决策类型（表4.1）。

表 4.1　决策风格类型测试表

序号	情景描述	符合	不符合
1	我常匆忙做草率的判断	【】	【】
2	我常凭一时冲动做事	【】	【】

续表

序号	情景描述	符合	不符合
3	我经常改变我所做的决定	【】	【】
4	做决定之前，我从未做任何准备，也未分析可能结果	【】	【】
5	我常不经慎重思考就做决定	【】	【】
6	我喜欢凭直觉做事	【】	【】
7	我做事时不喜欢自己出主意	【】	【】
8	做事时我喜欢有人在旁边，以随时商量	【】	【】
9	发现别人的看法与我不同，我便不知该怎么办	【】	【】
10	我很容易受到别人意见的影响	【】	【】
11	在父母、师长或者亲友催促我做决定之前，我并不打算做任何决定	【】	【】
12	我常让父母、师长或亲友来为我做决定	【】	【】
13	碰到难做决定的事情，我就把它摆一边	【】	【】
14	遇到需要做决定时，我就紧张不安	【】	【】
15	我做事总是东想西想，下不了决心	【】	【】
16	我觉得做决定是一件痛苦的事	【】	【】
17	为了避免做决定时的痛苦，我现在并不想做决定	【】	【】
18	我处理事情经常犹豫不决	【】	【】
19	我会多方收集做决定所需要的一些个人环境的资料	【】	【】
20	我会将收集到的资料加以比较分析，列出选择的方案	【】	【】
21	我会衡量各项可行性方案的利益得失，判断出此时此地最好的选择	【】	【】
22	我会参考其他人的意见，再斟酌自己的情况来做出最适合自己的决定	【】	【】
23	经过深思熟虑之后，我会明确决定一项最佳方案	【】	【】
24	当已经确定所选择的方案，我会展开必要的准备行动并全力以赴做好	【】	【】

计分方法：选择符合的记1分，不符合的不计分。

职业决策风格类型测试结果如下：

表 4.2 决策风格类型统计表

题号组	1—6 题组	7—12 题组	13—18 题组	19—24 题组
得分				
决策类型	直觉型	依赖型	犹豫不决型	理性型

得分最高的一组代表你的决策类型(表 4.2)。

(二)决策风格类型分析

根据学者 Haiien 的观察，大部分人的生涯决策类型可以归纳为直觉型、依赖型、理性型三种，另外还有犹豫不决型等。

第一，直觉型。以自己在特定情境中的感受或情绪反应做出决定。这种类型的人做决定时全凭感觉，较为冲动，较少系统地收集其他的相关信息，但他们能为自己的抉择负责。

第二，依赖型。依赖型是指等待或依赖他人为自己收集信息并替自己做决定，有的甚至求神问卜。决策时不去系统地收集信息，决策较为被动和顺从，十分关注他人的意见和期望，从而做出选择。对于此类人而言，社会赞许、社会评价、社会规范是他们决定的标准，他们的口头禅是“爸妈叫我去……”、“我的老师希望……”“他们认为我很适合”、“他们认为我可以……可是……”。

第三，理性型。理性型决策符合逻辑，系统地收集充分的生涯相关信息，分析各个选项的利弊得失，按部就班，做出最佳的决定。

第四，犹豫不决型。此类型的人虽然收集很多的相关信息，问东问西，但却常常处于挣扎、难以下决心的状态中。

四、职业抉择的方法

职业抉择是一个复杂的过程，尽管一些人很容易做出决策，但是决策过程中也容易产生分歧，所以在职业抉择中应合理采用 SWOT 分析法、CASVE 循环、职业平衡单等方法来合理定位自己的职业选择。

(一)CASVE 循环

CASVE 循环就是职业生涯规划决策技术，包括沟通、分析、综合、评估和执行，CASVE 就是这五个词的英文单词首字母的合成。它可以在整个职业生涯问题解决和决策制定过程中为你提供指导。

(二)职业平衡单

平衡单的设计，是用来协助决策者做出好的重大决定。它可以帮助决策者具体地分析每一个可能的选择方案，考虑各种方案实施后的利弊得失，最后排定优先顺序，择一而行。

(三)SWOT 分析法

在职业生涯决策的过程中，SWOT 分析法可以转换为对自身的优势和劣势分析以及对外部环境的机会和威胁分析，并综合自身的优势和劣势，认清周围的职业环境，对职业进行决策。

【课堂练习】

1. 请举出在生活中你遇到问题时的态度和采取应对措施的实际案例，通过这些案例归纳出你的决策风格。

2. 考察自己的决策习惯，针对自己的习惯做出改善方案。

第二节　生涯决策的过程

职业生涯规划决策是一种问题解决活动。你对有关职业问题的解答，如同你对数学问题或科学问题的解答一样。你的职业生活质量是以你怎样进行职业决策和怎样解决职业问题为基础的。学习生涯决策技术中的 CASVE 循环，可以帮助你提高这方面的能力。

CASVE 循环可以在整个职业生涯问题解决和决策制定过程中为你提供指导。这一循环如图所示(图 4-1)。

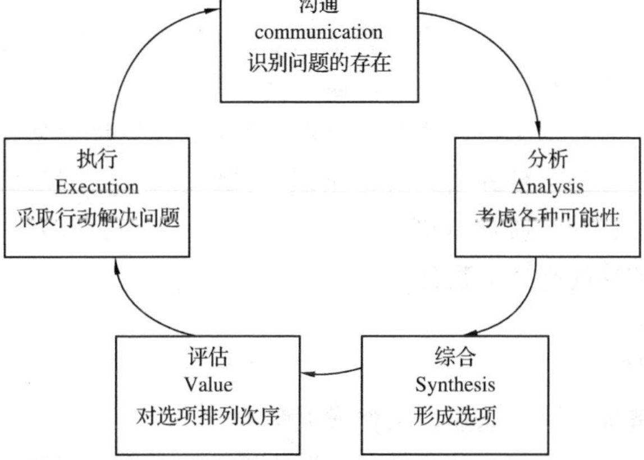

图 4-1　CASVE 循环图

一、沟通

在这个阶段，我们收到了关于职业理想与现实之间存在差距的信息。这些信息可能通过内部或外部交流途径传达给我们。内容沟通包括情绪信号，如不满、厌烦、焦虑和失望，还有身体信号，如昏昏欲睡、头痛、胃部疾病等。外部沟通包括父母对你的职业规划的询问，同事、朋友对你的职业评价，或者是杂志上关于你的专业正在逐渐过时的文章。

这是意识到自己需要做出选择的阶段。在这个阶段，我们通过各种感官和思考充分接触问题，发觉存在一个差距已不容忽视。

二、分析

在这一阶段，问题解决者需要花时间去思考、观察、研究，从而更充分地了解差距，了解自己有效地做出反应的能力。好的生涯决策者阻止用冲动行事来减少在沟通阶段所体验的压力或痛苦，因为他们知道，这是无效的，甚至可能令问题恶化。他们会弄清楚，要解决这个问题我需要了解自己的哪些方面，了解环境的哪些方面，需要做些什么才能解决问题，为什么我有这样的感受，家庭会怎样看待我的选择等问题。

这是了解我自己和我的各种选择的阶段。在这一阶段，生涯问题解决者通常会改善自我知识，不断了解职业世界和家庭需要。

分析阶段还需要把各种因素和相关知识联系起来，如把自我知识和职业选择联系起来；把家庭和个人生活的需要融入到职业选择中。

三、综合

主要是综合和加工上一阶段提供的信息，从而制定消除差距的行动方案。其核心任务是，确定我可以做什么以便解决问题。

这是一个扩大并缩小选择清单的过程。首先，尽可能多地找到消除差距的方法，发散地思考每一种办法，甚至采用“头脑风暴”进行创造性思维。然后，缩小有效方法的数量，通常缩减到 3 至 5 个选项，因为这是我们头脑中最有效的记忆和工作容量就是这个数目。

四、评估

评估阶段将选择一个职业、工作或大学专业。

它的第一步是评估每一种选择对生涯决策者和他人的影响。例如，如果选择了服兵役，这一选择将会给自己、伴侣、父母、孩子等带来什么影响？每一种选择都要从对自己和对他人的代价和益处两方面进行评价，并综合物质上和精神上的因素。

第二步就是对综合阶段得出的选项进行排序。能够最好地消除差距的选项排在第一位，次好的排在第二位，依此类推。此时，职业规划决策者会选出一个最佳选项，并且去实施这 选择。

五、执行

这是实施选择的阶段，把思考转换为行动。很多人都觉得在执行阶段制订行动计划是令人兴奋的和有价值的，因为他们终于可以开始采取积极行动去解决问题了。

六、再循环

CASVE 循环是一个不断重复的过程，在执行阶段之后，生涯决策者又回到沟通阶段，以确定已经选取的选择是不是最好的，是否能最有效地消除理想与现实间的差距。

最后，CASVE 决策技术，无论是对解决个人职业规划问题，还是解决团体问题都非常有用。用系统的方法思考这五个步骤，可以使你成为一个更有效率的人。

【课堂练习】

班级的元旦晚会，要给班级同学购买晚会上游戏的奖品(3—5 份)，有现金 200 元，你会买什么呢？利用 CASVE 循环技术确定要买的商品。

第三节　职业平衡单

在整个生涯决策的实施过程中，一般人最感到困难的是涉及对不同选择方案如何评估。平衡单技术是帮助生涯决策的好办法。

一、平衡单介绍

平衡单是由詹尼斯和曼设计的，他们将重大事件的思考方向集中到四个主题上：

自我物质方面的得失。

他人物质方面的得失。

自我赞许与否。

社会赞许与否。

实际应用时，由于认为“自我赞许与否”和“社会赞许与否”仍显得笼统，所以台湾生涯辅导专家金树人将最后的两项改为“自我精神方面的得失”与“他人精神方面的得失”，就是从以“自我—他人”，以及“物质—精神”所构成的四个范围内来考虑。

平衡单的设计，是用来协助决策者做出好的重大决定。它可以帮助决策者具体分析每一个可能的选择方案，考虑各种方案实施后的利弊得失，最后排定优先顺序，择一而行。

以下是一个实施平衡单的详细步骤，这里所用的例子是一位面临就业的大学应届毕业生，集中说明如何通过平衡单整理出对自己最有利的抉择。

二、平衡单的使用步骤

(一)步骤一，开放性的心理自白

决策者第一步采用的是一个开放性的心理自白方式，在心理自白中决策者要如实说出心理觉得最重要的几个选择以及这些选择可能导致的不同结果。可以试着自问以下问题：

第一，我对将来寻找工作这件事怎么认识，有没有明确、具体的计划。

第二，我曾经考虑过各种职业意向，可不可以将最近几个月来仔细考虑过的职业列出来。

第三，可否将几个自认为最合适的职业按先后顺序列出来。

第四，现在，将注意力集中在两个最优先考虑的职业：________和________上，这两种职业各有什么优点和缺点，先从选择的第一个职业开始，________。试着想想看，选择这个职业可能具备的优点和缺点是哪些，能不能多想一些。________。还有呢？

好，现在再看第二个选择，________。选择这个职业的话，会有哪些优点和缺点，能不能再多找一些出来，还有没有？

第五，现在，假设今天自己必须下决心做最后的决定，会觉得如何？现在自己要做的是分析一下有关做最后决定的各种想法，以便做出最有利的决定。

(二)步骤二，使用平衡方格单

为了使决策者能将所有可能的想法都具体地呈现出来，必须在使用平衡单之前，先填写“平衡方格单”。每一个选择，使用一张平衡方格单，在填写之前，要充分考虑四个大类的意义及范围。

先填写第一和第二优先考虑的职业，在所有重要的想法都被列出来之后，再依次填写选择的其他职业。此时你纷乱无序的各种念头已化为有系统的文字叙述。然后，你再提醒自己“再仔细看看，有没有遗漏的?”

平衡方格单

我的选择：

正面的预期(＋)

负面的预期(－)

自我物质方面的得失

他人物质方面的得失

自我精神方面的得失

他人精神方面的得失

(三)步骤三，比较生涯细目表

接下来是拿出一张生涯细目表，这张表上所列的各种考虑项目是预先设定的，可以帮助决策者发掘一些忽略掉的项目。想一想这些和自己的决定有没有关系？刚才没考虑到这些项目，对我的最后考虑有没有影响？

生涯细目表

1. 个人物质方面的得失

A. 收入

B. 工作的困难

C. 升迁的计划

D. 工作环境的安全

E. 休闲时间

F. 生活变化

G. 对健康的影响

H. 就业机会

I. 其他

2. 他人物质方面的得失

A. 家庭经济

B. 家庭地位

C. 与家人相处的时间

D. 其他

3. 个人精神方面的得失

A. 生活方式的改变

B. 成就感

C. 自我实现的程度

D. 兴趣的满足

E. 挑战性

F. 社会声望的提高

G. 其他

4. 他人精神方面的得失

A. 父母

B. 师长

C. 配偶

D. 其他

(四)步骤四，各项考虑加权计分

前面几个步骤所列举的各项考虑，对决策者的意义不全然是等值的。为了让决策者意识到自己在平衡方格单上列出来的项目有不同程度的重要性，决策者可以这样提醒自己，这些项目已经是在做决定的时候所能想出来的。但是，当自己要下决定时，有一些考虑的重要性比其他的要来得高。因此，现在要做的是，回去看一看所有的细目，哪些是最重要的。

同样的步骤，可以用在其他的职业选择上。为了使各项的重要性有层次之分，可进一步对每个项目做加权计分(见平衡单的加权计分表)。加权的分数可以采用五点量表(如最重要的 * 5，较重要的 * 4，一般 * 3，较不重要的 * 2。最不重要的 * 1)可以考虑补充进去。此时虽然原有的各种选择均已完成加权的计分，但是完全可以重新填写平衡方格单，按照步骤一至步骤四的过程完成平衡单的加权计分。

(五)步骤五，排定各种选择的等级

为了使决策者能综合地对平衡单的各种选择方案作最后的评估，决策者可以自己再审查一下平衡方格单上的项目。同样的，也可以对平衡单上的加权计分再作适当修改。改完之后，再根据各选择的最后加权总分，将这些选择依分数高低排列。完成了最后一步的工作，决策者还应该明白，这不一定是永久的决定，也许只是暂时的决定，因为它是根据“目前”所能搜集到的资料，决策者对自己了解的程度所做的决定。

【案例分析】

小杨是2014届的毕业生，在毕业前期，进入了是升学还是就业的两难抉

择中。他希望能通过考研升学，来提高自身的学历，以获得更好的工作岗位。但他又想尽快进入职场，通过工作经验来获得更好的工作机会。面对两种选择，他运用了职业平衡单的方法来分析自己升学和就业的利弊。考虑因素如下。

生涯细目以及权重分数的情况如下：

个人得失：1. 个人收入(4)　2. 未来发展(3)　3. 生活变化(2)

他人物质得失：1. 家庭经济收入(3)

自我精神得失：1. 达成长远生活目标的机会(3)　2. 成就感(4)

他人精神得失：1. 父母支持(3)　2. 朋友支持(2)

针对已设立的生涯细目，小杨在升学方面的权重分数给予如下：

个人得失：1. 个人收入(—5)　2. 未来发展(6)　3. 生活变化(3)

他人物质得失：1. 家庭经济收入(—4)

自我精神得失：1. 达成长远生活目标的机会(6)　2. 成就感(4)

他人精神得失：1. 父母支持(5)　2. 朋友支持(2)

针对已设立的生涯细目，小杨在就业方面的权重分数给予如下：

个人得失：1. 个人收入(5)　2. 未来发展(—1)　3. 生活变化(5)

他人物质得失：1. 家庭经济收入(6)

自我精神得失：1. 达成长远生活目标的机会(2)　2. 成就感(4)

他人精神得失：1. 父母支持(2)　2. 朋友支持(7)

问题：1. 为小杨制作一份职业平衡单，并计算出升学与就业的分值分别是多少。根据职业平衡单的结果，帮小杨进行抉择。

小杨的职业平衡单(表 4.3)：

表 4.3　小杨的职业平衡单

选项： 考虑因素	生涯选项一：升学 ＋	 —	生涯选项二：就业 ＋	 —
个人物质得失： 个人收入(4) 未来发展(3) 生活变化(2)	 6(＋18) 3(＋6)	 5(—20)	 5(＋20) 5(＋10)	—1(—3)
他人物质得失： 家庭经济收入(3)		—4(—12)	6(＋18)	

续表

选项： 考虑因素	生涯选项一：升学 ＋	 －	生涯选项二：就业 ＋	 －
自我精神得失： 达成长远生活目标的机会(3) 成就感(4)	 6(＋18) 4(＋16)		 2(＋6) 4(＋16)	
他人精神得失： 父母支持(3) 朋友支持(2)	 5(＋15) 2(＋4)		 2(＋6) 7(＋14)	
总分	45		87	

根据职业平衡单可知，就业的分值高于升学，小杨应选择就业。

生涯规划对大学生具有重要意义。生涯规划能帮助大学生有条理、系统地针对自身特点，考虑外部环境，比较容易制定出一个实际可行的人生目标，生涯规划就像一座灯塔，能够指引大学生实现自己的人生目标。

【课堂练习】

找一个实际要处理的问题，完成职业平衡单。

第四节　SWOT 分析法

一、SWOT 分析法的内涵

SWOT 是英文单词(优势)、(劣势)、(机会)、(威胁)的首字母缩写。SWOT 分析法把这四方面因素通过调查罗列出来，并依照一定的次序按矩阵形式排列起来，然后把各种因素相互匹配起来加以分析，从中得出一系列相应的结论(如对策等)。

这种研究方法最早是在 20 世纪 80 年代初被提出来的，主要运用于市场营销领域，通常是市场战略分析家们用来分析企业内外部环境、制定企业最终发展战略的一种实用技术。在此之前，早在 20 世纪 60 年代，就有人提出过 SWOT 分析中涉及的内部优势和弱点、外部机会和威胁等变化因素，但至少孤立地对它们加以分析，而 SWOT 分析法是用系统的思想将这些似乎独立的因素相互匹配起来进行综合分析。运用这种方法，有利于人们对组织所处情景进行全面、系统、准确的研究，有助于人们制定发展战略和计划以及与之相对应的发展计划或对策。

在职业生涯决策的过程中，SWOT 分析法可以转换为对自身的优势和劣势进行分析以及对外部环境的机会和威胁进行分析，并综合自身的优势和劣势，认清周围职业环境，对职业进行决策。

二、SWOT 分析法在职业选择中的运用

(一)构建 SWOT 矩阵

个体通过与他人的比较，考察周围的职业环境，认清自身的优势和劣势以及周围职业环境的机会和威胁，并根据这些因素构建个体 SWOT 矩阵。通过矩阵，可以看到自身的竞争力和发展机会，同时也能认识到自己的不足和外在威胁。

个体在进行 SWOT 分析时可以采取多种方法来确定自己的优势和劣势、机会与威胁。特别是个体自身的优势和劣势，这两个因素是影响和决定个人职业生涯的关键性因素，因此必须认真、客观地对自己进行分析。一个刚毕业的大学生，其优势可能包括如下几个方面：第一，主要经历和体检，如曾经参加学校活动、社会实践、获得过的荣誉等。第二，教育背景，自身受教育或者培训状况、在校期间有哪些专业课程方面的积累、除了专业方面的学习以外还有何种特长、参加过什么样的学校组织与学校活动、担任何种职务。第三，最成功的事件分析，通过对过去成功事件的分析可以发现自我性格优越的一面，如坚强、果断等。

个体职业决策中的 SWOT 分析(表 4.4)。

表 4.4　个体职业决策中的 SWORT 分析

	优　势	劣　势
内部因素	指个体可控并可利用的内在积极因素：工作经验；教育背景；丰富的专业知识和技能；特定的可转移技巧(如沟通、职业道德、团队合作、领导能力等)；人格特征(如职业道德、自我约束、承受工作压力的能力、创造性、乐观等)；广泛的人际关系网络；在专业组织中的影响力	指个体可控并努力改善的内在消极因素：缺乏工作经验；学习成绩差或者一般；缺乏目标，且对自我的认识不足；较差的领导能力、人际交往能力、沟通能力和团队合作能力；较差的寻找工作的能力；负面的人格特征(如职业道德较差、缺乏自律、缺少工作动机、害羞、性格暴躁等)

续表

	机　会	威　胁
外部因素	指个体不可控但是可以利用的外部积极因素：就业机会增加；专业领域急需人才；专业晋升的空间；职业道路选择带来的独特机会；地理位置的优越；强大的关系网络	指个体不可控但是可以使其弱化的外部消极因素：就业机会减少；由同专业的大学毕业生带来的竞争；具有丰富技能、经验、知识的竞争者；名校毕业的竞争者；专业领域发展有限

个人的劣势可能有很多方面，但主要的两方面包括：第一，性格缺陷，必须对自身重要的性格缺陷有正确的认识。第二，以往失败的经验或能力的缺陷。在分析过程中，将那些对你人生选择和长远发展有直接的、重要的、很多的、迫切的、长期的影响因素优先排列出来，而将那些间接的、次要的、少许的、不急的、短暂的影响因素根据轻重缓急或影响程度等排列方式，构建SWOT矩阵。

(二)制定策略

在完成内外因素分析和SWOT矩阵的构造后，便可制定出相应的策略，以发挥优势因素，克服劣势因素，利用机会因素，化解威胁因素。用系统分析的综合分析方法，将排列的各种环境因素相互匹配起来加以组合，得出一系列适合自己的可选择策略。这些因素包括如下几个方面。

第一，WT策略，即考虑劣势和机会因素。比如成绩不好，就有必要在以后更加努力学习；社交能力不强，就要多参加社会活动。

第二，WO策略，即考虑劣势和机会因素目的是努力使弱点趋于最小，使机会趋于最大。比如说虽然所在学校一般，专业偏冷，但目前就业市场对复合型人才需求旺盛，如果你的综合素质足够好的话，这方面的因素对你的影响就会很小。

第三，ST策略，即考虑优势和威胁因素，目的是努力使优势因素趋于最大，使威胁因素趋于最小。

第四，SO策略，即考虑优势和机会因素，目的在于努力使这两个因素都趋于最大。比如说你的英语基础很好，就可以在今后继续加强这方面的优势，使它成为你各项素质中最具竞争力的因素。这应该是四大策略中最重要的，因为很多劣势是很难弥补的，与其着重补短，还不如突出优势。

三、SWOT 分析结果的运用

在明确自身的优势和劣势、外在威胁和机会，并指定一系列的策略之后，就可以根据这些确定个体的职业发展道路。

【案例分析】

大三行政管理专业学生小李，在校期间专业和英语成绩优秀，多次获得学校奖学金，且一直担任主要学生干部，还曾多次获得校内各种活动奖项。性格外向，交际能力较强，但容易情绪化，考虑问题不够全面，没有相关的工作经历，他的目标是在企业谋取一份人力资源管理部门的工作。

根据 SWOT 分析法，对小李进行自身优势、劣势分析以及周围环境的机会和威胁分析，具体如下(表 4.5)。

表 4.5 对小李进行的 SWOT 分析

外部环境分析(OT) 内部环境分析(SW)	机 会	威 胁
	人力资源管理逐渐受到企业的重视；外资企业进入，导致人力资源管理人才需要量增大	人力资源管理在很多企业中仍然处于起步阶段，其运作很不规范；企业人事管理工作本身对从业人员素质的高要求；随着社会分工的细化，部分企业把人事管理交给专业人力资源公司进行管理
优 势	优势机会策略(SO)	劣势威胁策略(ST)
专业对口，成绩优秀，学习能力较强；丰富的学生干部管理经历；思维活跃，学识较广；善于与人沟通协作；英语成绩优秀	发挥担任学生干部的管理特长；发挥交际能力的特长；继续加强英语方面的优势，考取必要的证书	强调自身对口专业的优势；强调学生管理工作的经历对实际工作的帮助；强调较强的学习能力和适应能力
优 势	劣势机会策略(WO)	劣势威胁策略(WT)
学历水平不算高；没有相关的实际工作经验；比较情绪化，易收到外界影响，考虑问题不够全面	利用较强的学习能力；继续加强自己的专业学习，特别针对人力资源管理中的某一领域深入学习	考取人力资源管理专业研究生。提高学历；积极寻找重视员工潜能的企业；努力克制情绪化的影响

四、使用SWOT分析法应注意的问题

运用SWOT分析进行个人分析对职业选择是非常有帮助的，个体在使用SWOT分析时，应该确保所分析的成分的准确性和新颖性。由于发展层次与水平的各异，专业各不相同，加上形式、政策的变化，我们进行SWOT分析时就必须根据情况的变化，具体问题具体分析，调整和完善方案。而且SWOT分析只是一项实用技术，要想使个人分析和未来实现最优化，仅凭SWOT分析远远不够，还要考虑其他方面的综合运用，要充分考虑个体因素和外部因素，只有这样才能实现个人分析的客观和科学化，从而对我们的学习、工作和生活产生积极的指导作用。

【课堂练习】

运用SWOT分析法分析你目前的优势和劣势，并针对意向的职业目标，明确在大学四年中需要努力和提高的素质。

本章知识点总结

一、所谓职业抉择是指人们从自己的职业期望、职业理想出发，依据自己的兴趣、能力、特点等自身素质，从社会现有的职业中选择一种适合自己的职业。

二、职业抉择必须是个人兼顾自己性格、能力倾向、兴趣、价值观等内在因素以及外在的社会机遇和变数等做出的，需要符合社会需要、发挥个人素质优势、主动选择、分清主次、着眼未来，面向未来的原则。

三、职业抉择过程中，每个人都有自己独特的类型，具体分为直觉型、依赖型、理性型、犹豫不决型。

四、职业抉择是一个复杂的过程，所以在职业抉择中应合理运用SWOT分析法、CASVE循环、职业平衡单等方法来合理定位自己的职业选择。

五、CASVE循环包括沟通、分析、综合、评估和执行五个阶段。

六、在设计职业平衡单时要注意考虑自我物质方面的得失、他人物质方面的得失、自我精神方面的得失、他人精神方面的得失四个方面，写出相关的生涯细目。

七、职业平衡单的使用步骤包括开放性的心理自白、使用平衡方格单、比较生涯细目表、各项考虑加权计分、排定各种选择的等级。

八、职业抉择中SWOT分析合理应用。

第五章 行动规划

【学习目的】

明确目标的重要性，掌握制定目标及制定行动规划的具体方法，了解如何对目标、规划进行评估反馈。

第一节 目标的制定

一、目标的重要性

人生没有目标，就如同驶入大海的孤舟没有了航行方向，对于它来说来自任何方向的风都是逆风。如果我们设定了自己的目的地，就会潜意识地受到心理暗示的影响，努力朝着那个方向努力，最终才有可能成功到达。职业生涯规划同样需要目标，目标是你前进路上的参照物，可以根据它明确努力的方向，判断距离，制定合理的规划，让自己抵达成功的彼岸。

【案例分享】

曾有研究机构做过一个实验：组织了三组人，分别向10千米以外的3个村子步行。

第一组的人不知道村庄的名字，也不知道路程有多远，只告诉他们跟着向导走就是。刚走了两三千米就有人叫苦，走了一半时有人几乎愤怒了，越往后走他们的情绪越低落。

第二组的人知道村庄的名字和路程，但路边没有里程碑，他们只能凭经验估计行程时间和距离。走到一半的时候，大多数人就想知道他们已经走了多远，有经验的人说："大概走了一半的路程"。于是大家又簇拥着向前走，当走到全程的四分之三时，大家情绪低落，觉得疲惫不堪，路程似乎还很长，当有人说"快到了！"大家又振作起来加快了步伐。

第三组的人不仅知道村子的名字、路程，而且每走一千米就有一块里程碑。人们边走边看里程碑，每缩短一千米大家便有一小阵的快乐。行程中他们情绪一直很高涨，很快就到达了目的地。

二、目标的分解

(一)目标分解的概念和要求

目标分解就是将总体目标在纵向、横向或时序上分解到各层次，形成目标体系的过程。目标分解是明确目标责任的前提，是使总体目标得以实现的基础。进行目标分解时要遵循以下要求。

第一，目标分解应按整分原则进行。也就是将总体目标分解为不同层次的分目标，各个分目标的综合又体现总体目标，并保证总体目标的实现。

第二，分目标要保持与总体目标方向一致，内容上下贯通，保证总体目标的实现。

第三，目标分解中，要注意到各分目标所需要的条件及其限制因素。

第四，各分目标之间在内容与时间上要协调、平衡，同步发展，不影响总体目标的实现。

第五，各分目标的表达也要简明、扼要、明确，有具体的目标值和完成时限要求。

(二)目标分解的方法

职业生涯目标从不同的角度有不同的分类方法(图 5-1)。

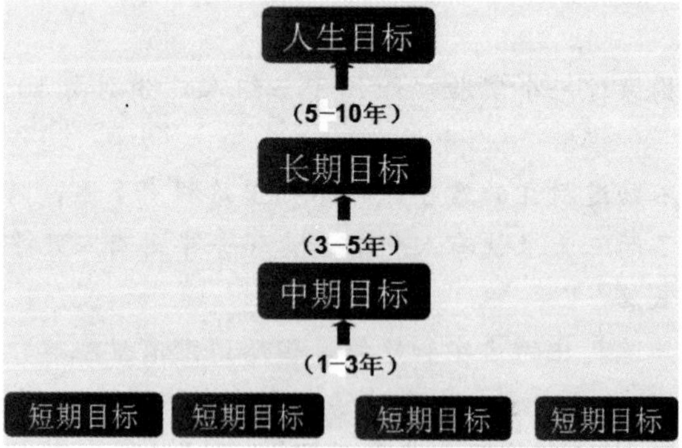

图 5-1　按时间分解的职业生涯目标图

按时间分解，职业生涯目标可以划分为短期目标、中期目标、长期目标。

第一，短期目标。一般指 1－3 年内的目标，它是中期目标和长期目标的具体化，是实现中长期目标的必经之路，需要具备较强的操作性。

第二，中期目标。一般为 3－5 年的目标，它既是制定和实施短期目标的依据，又是长期目标的重要组成部分。它具有指标量化，但又有一定的弹性，在整个目标体系中起到承上启下的作用，是长远目标能否有效实现的重点。

第三，长期目标。一般为5—10年，通常比较粗略、有较大的弹性，可能因为许多未知的因素而发生变化。

第四，长远目标。一般为10年以上，通常只有一个大概的方向和定位，作为短期、中期、长期目标实现的参照物。

按性质分解，职业生涯目标可以划分为外职业生涯目标和内职业生涯目标（图5-2）。

第一，外职业生涯目标。外职业生涯目标是指侧重于职业生涯中外在的可以看得见的标记，它主要包括工作内容目标、职务目标、经济收入目标、工作环境和工作地点目标等。

第二，内职业生涯目标。内职业生涯目标是指职业生涯中的知识、经验的积累，观念的转变，能力和素质的提高以及成就感、价值感等内心感受。

职业生涯的内、外目标不是截然分开的，两者是相辅相成、相互促进的。内职业生涯目标的发展可以推动外职业生涯目标的发展，而外职业生涯目标的实现又可以促进内职业生涯目标的实现。

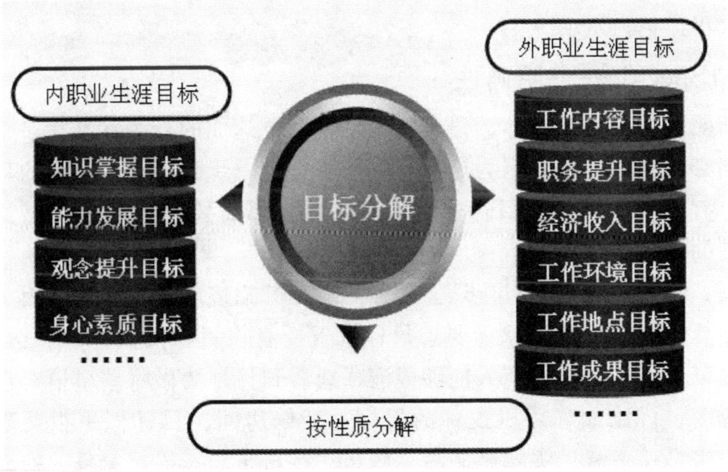

图5-2　按性质分解的职业生涯日标图

【课堂练习】

如果一位大一新生想在大三换任的时候成功竞聘学生会主席，他应该如何分解自己的目标。请尝试用时间分解和性质分解两种方法作出目标分解。

三、制定目标的方法

制定目标看似一件简单的事情，每个人都有过制定目标的经历，但是如果上升到技术的层面，则必须掌握SMART原则(图5-3)。

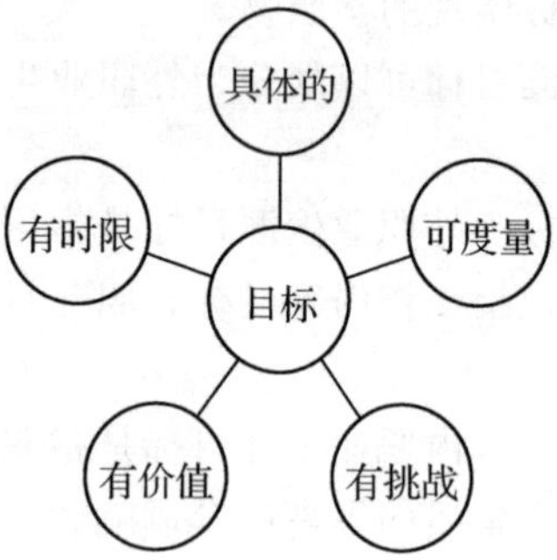

图5-3 SMART原则图示

同时，SMART原则还有另一种变体——SMARTER，前五个字母与上述原则相同，而后两个字母“E”和“R”则分别对应了单词Evaluate(评估)和Re-evaluate(再评估)。

(一)Specific——明确性

所谓明确就是要用具体的语言清楚地说明要达成的行为标准。一个长期目标的用词必须仔细推敲，因为这才有可能将它进一步分解为一系列的环节或短期目标。有时要表达一个目标非常困难，因为那需要你把抽象的感觉变为具体、清晰的陈述。

示例：目标——“学业进步”。这种对目标的描述就很不明确，因为学业进步有许多具体方法。这个原则要求目标设置要有项目、衡量标准、达成措施、完成期限以及资源要求，使人能够很清晰地看到计划要做哪些事情，计划完成到什么程度。再比如你可以说你的目标是装修房间。目标似乎很明确，但是“装修”到底是什么意思呢？是刷漆、修缮、重新布局、买新家具、换墙纸、打扫卫生？是所有的一切，还是只是其中的一项或是别的什么事情呢？在一段时间内不能集中于一个目标的危险在于：你同时有了别的目标，结果在接近最后期限的时候，你发现自己一个也没有完成。

(二)Measurable——可度量性

可度量性就是指目标应该是明确的，而不是模糊的。应该有一组明确的数据，作为衡量是否达成目标的依据。如果制定的目标没有办法衡量，就无法判断这个目标是否实现。但并不是所有的目标都可以衡量，有时也会有例外，比如说大方向性质的目标就难以衡量。

只是说“我会更加努力地打好网球比赛”或是“我的目标是更好地利用时间”是远远不够的。你怎么样衡量“更加努力”和“更好”呢？你需要用一种可以衡量的方式来表达自己的目标，例如，“我的目标是在下个星期二晚上 11 点之前完成 11 页实验报告”。当下个星期二到来的时候，你就会知道你是否实现了自己的目标，因为在设立目标的时候你使用了可以测量的单位。你要有一个可以衡量成功或者失败的标准，以此来准确评价自己的目标。然后你可以把当前的目标保持下去，或是对部分目标进行调整，如果你认为有必要，也可以把它彻底放弃。

再比方说，“为自己的考研目标安排进一步的培训”。进一步是一个既不明确也不容易衡量的概念，到底指什么？是不是只要安排个培训，不管谁讲，也不管效果好坏都叫“进一步”？改进一下：准确地说，在什么时间完成关于某个考研主题的培训，并且在这个课程结束后，达到什么样的效果，且效果能用数值衡量的，比如单词掌握的数量、练习完成的数量、模拟测试的成绩等。

目标的衡量标准遵循“能量化的量化，不能量化的质化”。使制定人与考核人有一个统一的、标准的、清晰的、可度量的标尺，杜绝在目标设置中使用形容词等概念模糊、无法衡量的描述。对于目标的可度量性应该首先从数量、质量、时间、效果等方面来进行，如果仍不能进行衡量，其次可考虑将目标细化，细化成分目标后再次衡量，如果仍不能衡量，还可以将完成目标的工作进行流程化，通过流程化使目标可衡量。

（三）Achievable & Challenging——可达成性但是又具有挑战性

制定的目标应该是就你的能力和特点而言的，实现这个目标是现实的、可能的，虽然具有挑战性但又是可以达成的，不然热情还没点燃就先被畏惧给打消念头了。目标可以制定出跳起来“摘桃”的目标，不能制定出跳起来“摘星星”的目标。如果你是一位 50 多岁、200 磅重、正过着安定生活的老人，但却试图实现一个正在两周之内用四分钟跑完一英里的计划，那么这个目标就是不可行的。

（四）Relevant——价值性和相关性

目标的价值性和相关性是指实现此目标与其他目标是有关联的，有实际价值的。如果实现了这个目标，但对其他的目标完全不相关，或者相关度很低，那这个目标即使被达到了，意义也不是很大。因为毕竟作目标的设定，与职业生涯规划是相关联的，不能跑题。比如你想成为一名外贸人员，学习英语以便在日后的工作中能够自如应对，这时候提升英语水平和职业目标达成是有直接关联。但是如果让你学习工程测量，与目标的关联性很低，即使达到意义也不大。目标还应该是对自己和他人均无伤害性或破坏性的。

(五)Time-bound——时限性

目标的时限性是指目标是有时间限制的。例如，我将在 2014 年 5 月 31 日之前完成某事。5 月 31 日就是一个确定的时间限制。没有时间限制的目标没有办法考核，所以目标设置要具有时间限制，根据任务的权重、事情的轻重缓急，拟定出完成目标项目的时间要求，定期检查项目的完成进度，及时掌握项目进展的变化情况，以方便根据工作计划的异常情况变化及时地调整工作计划。

【课堂练习】

对比以下两组目标，依照 SMART 原则分析不同点。

第一组：

目标 A：我要努力学习，扩大交往，尽快提高自己的职业素质和管理能力，争取将来换个好工作。

目标 B：我计划在三年内完成北大光华管理学院 MBA 课程的学习，和班上至少一半的同学建立良好的关系，拿到学位之后换工作。

第二组：

目标 A：我要努力学习英语，增加自己的词汇量，尽快提高自己的阅读理解能力，使自己的英语水平得到提高。

目标 B：我计划在这个学期，使自己的英语词汇量超过 4000，完成课外短文阅读 60 篇，每两周做一份历年真题，掌握考试重点和应试技巧，在学期末通过大学英语四级考试。

四、职业发展路径

设定职业生涯发展路线需要明确个人现在所处位置与总体目标的距离。运用目标分解方法分解总体目标，形成职业发展途径。不同的总体目标形成不同的职业发展路径。跨国公司人才培养体系中，常常提供员工职业发展的路径。如果自己所在组织中没有现成的路径，就需要自己进行设计。例如，向管理方向发展，还是向专业技术方向发展；是先走技术，再转向管理途径……由于发展路径不同，对于职业发展中采用的步骤不相同。因此，在职业规划中，必须设计路径和选择路径。

(一)职业发展路径的类型

职业发展路径一般分为以下五种类型：学术路线、行政路线、技术路线、管理路线、创业路线。不同的路线适合不同类型的人不同的选择，也影响了职业目标的分解。学术路线，如助教——讲师——副教授——教授；行政路线，如科员——副科——正科——副处——正处；技术路线，如助理工程师——工程师——高级工程师；管理路线，如助理——主管——经理——总监——副总经理——总经理等。创业路线，如先打工再创业。

(二)大学生典型职业生涯路径

对于大学生而言，典型的职业生涯路线图是一个“V”形图(图 5-4)。

以一位 24 岁大学毕业参加工作的大学生为例，即 V 形图的起点是 24 岁。以起点向上发展，V 形图的左侧是行政管理路线，右侧是专业技术路线。将路线分成若干等分，每等分表示一个年龄段，并将专业技术的等级、行政职务的等级分别标在路线图上，作为自己的职业生涯目标。

选择了职业生涯发展路径后，可以具体细化路径。充分认识自我，分析环境，确定目标根据职业路径，细化职业阶段性目标，并且明确目标完成时间。

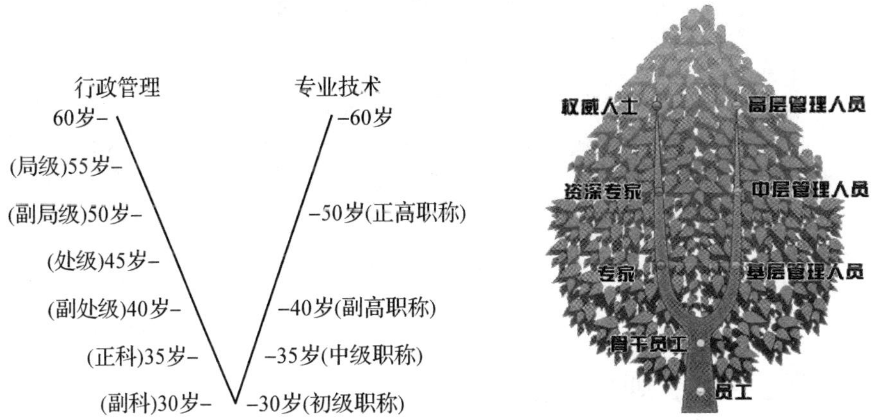

图 5-4 职业生涯路线 V 形图

【案例分享】

某大学生的职业发展路线图(图 5-5)

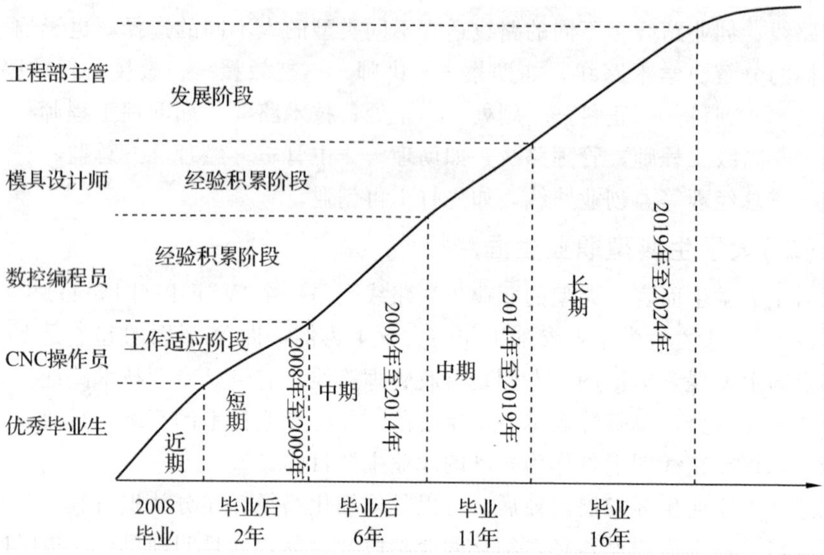

图 5-5　某大学生的职业发展路线图

【课堂练习 】

根据上一章学习的决策方法(SWOT 分析法和职业平衡单)，结合本节课学习的目标分解方法、制定目标的方法，为自己制定一个职业发展路径。

按时间分解
- 长远目标 _____ 年后 ____________________
- 长期目标 _____ 年后 ____________________
- 中期目标 _____ 年后 ____________________
- 短期目标 _____ 年后 ____________________

第二节　行动规划

成功不在于你拥有多少梦想，而在于你采取了多少行动，在确定了职业生涯目标之后，行动就成为最关键的环节。没有行动，目标终将成为泡影。

行动在职业生涯中包括教育、训练、工作等方面。例如，为了达到目标，在学习方面，计划在什么时候采取哪些措施？掌握哪些知识？在能力方面，计划在什么时间采取哪些措施？付诸哪些行动？提高哪些方面的能力或者开发哪些方面的潜能？

一、行动TAR度量法

科学地制定行动有利于高效地完成任务，完成目标。所谓行动TAR度量法即“Time”，“Action”，“Result”。

Time(时间)确定行动计划的时间段和有效度量的时间段。

Action(行动)按计划的要求，你做了没有，打钩或涂黑确认。

Result(结果)如果做了行动，你觉得结果如何？可以是满意或不满意，也可以是具体结果或数字。

【案例分享】

目标：在未来的一个月内，每天至少一次对完成的事情加以赞扬。

标准：要针对具体事情赞扬。

签名：AAA　　　时间：2010年9月共30天

一	二	三	四	五	六	日
	满	不	满		满	不
满	满	满	满	不		
满	满		满	满	不	满
满	满		不	满	满	
	不	满				

行动结果：9月做到23天，满意17天，不满意6天。

【课堂练习】

找一个想要完成的目标，运用TAR度量法制定方案。

二、行动规划制定的步骤

(一)大学生职业生涯行动规划的主要内容

大学生职业生涯行动规划的主要内容包括学业规划、能力养成规划、社会时间规划。

1. 学业规划

美国哈佛大学曾对在校学生做过一份调查，发现没有做学业规划的人占27%，学业规划模糊的人占60%，有短期学业规划的人占10%，长期学业规划清晰的人仅占3%。30年后经过追踪调查发现第一类人一般生活在最底层，长期在失败的阴影里挣扎；第二类人生活达到温饱；第三类人则进入了白领阶层；只有第四类人为了实现既定目标，几十年如一日，奋力拼搏，最终成为百万富翁或是行业领袖。由此看来，尽早地引导大学生进行科学的学业规划设计已经十分必要。

对于大学生来说，学业规划是职业生涯规划的重中之重和基本要求。不管是何种职业生涯规划目标，你都不会天生具备它所需要的知识，需要后天的努力学习来追赶目标。

2. 能力养成规划

大学期间的能力规划主要包括专业知识能力和综合素质能力，如外语能力、计算机能力、专业技能、学习能力、表达能力、执行能力、组织能力、社交能力、创新能力、时间管理能力、人际交往能力等以及一些基本素养，如养成良好的生活习惯，培养积极主动的态度，寻找兴趣与激情，树立正确的交友观，控制自我情绪等。

3. 社会实践能力

如果说专业知识是大学生的一只翅膀，那么社会实践活动则是大学生的另一只翅膀，是大学生的必修课，是大学生成长成才不可或缺的环节，是大学生择业就业的必要途径，对大学生的职业生涯规划起了一定的导向作用。不管你选择哪条职业发展路径，将学业所得和能力养成所得运用于实践，是成功实现职业规划目标的必要条件。

(二)制定大学期间职业生涯规划的实施方案

制定大学期间职业生涯规划实施方案可以分为：大学四年、年度、月度、周、日的规划方案。

1. 大学四年规划实施方案表(表 5.1)

表 5.1　大学四年规划实施方案表

实施时间		学业规划		能力养成规划		社会实践规划	
		目标	方案	目标	方案	目标	方案
第一年	上半年						
	下半年						
第二年	上半年						
	下半年						
第三年	上半年						
	下半年						
第四年	上半年						
	下半年						

2. 年度规划实施方案表(表 5.2)

表 5.2　年度规划实施方案表

实施时间	学业规划		能力养成规划		社会实践规划	
	目标	方案	目标	方案	目标	方案
1 月						
2 月						
3 月						
4 月						
5 月						
6 月						
……						
12 月						

3. 月度规划实施方案表(表 5.3)

表 5.3　月度规划实施方案表

实施时间	学业规划		能力养成规划		社会实践规划	
	目标	方案	目标	方案	目标	方案
第 1 周						
第 2 周						
第 3 周						
第 4 周						

4. 周规划实施方案表(表 5.4)

表 5.4 周规划实施方案表

实施时间	学业规划		能力养成规划		社会实践规划	
	目标	方案	目标	方案	目标	方案
星期一						
星期二						
星期三						
星期四						
星期五						
星期六						
星期日						

5. 日规划实施方案表(表 5.5)

表 5.5 日规划实施方案表

实施时间	学业规划		能力养成规划		社会实践规划	
	目标	方案	目标	方案	目标	方案
6：00～7：00						
7：00～8：00						
8：00～12：00						
12：00～14：00						
14：00～17：00						
17：00～18：00						
18：00～19：00						
19：00～21：00						
21：00～22：00						

上面各表的各种目标均要按照 SMART 原则进行描述，方案均要按照 TAR 度量法进行描述。

(三)具体规划制作技巧

职业生涯规划成功与否的关键在于"A"——Action(行动)，而规划是否能够付诸行动，引导行动，就取决于对方案的具体规划的制作。

具体规划的制作技巧，分为三个步骤：对准差距，找对方法，实施步骤和完工时间。

第一，对准差距。充分认识自我，全面客观地了解目标，准确判断自己和目标之间的差距，差距一般体现在：知识、能力、心理素质、思想观念等方面。应当对差距有清楚的认识，具象化的了解。

第二，找对方法。弥补不同的差距，需要采取的方法是不一样的。根据不同的需求，找到适合、有效、多样的方法。

明确差距并制定缩小差距的方法。

1. 教育培训法

根据能力差距和目标分解，制定教育培训的具体内容、日期、地点、方式等。

2. 讨论交流法

选定讨论对象、主题、时间、方式等。

3. 实践锻炼法

争取改变工作内容或工作方法，着重处理自己能力较差的工作。

【案例分享】

1. 差距

(1)专业技术能力欠缺；(2)英语口语水平欠缺；(3)管理知识和能力欠缺。

2. 缩小差距的方法

(1)教育培训的方法

2013 年 7 月参加英语口语中级培训班；

2013 年至 2015 年通过自学或短期培训等方式学习软件专业最新知识和技术；

2015 年考取 MBA 硕士；

每个月读一本技术、英语或管理方面的书。

(2)讨论交流的方法

2013 年 9 月与前辈同事交流工作经验与教训；

2013 年 12 月与领导讨论职业发展；

2013 年至 2015 年每周末参加职业经理人沙龙。

(3)实践锻炼的方法

专业技术能力：在日常工作中不断用新的技术，突破创新，争取在一年内技术应用成熟。

英语口语：每周参加英语角活动。

管理能力：积极参与团队设计项目的组织与协调工作。三年内实现独立管理。

第三节　评估与反馈

同学们常常会因为一句话而逃避、放弃做职业生涯规划——“计划赶不上变化”。职业生涯规划的最后一个部分“评估与反馈”正是为了应对在快速变化的自身和外部环境中，不断地对职业生涯规划进行调整。

一、职业生涯规划的评估

评估可以参照各类短期、中期预定目标和实际结果比照而行。一般来说，任何形式的评估都可以归纳为自我素质和行为对现实环境的不适应性判断，分析自己的情况。特别是针对变化的环境，找出偏差所在，并作出修正。

(一)职业生涯规划的评估内容

职业生涯规划的评估内容包括目标评估、职业生涯路线评估、实施策略评估及其他因素评估。

1. 目标评估(是否需要重新选择职业?)

假如一直无法找到我们所希望的学习机会和工作，那么将根据现实情况重新选择职业生涯目标；如果一直无法适应或胜任我们设计的职业生涯目标，在学习工作中得不到应有的发展，导致我们长期压抑、不愉快，我们将考虑修正和调整职业生涯规划。

2. 职业生涯路线评估(是否需要调整发展方向?)

当出现更适合自身发展和职业生涯发展的机会或选择，而原定发展方向缺少发展前景的时候。

3. 实施策略评估(是否需要改变行动策略?)

如果在其他地方可以找到一份令我和家人都十分满意的工作，就前往该地；如果无法在我工作的地方定居、工作，在征询父母意见后，我将考虑改变已定计划，前往它地；如果在已定区域和职业选择上实在得不到发展，我将考虑改变行动策略。

4. 其他因素评估(身体、家庭、经济状况以及机遇、意外情况的及时评估)

如果家庭需要更多的照顾，我将把更多的精力放在家庭上，甚至暂时放下工作；如果身体条件不可以，将放低对自己的职业要求。

(二)职业生涯规划的评估方法

职业生涯规划的评估方法主要包括反思法、调查法、对比法、求教法。

1. 反思法

对职业生涯规划实践的回顾，职业生涯规划中计划的学习实践达到了没有？学习上有什么收获？还有哪些问题？方法上有何体会？

【课堂练习】

推动你职业目标实现的积极因素：
(1)________________
(2)________________
(3)________________

阻碍你职业目标实现的消极因素：
(1)________________
(2)________________
(3)________________

能将积极因素最大化，将消极因素消除、最小化甚至转化为积极因素的行为：
(1)________________________________
(2)________________________________
(3)________________________________

对本年度目标的自我分析与评估：

____

2. 调查法

大学生生涯规划在每一近期目标实现后，对下一步的主观和客观环境、条件做些调查、分析，看看条件是否变化？哪些变好？哪些变坏？总体如何？要心中有数，然后，根据变化了的情况，恰如其分地修改下一步拟订的计划。

【课堂练习】

班主任评价：________________________________
辅导员评价：________________________________
父母评价：________________________________
同学评价：________________________________
自我评价：________________________________

3. 对比法

每个人都有自己追求的方法，所以在职业生涯规划时应多比、多想、多学、吸取别人科学的方法和对职业生涯规划的分析，往往有助于自己对职业生涯规划进行修改。

4. 求教法

自己应把职业生涯规划、主动公告于知己、学友，自我反省往往十分困难，但别人能从旁观者角度清楚地看到我们的弱点。虚心、主动、积极、经常地征求别人对自己计划的看法及修改意见，往往会使自己受益匪浅。

二、职业生涯规划的反馈

在职业生涯规划过程中，最后一个步骤是信息反馈。从这个意义上说，反馈调整就是一个再认识、再发现的过程。时时注意内外环境的变化，不断地审视自我，不断地调整自我，不断地修正策略和目标。这个过程就是反馈评估。它可以确保个人职业生涯规划的有效性。

职业生涯规划反馈的类型包括正式反馈、非正式反馈、绩效考评。

第一，正式反馈。大学的正式反馈通常是大学生的综合素质测评的反馈。从教育学的角度来界定，可划分为思想道德素质、智育素质、心理素质等。一般不同大学对学生素质结构的要求不同。但方法均为自评、互评、班评以及综评。学生最终可以知道自己哪些能力需要发展提高，从而改进。

第二，非正式反馈。非正式反馈，即大学生在日常学习工作交流中互相提供反馈信息。这种方式可以非常简单，由老师或者学生(朋友)对我们所存在的缺点或错误提出意见，还可以通过写感谢信，当众表扬或老师当面赞许等方式来传递正面的反馈信息。通过日常交流和非正式反馈，学生可建立起重要的人际交流渠道，为职业生涯规划进行正式反馈铺平道路。

第三，绩效考评。绩效考评可采用多种形式。有的大学生把考研当成自己近期最主要的目标；有的大学生想节省时间，学习第二学位成了他们的最好选择；还有的大学生准备毕业后踏入社会，因此为了给自己积累资本，各种职业证书就成了他们要攻克的难关，如英语四级和六级、国家计算机二级等专业证书；有的大学生选择加入学生会，并把学生会锻炼当成大学阶段必不可少的一门实践课。大学生可以根据自己不同的职业生涯目标，及时进行信息反馈，发现合格的大学生标准和条件，采取不同的管理方式，提高自身素质。

【课堂练习】

就近期做过的某个规划进行评估和反馈(表5.6)。

表5.6　近期规划评估和反馈表

阶段目标（预计结果）	实施结果	评估差距	分析差距产生原因	修正措施

【扩展阅读】

某某学生的职业生涯规划书

姓名：＊＊＊

性别：男

规划时间：2012～2020

学校：福州大学阳光学院

专业：11级综合班(金融学方向)

一、自我认识

(一)他人评价

• 家人：懂事、孝顺、阳光、帅气、志存高远、进退有度、处事果断，组织能力较强，能驾驭事物的进程。

• 老师：开朗、自信、独立，组织能力、语言表达能力和临场应变较强，责任心强。

建议：谦虚、谨慎、坚持很重要，自信必然会锋芒毕露，如何使自己不刺伤别人。望更为沉稳。

• 朋友：阳光，青春，内心始终保持着赤子之心。

• 同学：口语表达能力强，组织能力好，能够把具体事情分工到位，将事情有效率、有质量地落到实处。

分析：来自四个不同方向的评价基本一致，所以评价结果较为客观，也说明我个人在各方面的人格一致性。

提炼共有词汇：阳光、开朗、组织能力强、表达能力好、有责任心。

(二)DISC职业性格测试

属于支配型(D)和影响型(I)的职业性格。

Dominance—支配型/控制者

描述性词语：积极进取、争强好胜、强势、爱追根究底、直截了当、主动的开拓者、坚持意见、自信、直率。

Influence—影响型/活泼型/社交者

描述性词语：有影响力、有说服力、友好、善于言辞、健谈、乐观积极、善于交际。

分析小结：

支配型与影响型完美地融合，相互克服了二者的缺点。人际交往上给人强大的气场而又不失感召力。工作上以高效严格著称，同时又可以率领团队携手并进，身先士卒而又体恤同事。

(三)职业能力测试

最擅长的是组织管理能力、社会交往能力、运动协作能力。

(四)霍兰德职业兴趣分析

属于企业型，追求权利、权威和物质财富，具有领导才能。喜欢竞争、敢冒风险、有抱负。为人务实，习惯以利益得失及权利、地位、金钱等来衡量做事的价值，做事有较强的目的性。

喜欢要求具备经营、管理、劝服、监督和领导才能，以实现机构、政治及经济目标的工作，并具备相应的能力，如项目经理、销售人员、营销管理人员、政府官员、企业领导、法官、律师。

(五)职业价值观

工作中最重视的是成就感、智力刺激、社交关系。

较忽视的是舒适、管理、安全感。

(六)现有成绩(大一)

曾任2011级经济系辅导员助理
现任2011级综合班班长

组织领导能力：
- 商学系雷锋月活动主要策划者
- 参与“一二九表彰大会”等院级活动现场指挥

语言表达能力：
- 作为大一“新生代表”在开学典礼上发言
- 院运会开幕式主持人
- 经济系“雅舍大赛”主持人
- 院读书月活动主持人

获得荣誉：
- 军训优秀标兵
- 荣获“2011～2012 学年上半学期校运会先进工作者”
- 荣获“2011～2012 学年上半学期德育单项奖学金”

（七）评价小结

根据以上数据对自己的各方面进行如下总结：

积极进取、争强好胜、强势的性格特点适合做领导工作。能够发挥很好的模范争先作用。同时，友好、善于言辞、健谈、乐观积极的做人方式可以让我很好地处理同事与合作伙伴间的关系。

追求权威和物质财富，这使我的职业具有很强的目的性。职业兴趣指向企业型的岗位。

主动的开拓者、有影响力、有说服力，在学生工作中取得了一定成绩，享有良好口碑；应变能力强。在安排事务时有很强的掌控力，对于事务进展的把握性强，并且具有很好的紧急状况处理能力。

看重工作中的成就感，这是激励自己不断前进的动力，有利于保证对工作的热情。

二、职场分析

（一）职业分类（图 5-6）

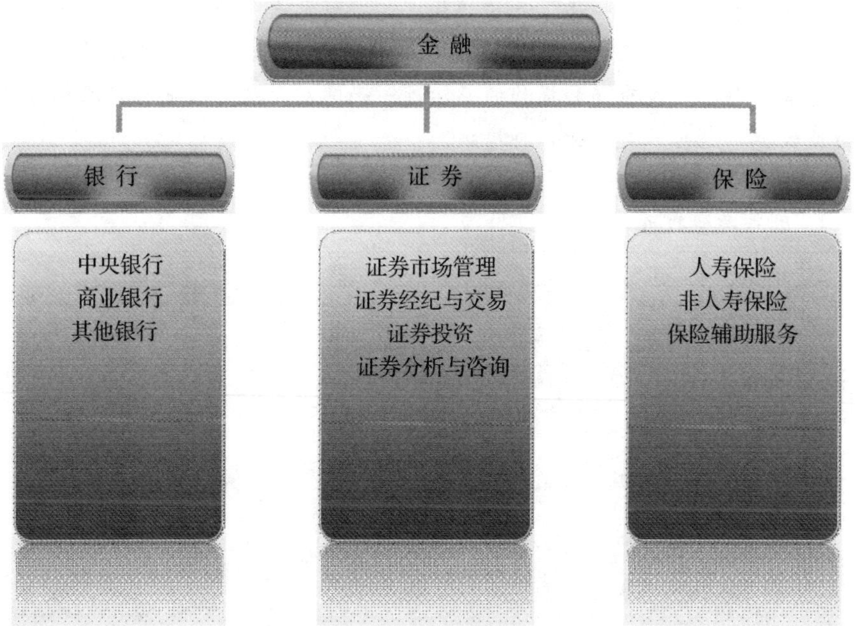

图 5-6　金融类职业分类图

其他金融活动：

金融信托与管理、金融租赁、财务公司、邮政储蓄、典当。

(二)SWOT 分析

S：金融业是现代社会的标志性产业。2006 年以来，我国金融改革发展面临新的形势，金融业处在一个重要转折期，也处在一个重要发展期。金融行业的人才缺口比较大。

W：金融市场结构发育不均衡，金融组织结构不健全，金融产品和业务结构不合理，经营同构化现象较为严重。内部存在恶性竞争的不良现象。对于大学生而言，金融专业扩招过快，金融从业者压力较大。

O：金融行业一直受国家宏观调控，整体稳定性强。经济的快速发展亟待与之相匹配的金融市场的形成。

T：我国的金融市场开发依然滞后，所谓“市场潜力”还有待于转化为现实。我们金融业发展程度距离发达国家水平差距是明显的，缩小这些差距还需要时日。

总结：

金融市场是把双刃剑的特点极为凸显。三大行业的发展趋势比较明了，但是内部秩序亟待完善。行业需要专业素养极强的一批人物来将市场规范化。

行业发展整体上呈快速上升的趋势，可以预见未来的就业需求依然较大。

需要强调的是，除三大行业外的其他金融活动日渐频繁。其针对社会底层小额游资，存在广阔市场和操作的灵活性。而其对于就业人员的要求相对于三大行业较低，也可以先就业，再培训。

(三)考研形势数据分析

1. 历年考研报表对比图(图 5-7)

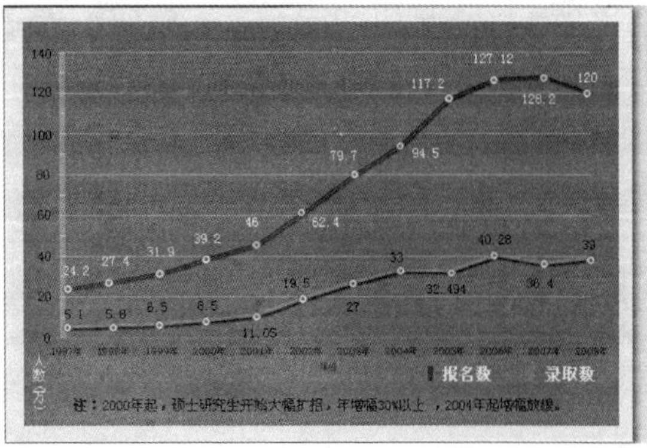

考硕年份	报名人数	录取人数	考录比例
1997	24.2	5.1	4.7:1
1998	27.4	5.8	4.7:1
1999	31.9	6.5	4.9:1
2000	39.2	8.5	4.6:1
2001	46	11.05	4.2:1
2002	62.4	19.5	3.2:1
2003	79.7	27	2.9:1
2004	94.5	33	2.9:1
2005	117.2	32.494	3.6:1
2006	127.12	40.28	3.2:1
2007	128.2	36.4	3.5:1
2008	120	39	3.0:1

图 5-7 历年考研报表对比图

2. 金融专业考研分析

2005 年有 134300 人报考金融学，在热门专业报考人数排名中位列第四。2006 年有 128000 人报考金融学，位列第三，2007 年排在第六位。近三年，金融类跃居前三。

2010 厦门大学金融类录取分数达到 387 分，反映出该专业的热门程度。考研形势不容乐观。

三、职业分析及目标制定

由决策平衡单结果导出了我的职业理想是：银行投资顾问。

(一)职业生涯访谈

访谈对象：浦发银行开封支行副行长高齐

东海证券投资顾问罗中培

广发证券投资顾问魏华琼

访谈重点摘要：

1. 你是如何看待该领域工作未来的变化趋势的?

前景广阔。在东部表现为客户投资金额的增大，中西部表现为客户群体的增多。

2. 采取工作行动和解决问题的自由度如何?

在发展客户群体时，公司会给你较大的操作空间。包括你能想到的一切，最大限度地为你的才能提供发展空间。对于客户的投资要多于客户交流，要根据不同的开户额度、不同的投资金额和风险投资能力来制定不同的投资策略。

3. 本工作的哪部分让你最满意？哪部分最有挑战性?

可以接触很多的人。从不同的人身上学到很多，学会处事之道，有很大的学习提升空间。

4. 你认为将来本领域出现的不利因素是什么 ?

同行业间的竞争。中国市场经济体制逐步完善，但行业内部的竞争不够规范化，也就是说存在恶性竞争。由于这方面的法律法规并不够完善，对于这一高利润的行业来说，有的人不择手段。

5. 对于一个即将进入该领域的人，你愿意提出特别建议吗?

关注时政。在学校要尽量多地学习知识。

脚踏实地。工作时要低姿态、高标准。

从采访中认识：

第一，银行业工作相对稳定。

第二，晋升机遇相对较大。

第三，需要高水平人才。

第四，在学校时，就要多关注时事。信息就是财富。

第五，初入行业要“低姿态、高要求”。

总结：在学习生涯中尽量充实自己，当然要家事国事天下事事事关心；工作后保持低姿态、高标准，做好基础工作，心怀高远。

(二)个人就业 SWOT 分析

S：第一，较高的专业知识，具备 CFA 证书的优势条件。

第二，丰厚的实习经历，对业务的基本操作熟知。

第三，大学期间从事社会工作，具备出色的交流、组织能力，有责任心。

W：第一，对于细节要求较高的工作不够耐心。

第二，争强好胜，易锋芒过露。

O：第一，金融市场逐步稳定，发展潜力大。

第二，国家经济高速发展，需良好的金融市场与之匹配。

第三，人才缺口依旧过大。

第四，东部地区新增较多经济试点区，政策性优惠引导金融市场快速发展。

T：第一，求职竞争更为强烈。

第二，金融公司的增加，市场竞争加强。

(三)目标制定

由 SWOT 分析推导出在大学期间要进行一下改进。

学习上：寻求高等学府深造，努力获取 CFA 证件。

性格上：打磨棱角，让自己更沉稳。

资历上：做好社会工作，丰富实习经历。

1. 短期(大学四年)

课业：大学要取得计算机二级、英语四级、英语六级、会计师从业资格证、CFA(注册金融分析师)一级证等证书。

工作：大二竞选团委办公室副主任。大三竞选团委副书记。

实习：大三之前至少到三家不同单位实习，要求跨领域。

2. 中期(研究生三年)

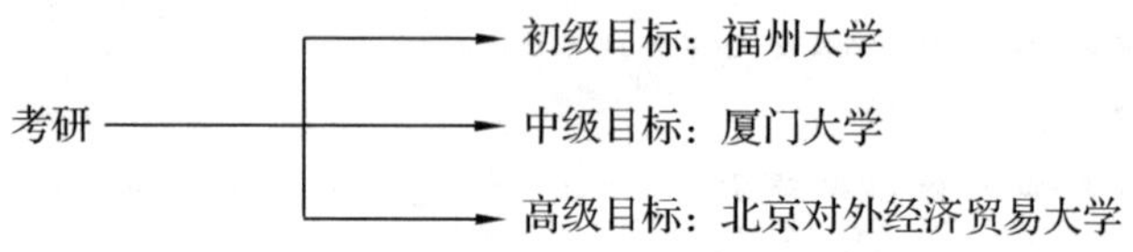

实习：在没有任何关系的地区咨询实习岗位。

3. 长期(工作后两年)

工作：毕业后进入一家商业银行。一年后升为助理客户经理。两年后升为客户经理。

考证：CFA 二级证书。

四、行动方案

(一)学习计划

通过学校课程安排，在大一下期通过计算机二级考试。

通过学校课程安排及课下单词背诵、习题练习，分别在大一下、大二上取得英语四、六级证书。

通过大一下期课程学习、大一假期实习和大二上期考试培训，在大二上期通过会计师从业资格证考试。

通过两年来专业课学习及课下自学，在大四下学期取得 CFA 一级证书。

(二)考研计划

大一：打好高等数学、线性代数的基础，尽可能扩充英语单词量。与大三学长多交流，学习经验。

大二：保证高数的温习。英语以六级为主。了解高校信息，多逛论坛。

大三：参加考研培训班。确定考研目标。

(三)实习规划

大一暑假：河南省某自动化有限公司实习会计，运用掌握基础会计能力。

大二暑假：浦发银行开封支行实习，熟悉了解理财业务。

大三寒假：浦发银行开封支行实习，独立处理客户理财服务。

大三暑假：河南省商品交易所实习，掌握期货交易基本操作。

研究生时期：在学校所在地，自寻实习岗位。

(四)工作规划

第一年：以完成自己任务为首要目标，做好每次考核。同时加强工作之余的专业深造。处理好与上级的人际关系，使自己成绩可以被看到。在一年后成为助理客户经理。

第二年：与已有客户紧密联系，在把握现有资源的情况下以此为跳板，发展更多的客户。借此在工作第二年成为高级经理。

五、评估反馈

(一)定时反馈

2013 年 6 月，结合赴台经历修订规划，审核英语六级考试、会计师从业资格证完成情况。

2014 年 1 月，总结专业课学习情况。着手研究生考试及 CFA 一级考试。

2015 年 3 月，审核研究生考试情况。安排实习工作。

2017 年 1 月，在此分析银行业就业形势，修订规划。

2020 年 1 月，对下一个人生十年做出规划。

（二）风险预案

风险一：考研失利。

风险预警：在 2013 年第一次反馈时对此风险作出分析评估。

风险预案：第一，若学分已达到一定的分数且学习压力不大，则准备申请提前毕业。参加 2014 年 1 月的研究生考试。如此，则所有计划提前一年。

第二，若学习、工作处理得当，则在大二一年巩固数学和英语的基础。同时课下加大对学习时间的投入。

第三，若学习、工作无法权衡，则在大三放弃所有社会工作，全身心投入学习，准备考研。

第四，若考研失利，则在 2014 年向原实习单位递交简历或在金融其他行业寻求就业岗位。着手准备 2015 年研究生考试。

处理原则：大三开始以考研为重。

风险二：CFA 一、二级考试未通过。

风险预警：2015 年、2017 年规划反馈。

风险预案：在大三下学期权衡考研和考证的时间投入。

处理原则：大学以考研为首要目标。研究生以考证为首要目标。

风险三：六年后市场剧变，职业需求剧降。

风险预警：2017 年反馈总结，对就业形势再次评估。

风险预案：第一，谋求高校继续深造。

第二，降低姿态进入“三大马车”之外的行业，寻求发展机遇。

第三，选择银行其他职位就职，积累经验、抽出工作时间考取 CFA 三级证书，寻求发展机遇。

处理原则：保证习得的知识不被荒废，目光长远。

风险四：工作中出现失误，未能按时晋升。

风险预警：无。

风险预案：第一，若为工作失误，主动承认错误，认真反思。推迟晋升计划一年，重新修订规划。

第二，若为人事公关失误，先与上级同级交流，积极补救。如果产生严重后果，则考虑外派职务或调派工作地。

处理原则：低姿态，高目标。心怀高远，脚踏实地。

【课堂练习】

根据所学知识，为自己制定一份科学合理的职业生涯规划书。

本章知识点总结

一、目标分解的分类(按时间分解和性质分解)，制定目标的方法——SMART原则，职业生涯规划路径的类型及路径图。

二、行动规划TAR度量法、行动规划的制作步骤(大学期间职业生涯规划的主要内容及规划图，制定职业生涯规划实施方案的具体方法)。

三、职业生涯规划评估的内容及方法，职业生涯规划反馈的方法。

第六章　就业形势与就业政策分析

【学习目的】

帮助学生正确地把握目前大学生就业形势，了解国家有关大学生就业的制度和政策，按照社会需求调整就业心理，确立就业期望，树立正确的择业观念和就业取向。

【案例导入】

小王大学毕业已经两年了，初进公司的热情已被烦琐的日常事务所代替。学国际贸易的她刚毕业找工作时，不知参加了多少招聘会，终于在投递了许多简历后，进入了这家合资企业做办公室文员。在众多的竞争者中能成功获得这份工作，当时还让小王高兴了很长时间。可两年来每天忙忙碌碌，已经没有刚到这个岗位的新鲜劲儿了，只剩下责任感和紧张感，总是担心一朝出错后果不堪设想。两年间，她觉得学到了许多东西，可都是一些皮毛，感觉就像一个打杂工，并且薪资也没有提升。在这儿继续工作吧，看不到发展前途，几年之后还会是一个小文员。想跳槽吧，不知道跳向哪里？两年前找工作的艰辛还历历在目，也不知道能不能找到像目前这样的工作。犹豫不决的小王陷入了进退两难的境地，对工作虽然还是兢兢业业，可内心已经厌烦到了极点。

第一节　大学生就业形势

一、大学生就业形势分析

(一)毕业生成为社会就业岗位的主要竞争者

近年来，我国毕业生一直面临着三峰叠加的就业局面，即毕业生数量、农村向城镇转移劳动力数量、社会下岗失业人员数量的高峰叠聚。社会就业岗位数量增长远赶不上就业规模的增长速度，就业市场供需矛盾突出。据有关部门的数据统计，全国城镇每年新增劳动力 1000 万人，加上 1400 万下岗失业人员，每年需要安排就业人员 2400 万人，而社会新增就业岗位约 900 万，每年劳动力供大于求的缺口为 1300 万人到 1400 万人左右。2007 年起，我国高校毕业生人数占当年新增加的就业岗位数的55%，超过社会新增就业岗位的半数，而且比重逐年增加，逐渐成为社会新增岗位的主要竞争者。

(二)毕业生就业从精英化向大众化转变

自2002年以来，我国高等教育毛入学率达到15%，已经进入大众化教育阶段，高校毕业生的就业也从精英化向大众化就业转变，即高校毕业生原先只是在传统的金字塔形分布的靠近高端精英层面的社会岗位就业，现在更多的毕业生在更为大众化的相对低的岗位层面就业，出现就业的岗位层面扩大、下移和分化的现象。这种现象的出现是高等教育发展过程中的必然，更是我国经济、社会进一步发展的必然，是新科技、新行业、新职位不断出现进而对从业人员素质要求不断提高的结果。

(三)毕业生就业的结构性矛盾存在

虽然我国的高等教育与发达国家相比，无论是从发展规模还是培养质量上看，都存在较大差距，但大学生仍然是我国劳动力资源中的宝贵部分。然而我国大学生就业却出现了很严峻的局面。数以百万计的大学毕业生失业，劳动力市场上出现了大量的岗位空缺与大量寻找工作的失业者并存的"结构性失业"现象。最典型的大学生"就业难"与"技工荒"并存的现象，反映了大学生就业结构性矛盾。一些大学生求职面临一定困难，而很多需要人才的地方和岗位又招不到合适的人才，出现"有人没事干，有事没人干"的现象。这种矛盾主要体现在以下三个方面。

第一，专业与社会需求存在结构性矛盾。许多毕业生所学专业陈旧，毕业生数量过大，社会没有相应的需求或需求量较小；而一些社会所需的专业却没有相应的毕业生。

第二，就业能力与社会需求存在结构性矛盾。就业能力是一种与职业相关的综合能力，是指大学毕业生通过学习和实践而获得的能够实现就业理想、满足社会需求、在社会生活中实现自身价值的本领。就业能力不仅指专业能力，而且涵盖了更广泛的个人整体素质。许多专家学者认为，当前大学生就业困难的原因在于就业能力不足。这些不足至少体现在三个方面：其一，用人单位认为大学生在专业知识、基础实践能力、知识拓展能力等方面难以满足企业的需求；其二，毕业生综合素质和基本能力不全面；其三，大学生在职业适应性的发展方面存在不少问题。

【案例分享】

农民工“用工荒”与大学生“就业难”

近年来，“用工荒”在沿海以及内陆城市都成了关注的焦点。一些企业手握订单，却招不到工人。据四川在线报道，在蜀都英汇人力资源市场、中国成都人才市场举行的两场针对大学生的招聘会上，两家人才市场共提供了7000多个就业岗位，吸引了超过1.1万名求职者入场。现场提供了文秘、行政管理、销售等大量适合大学生的工作岗位，但绝大多数学生忙活了半天，依然没有找到工作。

第三，就业期望值与社会提供的就业岗位存在结构性矛盾。毕业生就业期望值较高，理想与现实存在较大差距。表现在毕业生对自己估计过高，眼高手低；对薪水、福利待遇要求过高，却没注意自身的条件，导致用人单位不愿接受；对单位选择过高，看重国家机关、大单位等，对一些小企业不感兴趣，导致高不成低不就。在地区上，毕业生往大城市拥挤的现象突出；而西部不发达地区、少数民族地区和一些区县需求人才的数量大，但没有人愿意去。

(四)毕业生就业弹性系数偏低

所谓就业弹性，是指当影响经济增长的其他因素不变时，经济每增长1%所带来的就业增长率，也称就业弹性系数。改革开放以来，我国经济社会发生了翻天覆地的变化，就业形势也随之变化，由于我国产业结构中劳动力密集、就业弹性系数大的第三产业比例偏小，整体经济的就业弹性系数偏低，因此经济增长所带来的岗位增加极为有限。原因在于：首先，我国在经济增长的同时大力提倡优化结构，使得一些产业、一些地区选择了资本密集型，即以资本投入替代劳动投入的增长经济方式，因而能吸纳较多劳动力的劳动密集型产业所占的比例逐渐减少，限制了就业机会的增长。其次，我国中小企业和民营企业还未真正成为吸纳大学生就业的主力军。最后，我国的第三产业发展不充分，有很多的第三产业，如金融业、保险业、交通运输业、邮电通信业、电影电视业等对高素质人才需求较大，且就业弹性也较大，却存在很多进入壁垒，限制了对大学生劳动力的需求。

二、大学生择业与择业观

择业，简单地说，是指大学毕业生在面对两个或两个以上就业机会时作出自我选择的过程。

大学生的择业观，是指大学生在择业过程中对选择某种社会职业的认识、评价、态度、方法和心理倾向等基本观点，是大学毕业生对于择业的目的、意义比较稳定的根本看法和态度的体现，是大学毕业生世界观、人生观、价值观在就业问题上的反映。

(一)当前形势下的大学生择业观

从总体上看，当前大学生择业观的积极因素是主要的，能自觉地把个人前途与国家命运结合起来，参与就业竞争的意识明显增强，但同时也表现出很多消极的方面。

1. 择业定位不明确，受外部影响较大

有相当一部分大学毕业生对自己的择业目标不能作出明确的定位，对自己能干什么、应该干什么缺乏清醒的认识，就业受家庭、同学的影响较大。在择业时，不是选择适合自己、有利于自身发展的职业，而是与同学进行盲目的攀比，这在一定程度上造成了择业上的盲目性。

2. 淡化社会价值，缺乏社会责任感

人生价值的实现是社会价值和自我价值的辩证统一。目前，一些大学生在择业时只是单纯地重视自我价值的实现和自我发展，把个人眼前的兴趣、爱好放在首位，不能主动适应社会需要使自己选择的职业与社会需要相吻合，对积极服务基层、自主创业回应不够。

3. 择业期望值过高

大学生在择业过程中，希望得到一个收益好、能满足自身需要并有利于自身发展的工作是可以理解的，但择业期望值过高，较少考虑自身的工作能力和素质，过分追求经济条件好、生活环境舒适、工资收入高的发达地区，这不但缩小了择业的选择余地，而且导致择业价值观的扭曲，从而不利于人生价值的实现。

4. 主动择业意识还很薄弱

在当前“双向选择、自主择业”的情况下，一部分大学生缺乏主动择业、积极参与就业市场竞争的意识，存在着“等岗位、靠父母”的现象。甚至个别人认为择业与自己无关，毕业后就业是学校和家长的事情。缺乏择业的主动性，必将导致就业机会的错失。

5. 一次就业定终身的思想还在相当一部分大学生中存在

不少大学生认为选定了职业就会干一辈子，所以在择业时慎之又慎，在签约时经常出现犹豫不决的现象。当前的社会条件下，职业流动性日益突出，过去那种一次就业定终身的现象很大程度上已经不复存在，选择一份职业，未必就会永远从事这份职业，确定的只是多增加了一份经历。

(二)转变就业观念，树立正确的、科学的择业观

1. 从“精英”向“大众”的转变

2004年，我国高等教育毛入学率超过19%，进入了国际公认的高等教育大众化发展阶段。2005年高等教育入学总人数超过2300万人，毛入学率超过21%，高等教育快速发展，较好地满足了人民群众接受高等教育的愿望。高等教育由精英教育向大众化教育推进，大学生就业模式必然由精英教育阶段所形成的毕业生就业模式向大众化教育阶段所形成的毕业生就业模式转变。

在精英教育阶段，由于高等教育是稀缺资源乃至社会特权，受教育者的地位必然增高，被称为“天之骄子”，就业实行“统包统分”的就业模式。精英教育条件下形成的思维定式，把高等教育的作用认定为培养精英人才，没有把高等教育定位为素质教育的重要组成部分，持精英教育阶段就业观念的人仍抱有传统的“学而优则仕”的观念，认为毕业不能找到一个声望好、待遇高的工作，仿佛就是个人事业的失败，认为大学生享受国家干部待遇，高等教育培养的人才就应该从事高级、专门性质的工作，就业期望值过高。

而在大众化教育阶段，由于接受高等教育将成为相对多数人的权利，上大学不再需要“千军万马过独木桥”，大学生也不再被称为“天之骄子”，大学生就是普通老百姓，大学培养的是普通劳动者，大学毕业生的就业同普通老百姓找工作一样，不存在照顾、包统的问题，“双向选择，自主择业”的就业模式是目前就业的主要形式。因此，大学生的就业观念也应该由精英就业的观念转变为大众就业的观念。大学生也要作为一名普通的劳动者，从事普通劳动者所从事的工作。社会中的各行各业都需要大学生，既有大学生毕业去当工人，也有大学生毕业去做个体经营，只要是大学生通过诚实劳动来为社会创造价值，来实现自己的价值，就是现在社会所倡导的。劳动者的素质普遍提高了，社会才能更好地发展。

2. 从“城市”向“基层”的转变

当前，一方面，高校毕业生就业面临着一些困难和问题；另一方面，广大基层特别是西部地区、艰苦的边远地区和艰苦行业以及广大农村还存在人才匮乏的状况。一些县市能提供比城市好得多的工作和待遇，但很多大学生还是不愿去。十几年寒窗苦读，好不容易来到大城市，又要回到县市，心里觉得憋屈，认为走向基层以及中小城市是“没有办法的事”。实际上，基层的天地广阔，蕴藏着无数的机会，中国有70万个行政村，加上基层社区以及其他的基层就业岗位，似乎能够提供不可小觑的大学生就业机会。在现实生活中，村民委员会主任、书记，乡镇以上的国家各级公务人员都应由受过高等教育的人来

担任，农村种植业、养殖业、家庭农场的主办人，乡镇企业、区街工业、个体企业的管理和技术人员也应该由受过高等教育的人来担任。随着民众素质的普遍提高和大学生人数的增加，可能过去由高中或中专生从事的职业逐渐要由大学生来担任。就业层次下移，这种“高才低就”的现象从个人讲可能暂时感到委屈，但这是社会不断进步的表现。

大学生完全可以把到基层就业视为创业的起步、成才的开始，通过了解国情民意，积累经验，增长才干。“大学生应该将就业的姿态放‘低’，将人生的目标抬‘高’，在城市就业已趋于饱和的情况下，选择到基层就业是理性的、现实的。”大学生到基层，特别是行政村，有利于农村的经济建设，也有利于锻炼自己。大学毕业生要根据劳动人市场的需求，找到自己的位置和发展空间，实现自己的人生价值。

3. 从“公有”单位向“非公有”单位转变

在传统的职业观念影响下，人们都希望到政府机关、事业单位或国有大企业谋职、发展，而不愿意到集体企业或民营企业求职发展。从表面上看，大学毕业生愿意去什么单位就业是无可厚非的。但是，在目前和今后的一段时间内，政府机关、科教文卫事业单位、科研院所、大型三资企业由于多种原因，吸纳大学毕业生的能力是有限的，很难大量接收大学毕业生就业。

随着改革开放的深入，民营企业的数量和规模发展迅速，人们的就业观念也发生了深刻的变化，大学生的就业倾向越来越向“非公有”单位转变。从人才市场、职介中心的招聘统计情况来看，民营企业设摊招聘的比重最高，求贤若渴的态度非常明显。以前大学生到民企就业总是顾虑重重，担心民营企业规模小，经营管理水平低，个人没有发展前途；怀疑民营企业管理不规范，福利待遇没有保障；还害怕民营企业工作不稳定，办公环境差。而现在的民营企业发生了重大变化，特别是沿海发达地区的民营企业发展非常迅速。人才市场的薪资调查表明，民营企业的收入水平甚至已和三资企业不相上下，民企灵活的用人机制和激励手段为人才创造了比在其他单位更好的个人发展空间。随着社会养老保险、失业保险、住房公积金制度的建立和完善，在民企工作也不用担心五金交纳等个人保障问题。

4. 从“专业对口”向“通用人才”的转变

很多大学生就业时特别强调要专业对口，认为大学花费了几年时间所学的专业是自己的生存之本，如果离开了自己所学的专业而选择其他行业，那就白白浪费了大学的时间，专业情结依然影响着求职的心理。实际上大多数用人单位招聘人才的标准是：注重应聘者的个人能力和综合素质，至于专业是否完全对口，并不过分计较。现代社会分工越来越细，在校期间所学专业知识与现实需要难以完全吻合，求职过程中如果过分强调专业对口则难以找到合适的职业。一个具有开拓精神的毕业生应看重行业的发展前景，并及时调整自己的择业方向，勇于选择与自己所学专业相近或相关的职业。

5. 从“被动就业”向“主动就业”转变

“被动就业”等于坐等失业。在高等教育大众化的就业背景下，大学生就业形势“吃紧”，不少职业岗位都出现了“饱和”现象，如果就业，要么淘汰别人，要么就另辟路径，坐、等、靠、要的时代已经一去不复返。物竞天择，适者生存，竞争获胜，将永远是市场经济下职业选择不变的游戏规则。所以要就业，不能没有竞争的意识和主动参与的观念，不能一味地坐、等、靠、要，而主要靠“争”，不“争”就没有工作，就等于失业。

6. 树立先就业后择业的观念

现在一次就业定终身的观点已经无法顺应社会的潮流。毕业生要学会在变动中求生存、求发展。近年来，人事代理制度不断完善，毕业生选择把档案直接放在人才市场作委托代理，一方面解决了毕业生的后顾之忧，另一方面也为毕业生流动就业创造了条件。

【课堂练习】

结合本节内容，谈谈对“我们并不总是能够选择我们自认为合适的职业；我们在社会上的种种关系，还在我们能够对他们发生决定性影响之前，就已经在某种程度上被确定了”这句话的理解。

第二节　就业登记与派遣

一、就业登记

就业登记是毕业生就业的一项重要的基础性工作，也是了解、跟踪毕业生就业状况的重要手段。

（一）就业登记范围

按照国家普通高等学校招生计划和研究生招生计划招收的具有学籍，并于2013年毕业的本、专科（高职）生和非在职研究生。

（二）就业登记办法

各院校、省属人才服务机构在进行就业登记时，应当认真审核毕业生与用人单位签订的《就业协议书》各条款、项目，确认填写内容准确规范后，在公共网就业登记页面上规范填写就业类型、就业去向、单位主管部门或人才服务机构、单位隶属、单位类别、单位所在区域代码、档案寄存单位、档案转寄地址等必填字段。对《就业协议书》填写不符合规定要求的，应要求用人单位和毕业生更正或重新签订；对不符合毕业生就业有关政策规定的，将不予办理就业登记审核和报到证签发手续。

1. 就业登记类型

以福建省2013年就业登记为例。2013年，福建省高校毕业生就业登记类型分为以下九类：A类(已签约)、B类(有接收函)、C类(定向委培)、D类(灵活就业)、E类(升学)、F类(出国出境)、G类(国家地方项目)、I类(暂不就业)、J类(待就业)。其中，D类(灵活就业)毕业生在毕业离校时应填写《福建省普通高校毕业生自主创业、灵活就业登记表》，登记表由所在高校备案，作为就业统计和就业工作评估抽查的依据。中等职业学校毕业生就业登记类型分为以下五类：A类(已签约)、B类(有接收函)、C类(升学)、D类(出国出境)、E类(待就业)。

2. 关于单位类别和区域代码

为准确统计毕业生就业方向，各院校对单位隶属、单位类别不清楚的，可向用人单位或当地政府人事部门咨询、确认，不能选择"其他"。各院校在填写单位所在区域代码时，应统一填写至县(市、区)一级代码。

3. 关于派遣方向

公共网初始默认所有毕业生的就业类型为"待就业"，学校在就业登记时应根据毕业生的实际就业情况填写。第一，未落实就业单位的毕业生，省内生源的，就业类型应选择为"待就业"，就业去向登记为生源所在地县(市、区)公务员局；省外生源的，就业类型应选择为"待就业"，按生源所在地省级毕业生就业主管部门要求登记派遣方向。第二，已落实到省直和中央在闽单位就业的，就业去向登记为用人单位主管部门或省属人才服务机构。第三，已落实到福建省各设区市综合实验区就业的，就业去向登记为各设区市公务员局、平潭综合实验区人事部门。第四，已落实到省外单位就业的，按照各省(自治区、直辖市)毕业生就业主管部门要求登记就业去向。

4. 关于基层项目

参加国家和地方服务基层项目的毕业生，单位隶属统一登记为设区市属；单位类别除"大学生志愿服务西部计划"登记为"国家基层项目"外，"三支一扶"计划、选调生计划、大学生村官计划、高校毕业生服务社区计划、大学生志愿服务欠发达地区计划等服务基层项目，单位类别统一登记为“地方基层项目”。就业去向和单位名称按以下登记：第一，“三支一扶”计划就业去向登记为服务地县(市、区)“三支一扶”办，单位名称登记为参加“三支一扶”计划；第二，选调生计划就业去向登记为服务地设区市公务员局，单位名称登记为“选调生”；第三，“大学生村官计划”就业去向登记为服务地设区市公务员局，单位名称登记为“大学生村官计划”；第四，“服务社区计划”就业去向登记为服务地县(市、区)公务员局，单位名称登记为“福建省高校毕业生服务社区计划”；第五，大学生志愿服务欠发达地区计划就业去向登记为服务地县(市、区)公务员局(人事局)，单位名称登记为“志愿服务欠发达地区”；第六，省内生源“大学生志愿服务西部”计划就业去向登记为生源所在地县(市、区)公务员局，省外生源“大学生志愿服务西部”计划就业去向登记为生源地省级毕业生就业主管部门，单位名称统一登记为“志愿服务西部计划”。

5. 其他特殊类型就业

第一，被接收为人才储备的毕业生，就业类型登记为已签约，并在备注栏备注“人才储备”，但不列入就业率统计范畴；第二，签订服务协议被聘用为“科研助手”的毕业生，就业类型登记为有接收函；第三，自主创业的毕业生，就业类型登记为灵活就业，并在备注栏备注“自主创业”；第四，被确定为预征兵对象的毕业生，就业类型登记为有接收函，并在用人单位栏注明“预征对象”；第五，参加见习计划的毕业生，就业类型登记为有接收函，并在用人单位栏注明“见习计划”。

(三)就业登记常用表格(表 6.1、表 6.2、表 6.3)

表 6.1　福建省普通高校毕业生自主创业、灵活就业登记表

学校名称：　　　　　　　编号：

<table>
<tr><td>姓　名</td><td colspan="2"></td><td>性　别</td><td colspan="2">□男　□女</td></tr>
<tr><td>入学前户口所在地</td><td colspan="5">省(区)　市(州)</td></tr>
<tr><td>所获学历</td><td colspan="5">□专科(高职)　□本科　□硕士　□博士</td></tr>
<tr><td>所学专业</td><td colspan="5"></td></tr>
<tr><td rowspan="2">离校后
联系方式</td><td>手机</td><td colspan="2"></td><td>固定电话</td><td></td></tr>
<tr><td>QQ 号</td><td colspan="2"></td><td>E-mail</td><td></td></tr>
<tr><td>灵活就业方式</td><td colspan="5">□自主创业　□灵活就业</td></tr>
</table>

续表

自主创业情况	□已办理了创办公司手续 □正在办理创办公司手续之中 □自主创业地__ 省(区)__ 市(州)__ 县 □公司名称：__________(必填) 本人保证以上填写信息完全真实 毕业生签名： 填表时间： 年 月 日
灵活就业情况	□作家 □自由撰稿人 □翻译工作者 □中介服务工作者 □艺术工作者 □其他：__________(必填) 本人保证以上填写信息完全真实 毕业生签名： 填表时间： 年 月 日

说明：

1. 所有自主创业、灵活就业的毕业生离校前必须填写本表。本表可从公共网(www.fjbys.gov.cn)“下载中心”下载。

2. 学校可以在基本信息项的基础上适当增加内容和项目。

3. 本表作为毕业生就业方案审核和就业派遣的依据。

4. 学校应妥善保管本表并注意保密，保存期限一年。

表 6.2 离校未就业高校毕业生信息登记表

姓 名		性 别		民 族		
公民身份号码						
毕业院校			毕业日期		年 月 日	
学 历	1. 博士 2. 硕士 3. 本科 4. 专科 5. 其他		所学专业			
入学前户口所在地	省 市 县(区)					
电子邮箱			手 机			
邮 编		QQ		固定电话		

续表

困难状况	1. 零就业家庭 2. 家庭经济困难 3. 残疾 4. 不属于困难情况
就业地意向(单选，请选一项)	1. 准备到外地就业 2. 准备在本地就业 3. 不确定 (按生源地统计，具体到设区市)
就业城市意向(单选)	1. 福州 2. 厦门 3. 漳州 4. 泉州 5. 莆田 6. 三明 7. 南平 8. 龙岩 9. 宁德 10. 平潭
就业意向 (可选多项)	1. 准备考公务员 2. 准备考事业单位 3. 准备到企业就业 4. 准备创业 5. 准备参加基层项目 6. 准备应征入伍 7. 准备升学 8. 准备出国 9. 自愿暂时不就业 10. 其他
就业服务需求(可选多项，自愿暂时不就业的不用填写)	1. 政策咨询 2. 职业介绍 3. 职业指导 4. 就业见习 5. 职业培训 6. 职业技能鉴定 7. 创业培训 8. 创业指导 9. 公益性岗位 10. 其他
就业去向 (日后根据回访结果填写)	1. 党政机关 2. 事业单位 3. 国有企业 4. 非国有企业 5. 自主创业 6. 社区岗位 7. 基层项目 8. 科研助理 9. 灵活就业 10. 部队 11. 就业见习 12. 职业培训 13. 升学出国 14. 自愿暂时不就业 15. 其他

表 6.3 离校未就业离校毕业生信息汇总表

序号	姓名	性别	民族	公民身份号码	毕业院校	毕业日期	学历	所学专业	入学前户口所在地	电子邮箱	手机号码	邮编	QQ	固定电话	困难状况	就业地意向	就业城市意向	就业意向	就业服务需求	就业去向(回访结果)
1																				
2																				
…																				

汇总表填写说明：

汇总表用来汇总表6.2(信息登记表)的信息，每行填写一条实名登记信息。填写要求如下。

(一)姓名、性别、民族、公民身份号码需与个人有效居民身份证记录一致。

(二)毕业学校和所学专业指高校毕业生学历证书上记载的毕业学校和专业，以国家认可的学历证书的内容为准。

(三)毕业日期指高校毕业生学历证书的发放日期，包括年、月、日，表示方式为YYYYMMDD(如20120713)，以国家认可的学历证书的内容为准。

(四)学历请填写最高学历，具体包括：1. 博士研究生 2. 硕士研究生 3. 大学本科 4. 大学专科 5. 其他。请从以上选项中选择一项，并将其序号填入表中。

(五)入学前户口所在地指高校毕业生入学前户口所在地址，请填写对应的行政区划代码。具体代码分类参照GB/T 2260－2007《中华人民共和国行政区划代码》。

(六)电子邮箱、邮编、手机号码、QQ、固定电话请如实填写。

(七)困难状况包括零就业家庭、家庭经济困难、残疾、不属于困难情况。请从以上选项中选择，如果符合有多项选择，则将多项的序号依次填入。

(八)就业地意向包括准备到外地就业、准备在本地就业、不确定。请从以上选项中选择一项，并将其序号填入表中。

(九)就业城市意向包括福州 、厦门、漳州、泉州、莆田、三明、南平、龙岩、宁德、平潭。请从以上选项中选择一项，并将其序号填入表中。

(十)就业意向包括准备考公务员、准备考事业单位、准备到企业就业、准备创业 、准备参加基层项目、准备应征入伍、准备升学、准备出国、自愿暂时不就业、其他。请从以上选项中选择，并将其序号填入表中。如果有多项，则将多项的序号依次全部填入。

(十一)就业服务需求包括政策咨询、职业介绍、职业指导、就业见习、职业培训、职业技能鉴定、创业培训、创业指导、公益性岗位、其他。请从以上选项中选择希望接受的就业服务类型，并将其序号填入表中。如果有多项，则将多项的序号依次填入。例如，希望接受政策咨询和职业介绍服务，则在表中该栏目内填写“12”，如果希望接受所有服务，则填写“123456789A”。“就业意向”为“自愿暂时不就业”的不用填写。

(十二)就业去向(回访结果)包括党政机关、事业单位、国有企业、非国有企业、自主创业、社区岗位、基层项目、科研助理、灵活就业 、部队、就业见习、职业培训、升学出国、自愿暂时不就业、其他。请从以上选项中选择一项，并将其序号填入表中。

二、调配派遣规定

调配派遣对象为：国家计划招收的非在职毕业研究生、国家计划招收的普通高等学校毕业生和结业生、国家计划招收的普通中等专业学校毕业生以及国家计划招收的为地方培养的军队院校毕业生。

地方主管毕业生调配部门和高等学校按照国家下达的就业计划派遣毕业生。派遣毕业生统一使用报到证，报到证由教育部授权地方主管毕业生就业调配部门审核签发。

学校要根据毕业生就业计划、协议，结合毕业生的具体情况，认真拟订毕业生派遣方案。派遣方案经省毕业生分配部门批准后才能实施。

截至学校上报派遣方案时，对尚未落实工作单位的国家计划招收的高校毕业生，派回其家庭所在地市、县，由当地政府人事部门负责，帮助其继续落实工作单位。

对修业期满、未取得毕业资格的研究生及本、专科生国家不负责安排工作，本年度内落实接收单位的，可予派遣，但必须在报到证上注明“结业”字样。

攻读硕士、博士学位，因故未完成学业的肄业研究生，自学校批准退学之日起，半年内落实接收单位的，可申请予以派遣，超过半年没有接收单位的，由学校按学籍管理的有关规定处理。

报批毕业生派遣方案之前，学校需对学生能否取得毕业资格作出确认。对有病不能坚持正常工作的毕业生不得派遣，让其回家休养。一年内治愈的(需经学校指定县级以上医院证明能坚持正常工作的)可以随下一届毕业生就业；一年后仍未治愈或无用人单位接收的，户口关系和档案材料转至家庭所在地，按社会待业人员办理。

毕业生派遣中出现特殊情况需要调整改派的，按下列原则办理：因家庭发生不可预知的困难.需照顾回家庭所在地就业的；符合国家、省有关就业政策导向，流向合理的；国家政策照顾对象，情况发生变化的；接收单位因不可抗拒原因，无法接收毕业生的；毕业生就业主管部门下达调整分配计划的；用人单位因情况发生变化，致使毕业生不能学以致用的；其他经批准的。

对因原定向、委培单位倒闭、撤销、被兼并和本人家庭发生特殊困难等个别特殊情况，不能回原定向、委培、地区、单位工作的毕业生，经省毕业生就业主管部门批准，在取得原定向、委培地区、单位同意，并按规定交清培养费后，按自费生处理，就业范围原则上在原定向、委培单位所在地或家庭所在地。

各市毕业生就业主管部门负责本市管理范围内的调整；跨市、跨省调整的毕业生凭有关证明材料，报省毕业生调配部门办理改派手续。

毕业生调整改派需在一年内办理，逾期不再办理有关调整改派手续。毕业生就业后的调整按在职人员有关规定办理。

第三节　就业政策

一、我国现行的大学生就业政策

我国大学生就业政策不断深入完善：2002 年国务院办公厅转发了由教育部、公安部、人事部、劳动保障部联合下发的《关于进一步深化普通高等学校毕业生就业制度改革有关问题意见的通知》(国办发[2002]19 号文)、2003 年国务院办公厅《关于做好 2003 年普通高等学校毕业生就业工作的通知》(国办发[2003]49 号文)、2004 年国务院办公厅《关于做好 2004 年普通高等学校毕业生就业工作的通知》(国办发[2004]35 号文)、2005 年中共中央办公厅和国务院办公厅颁发了《关于引导和鼓励高校毕业生面向基层就业意见的通知》(中办发[2005]18 号文)。通过一系列文件，我国现行的大学生就业政策具体归纳为：国家计划统招毕业生在国家政策规定的时间和范围内一般通过供需见面、双向选择、自主择业的方式落实就业单位；逐步实现“建立市场导向、政府调控、学校推荐、学生与用人单位双向选择”的就业机制；定向和委培的毕业生按合同就业。

(一)现行的大学生就业方针

目前，我国的大学生就业方针如下：劳动者自主择业，市场调节就业，政府促进就业，国家采取措施，鼓励和引导大学生到边远地区、西部地区、艰苦行业和国家急需人才的地方去建功立业。

(二)现行的大学生就业管理体制

由政府主管领导牵头、有关部门参加的领导协调机构，统筹做好高校毕业生就业工作。这是根据新的就业形势和任务提出的一个新的体制，为做好高校毕业生就业工作提供了重要的组织保证和体制保障。

(三)大学生就业的服务保障体系

大学生就业的服务保障体系主要包括毕业生就业指导和服务体系、劳动关系调整体系、职业技能开发体系、社会保障服务体系、宏观调控体系、法律法规体系等。

二、鼓励大学生基层就业的政策

(一)大学生“三支一扶”政策

1. 大学生“三支一扶”政策简介

大学生“三支一扶”，是指大学生在毕业后到农村基层从事支农、支教、支医和扶贫工作。计划的政策依据是国家人事部2006年颁布的第16号文件《关于组织开展高校毕业生到农村基层从事支农、支教、支医和扶贫工作的通知》，其目的在于为高校毕业生向基层单位落实就业问题提供具体的指导和保障。

2. 落实方式

公开招募、自愿报名、组织选拔、统一派遣。2006年起连续5年，每年招募2万名高校毕业生，主要安排到乡镇从事支教、支农、支医和扶贫工作。

3. 实施过程

每年4月底前，各地收集、汇总、上报乡镇一级教育、农业、卫生等基层岗位需求信息。5月底前，各地根据下达的招募计划，采取考核或者考试的方式公开招募。7月底前，派遣“三支一扶”大学生到服务单位报到。

4. 服务时限

一般为2～3年，工作期间给予一定的生活补贴。工作期满后，自主择业，择业期间享受一定的优惠政策。

5. 就业服务及优惠政策

工作期满后，如原基层服务单位有工作空缺，要优先考虑“三支一扶”人员，所在县、乡的企事业单位如有职务空缺，也要拿出部分职务吸纳该部分毕业生。

对于准备自主创业的人员，可享受行政事业性收费减免、小额贷款担保和贴息等有关政策。

服务期满且考核合格的“三支一扶”毕业生可以享受一定的政策加分或同等条件优先录用。

到西部地区和艰苦边远地区服务2年以上，服务期满后3年内报考硕士研究生，初试总分加10分，同等条件下优先录取。

服务期满考核合格的“三支一扶”大学生，根据本人意愿可以回到原籍或到其他地区工作，凡落实了接收单位的，接收单位所在地区应准予落户 。

进入国有企事业单位时，由接收单位按照所任职务比照同等条件人员确定其职务工资标准，其服务期限计算为工龄，在今后晋升中高级职称时，同等条件下优先评定等。

6. 经费保障

“三支一扶”计划所需各项经费由财政安排专项经费予以解决。其中，到30个经济欠发达县服务的生活、交通补贴和保险费用，由省、市、县(市、区)财政按5∶3∶2的比例负担；到其他市、县(市、区)服务的生活、交通补贴和保险费用，由所在市、县(市、区)财政负担，省财政将通过不断加大转移支付力度对财政困难县予以支持。“三支一扶”大学生的体检和培训费用由省财政负担，工作经费由各级财政负担。

(二)大学生“服务西部”政策

1. 大学生“服务西部”政策简介

“大学生志愿服务西部计划”是由共青团中央、教育部、组织部门、人事部门于2003年根据国务院有关要求共同组织实施的。计划从2003年开始，按照公开招募、自愿报名、组织选拔、集中派遣的方式每年招募一定数量的普通高等院校应届毕业生，以志愿服务的方式到西部贫困县的乡镇从事为期1～2年的教育、卫生、农技、扶贫以及青年中心建设和管理等方面的工作。

2. 主要服务地

西部计划的服务地主要是内蒙古、广西、重庆、四川、贵州、云南、西藏、陕西、甘肃、青海、宁夏、新疆西部12个省(区、市)，加海南省、新疆生产建设兵团及湖南湘西州、湖北恩施州、吉林延边州部分地区贫困县的乡镇。

3. 就业服务及优惠政策

志愿者服务期间中央财政给予一定补贴。服务单位为志愿者提供住宿等必要的生活条件。

服务期间计算工龄，党团关系转至服务单位。本人要求户口和档案保留在学校的，按规定保留两年，在此期间，档案管理机构对保管其档案免收服务费用；本人要求将户口转回入学前户籍所在地的，公安机关按照规定为其办理落户手续。人事、教育部门所属人才交流机构负责办理相关手续，人事部门所属人才交流服务机构免费提供人事代理服务。服务期满落实工作单位后，公安机关按有关规定办理户口迁移手续。

服务期间可兼职或专职担任所在乡镇团委副书记、学校及其他服务单位的管理职务。

服务期满考核合格的，报考研究生给予加分，在同等条件下，优先录取，具体规定在当年的研究生招生政策中予以明确。

服务期满考核合格后报考党政机关公务员的，可适当加分，同等条件下，优先录用，具体规定由省级公务员考试录用主管机关在当年招考中予以明确。

(三)大学生“村官”政策

1. 选聘对象

选聘对象为30岁以下的全日制普通高校专科以上学历的毕业生，重点是应届毕业生，原则上为中共党员(含预备党员)和优秀团干部、优秀学生干部，或经学校推荐的其他大学毕业生。

2. 选聘的基本条件

思想政治素质好，组织纪律观念强，服从分配，踏实肯干，志愿到农村基层工作；

有一定的组织协调能力和较强的语言表达能力；

学习态度端正，学业成绩良好；

身体健康，符合规定的体检要求。

3. 选聘去向和任职

对选聘的大学生，由市(州)委组织部按照回原籍县(乡、村)和“就近”原则，结合所学专业，分配到县(市、区)，重点派往有一定工作基础的经济薄弱村、工作后进村(省定整村推进扶贫开发重点贫困村)。大学生村官为“村级组织特设岗位”人员，选聘后全部安排到村任职，属中共正式党员的，一般安排担任村党组织书记助理职务；属共青团员的，可兼任村团组织书记、副书记职务。

4. 待遇、保障政策

中央财政按人均2000元发放一次性安置费。

工作、生活补贴按月发放，补贴资金由中央和地方财政共同承担(市、区、县是否另行补贴，由各地结合实际确定)。

办理养老、医疗、工伤等社会保险，费用(除个人应缴部分)由地方财政支付，每人每年200元。

符合国家助学贷款偿还政策规定、聘期考核合格的，在校期间的国家助学贷款本息由国家(中央或县级财政)代为偿还。

在村任职2年以上，具备“选调生”条件和资格的，经组织推荐，可参加选调生统一招考。

聘期工作表现良好、考核合格的，报考研究生享受增加分数等优惠政策，同等条件下优先录取。

任职2年后报考党政机关公务员和事业单位工作人员的，享受放宽报名条件、增加分数等优惠政策，同等条件下优先录用。招考公务员、“选调生”和事业单位工作人员，安排一定比例专门面向大学生村官，县乡机关公务员应重点从大学生村官中招录。

被党政机关或企事业单位正式录用后，在村任职工资时间可计算工龄、社会保险缴费年限。

到贫困县等艰苦地区农村任职的，户口可留在户籍所在地。

三、大学生就业相关配套的政策

(一)鼓励大学生自主科技创业相关政策

积极鼓励大学生进行自主科技创业，为创业者提供相应政策优惠，也是近年来国家关于大学毕业生就业政策中的一个重要内容。在《国务院办公厅转发教育部等部门关于进一步深化普通高等学校毕业生就业制度改革有关问题意见的通知》(国办发[2001]19)中明确规定：“鼓励和支持高校毕业生自主创业，工商和税收部门要简化审批手续，积极给予支持。”2003年5月，国务院办公厅《关于做好2003年普通高等学校毕业生就业工作的通知》(国办发[2003]49)中进一步明确规定：“鼓励高校毕业生自主创业和灵活就业。凡高校毕业生从事个体经营的，除国家限制的行业外，自工商部门批准其经营之日起一年内免交创业基地的各项行政事业性收费。列入全国中小企业信用担保体系试点范围的担保机构，应优先为高校毕业生创业活动提供小额贷款担保。”

【扩展阅读】

福建省大学生“十百万千”创业助力计划

在全省建立10个高校毕业生创业培训基地扶持100个高校毕业生创业项目，为1000名有创业意向的高校毕业生提供系统的创业辅导，组织10000名高校毕业生参加创业培训。

福建省自主创业的高校毕业生可享受小额担保贷款和其他形式小额贷款贴息政策，贴息贷款额度最高为5万元，并由财政按中国人民银行公布的同期贷款基准利率上浮3个百分点左右给予全额贴息。

YBC 中国国际青年创业计划

1. 什么是YBC中国青年创业国际计划(Youth Business China)

这是共青团中央、中华全国青年联合会、中华全国工商业联合会共同倡导发起的青年创业教育项目。参考总部在英国的青年创业模式，动员社会各界特别是工商界的力量为青年创业提供咨询、资金、技术、网络支持，以帮助青年成功创业。

2. YBC福建办扶助对象

18～35周岁的青年；

失业、半失业或者待业；

有好的项目并且项目处于筹备阶段或起步阶段；

项目在福建本土运作；

筹措不到创业启动资金。

3. YBC如何帮助青年创业

3万～5万元无息无担保的创业启动金贷款；

一对一创业导师辅导；

商业信息和网络资源；

创业培训。

4. 申请时间

每年的3月至7月，即每学年的第二学期。

福州大学阳光学院创业基金

为贯彻落实国务院“以创业带动就业”的战略，鼓励大学生创新创业，搭建资本和项目交流与对接的平台 。我院于2005年设立福州大学阳光学院毕业生创业基金，旨在推动我院毕业生的就业工作，鼓励毕业生自主创业。我院每年扶持10个创业项目，每个项目提供创业基金在10万元之内。

1. 基金的申报条件

凡本学院应届毕业生，本人有创业意愿和创业能力的均可申报。

申报者应提交以下资料：

自主创业机构简况：单位名称、创业时间、地点、企业性质、投资总额、主要产品等。

项目可行性报告和商业计划。事前应进行深入的市场调研。项目必须具有新颖性、合法性、前瞻性、有较大的发展潜力，并具备一定的盈利能力。同时须做出项目风险分析及防范措施。

"暂借款"的申请金额、还款计划等。

其他材料。

2. 创业项目的审核及注意事项

申报者需把申报材料提交到院毕业生就业指导中心。

福州大学阳光学院成立毕业生创业基金专家审定委员会，阳光国际集团成立创业基金理事会，凡申报的创业项目由专家审定委员会负责审核，创业基金理事会审议通过，并报集团总部确定。

申报者须对提交的申报材料进行答辩。

申报者有义务针对审核中提出的问题，修改、完善申报材料。

为使本基金能够周转使用，毕业生所借款项从签订借款合同之日起计算，四年内还清。本基金不计利息。

使用本基金的毕业生须提供担保人，为使用本基金提供担保。

(二)大学生应征入伍政策

1. 大学生应征入伍相关文件名称

《应征入伍服义务兵役高等学校毕业生学费补偿和国家助学贷款代偿暂行办法》。

《关于做好普通高等学校应届毕业生征集工作的通知》。

2. 大学生应征入伍政策要点

对应征服义务兵役的中央和地方普通高校毕业生，由中央财政补偿学费(学费超过6000元/年的，按6000元计)，或代偿助学贷款；

实行预征制度，预征时间在每年的5～6月；

11—12月正式征兵，入伍后前两年为义务兵，两年后可选择退役，也可转为士官(第一年每月补助1900)；

军队优先选拔使用；

退役士兵考试升学优惠(考研加10分)。

(三)考研毕业生就业政策

多数考研的毕业生在择业时考研的结果还未确定，因此，这类毕业生就业时应在协议中向用人单位声明，并且双方应取得一致意见。如果毕业生被录取为研究生，则就业协议无效；如果用人单位不愿接受这些条款，则毕业生不应与该用人单位签订就业协议。

(四)毕业生二次择业政策

毕业生二次择业政策有两层含义：一是指二次就业；二是指二次择业。二次就业是指截至毕业生集中派遣时，仍未落实接收单位的毕业生，要派回生源所在地参加二次就业。返回生源所在地二次就业的毕业生，原则上由当地推荐就业，毕业生也可继续选择单位，在规定时间内落实工作单位的，所属省级就业主管部门可以为其办理二次派遣手续。二次择业是指国家计划内的普通高校毕业生，自报到之日起一年内有权要求调整工作单位。这主要是指符合下列条件之一的高校毕业生，可提出调整工作单位申请：即要求到基层单位或老、少、边、穷地区工作的；要求到国家重点建设工程、重大科研基地及国家重点建设部门工作的；确属专业不对口、学用不一致的；主管部门规定的其他原因的。调离前毕业生要向其所在单位提出书面申请。

(五)关于未就业高校毕业生的有关政策

对毕业离校时未落实工作单位的高校毕业生，有关档案管理机构对其档案保管免收服务费用。学校可根据本人意愿，将其户口转至入学前户籍所在地或两年内继续保留在原就读的高校，待落实工作单位后，将其户口迁至工作单位所在地。超过两年仍未落实工作单位的高校毕业生，学校和档案管理机构将其在校户口及档案迁回其入学前户籍所在地。

本章知识点总结

一、当前大学生就业形势呈现以下特点：毕业生成为社会就业岗位的主要竞争者；毕业生就业从精英化向大众化转变；毕业生就业的结构性矛盾存在；毕业生就业弹性系数偏低。

二、当前大学生的择业观的积极因素是主要的，同时也表现出很多消极的方面。大学生应转变就业观念，树立正确的、科学的择业观。

三、就业登记与调配派遣规定。

四、我国现行的大学生就业政策、鼓励大学生基层就业的政策以及大学生就业相关配套的政策。

第七章　就业准备

【学习目的】

了解常见的就业心理问题表现以及调试方法；学会就业信息收集和筛选；掌握就业知识、能力的准备；就业材料的准备；简历制作；求职陷阱避免就业受骗。

第一节　就业心理调适

当前高校毕业生就业形势严峻，竞争激烈，大学生在求职、择业过程中，常会遇到许多难以想象的困难和阻力，涉世不深的大学生由于缺乏充分的心理准备，面对就业压力产生焦虑、恐惧、自悲、急躁、冷漠、孤独等心理障碍，影响了他们的正常择业、就业。正确认识大学生就业中的心理矛盾和心理障碍，帮助大学生做好充分的心理准备，正确面对新形势下的各种就业挑战，对大学生顺利求职择业极为重要。

一、求职过程中的心理问题与调适

(一)求职过程中的心理问题表现

大学生职业选择是人生中的一次重大抉择。虽然我们不能说一次抉择就能决定人一生的走向和今后事业成就的大小，但却可以说它是决定人生走向和事业成就大小的重大抉择之一，因此给大学生带来思想、心理压力很大，使很多人背上了沉重的心理负担，也使部分学生产生了这样或那样的心理障碍。既不利于就业，也影响了大学生的学习和生活。心理障碍是由心理压力与心理承受力相互作用使人失去应有的心理平衡的结果。大学生在就业中出现的心理障碍主要有：

1. 盲目自信的心理

由于对社会和自己的不了解，有的同学自认为自己在择业中具备种种优势：学习成绩优秀，政治条件好，学校牌子亮，专业需求旺，求职门路广，因而盲目自信，自视高人一等，睥睨一切，有刚愎自用的极端自负心理，择业胃口吊得很高，就业理想也属于“单相思”不符合社会实际。

【案例分析】

就业单位：北京某合资企业。学生就业失败自述原因：挣工资少，干了一个月挣1000元左右。晚上加班不给加班费，不加班不行。企业文化考试不及格扣钱。不让说“你”、“你们”、“他”、“他们”，说了扣10元。坐凳子不归位扣10元。不让穿牛仔裤。

这位学生的自述材料中我们看出他对工作不满的主要原因是认为扣钱太多，挣钱太少。首先员工加班，企业不给加班费，这属于违法行为，对此员工可以拿起法律武器与企业交涉，据理力争，维护自身的合法权益。另外扣钱的原因我们可以分析一下：这家企业非常重视员工的素质和企业文化，员工进厂后，为提高员工素质，进行了为期半个月的专业和礼仪培训。一边培训，一边考试，及时验收培训成果，对考试的前三名奖励。对后三名和不及格者进行罚款制度。但是这位学生对考试不及格挨罚感到很委屈。培训结束后，这家企业又在员工平时的言行中做出了约束，对言行不当者给予罚款，这位学生对自己的言行要求不严，违反了制度受罚还不情愿。由此我们得到的启示是：在工作生活中我们要严格要求自己的言行，说话做事讲究文明礼貌，注重礼仪、礼节。因为这不仅是我们国家和民族文明程度的标志，可以改善人际关系，保持社会稳定，同时也是我们个人道德修养和文化层次的体现，同时还要有规范自己言行的意识。多审视自己的不足，刚刚走上工作岗位一定要虚心学习，来提高自己各方面的经验和能力，不可以盲目自信，工作不顺心时要多从自身找原因。

2. 急功近利的心理

择业功利心理，体现为大学生择业时趋利避害，对自我利益的追求过大，主要体现在薪酬、地域、个人发展机会等个人利益取向方面。现实表明，发达地区对高校毕业生就业的吸引力较强，中西部地区对毕业生就业的吸引力较弱，尤其是对紧俏专业毕业生和高级人才的吸引力更弱。

【案例分析】

就业单位：某电子厂；学生就业失败自述原因：挣钱少、伙食差、工资低；再就业愿望：想在石家庄找个工作，要求工作轻松，月薪2000元。

这个学生简短的两行字，我们看出了这位学生的写作水平。使用标点符号不当，同时也看出这位学生的就业观念不正确。首先自己的文化素质不高，专业技术不强。却希望少干活，多挣钱，少付出，多回报。学生刚步入社会，社会经验少，正是多学习的时候，而不是讲享受，要求别人的时候，就业愿望不切实际。

3. 自卑怯懦的心理

有的大学生虽然顺利完成了大学几年的学习任务，并具备一定的实力和优势，但真正面对激烈竞争的场面，却觉得自己不如别人，这种自卑的心理导致他们缺乏竞争勇气和自信，走进就业市场就发怵，一参加招聘面试心里就忐忑不安，如临大敌，精神紧张，手忙脚乱，如果中途受到挫折，更是将自己全盘否定。有的大学生求职时过于怯懦，缺乏主见，不善于推销自己，在面试回答问题时不敢放开胆子说话，面红耳赤、答非所问、手足无措，辛辛苦苦准备的“台词”、“腹稿”在一急之下，都抛到九霄云外，忘得一干二净。有的大学生则谨小慎微，生怕因说错一句话或答错一个问题而影响给人的第一印象，以致缩手缩脚，影响正常水平的发挥，致使该表达的未表达，从而影响了自己才能的充分展示。还有的大学生干脆在竞争中甘拜下风，不敢对自己明码标价，甚至开出所谓的“零价位”，随便找个“买家”草草将自己“卖出”，而对于一些单位提出的不平等协议也闭着眼睛签订，给日后工作带来严重隐患。

4. 焦虑的心理

就业是大学生走向社会的第一步，是人生中的一次重大转折。面对纷繁复杂的社会和激烈的就业竞争，面对国家需要、个人意愿、有限的岗位、多样的工作环境等多元因素组合的职业选择，到底该如何做出正确的抉择，这让每一个涉世不深的大学生感到困惑。因为他们的经历都比较简单，未曾经历过多少波折，心理承受能力和自我调节能力较差，情绪波动性大，情感较为脆弱，所以在就业过程中，他们往往希望一蹴而就，尽快落实就业单位顺利就业，或幻想无须付出多大的努力就能得到称心如意的工作，但在实际中往往事与愿违。正是因为害怕失败，大学生在求职择业过程中会出现焦虑和烦躁不安甚至恐惧的心理。

5. 从众的心理

大学生正处于人格逐渐完善和成熟的阶段，容易受社会思潮和社会观念的影响。择业从众心理，体现为在求职择业过程中目标不明确，盲目从众。毕业生没有明确的择业目标，缺乏对现实就业市场和就业政策的充分了解，缺乏对就业信息的分析判断，对自身的特点和优势都没有明确的认识，盲目跟随潮流，追随热门。当前，随着传媒对社会精英的大力宣传，对“个人价值”中“经济价值体现”的过分推崇，在就业过程中，容易导致大学生忽视自身的个体特点与自我创造性，不能正视外在的实际情况，出现选择失误。调查显示，学生首选的企业排行榜，首选的行业是IT业(35%)，其次是金融业(20.4%)。

6. 攀比的心理

由于每个人生活的环境、家庭背景、能力和性格、所碰到的机遇各不相同，因而在择业目标和职业选择上不具可比性。择业攀比心理，是指择业过程中的比较心理，具体体现为“人好我要更好”的心理意向。在择业过程中，一部分学生带着竞争、好胜的心理进行择业选择，因而不能对自己的就业能力和情况进行正确、客观、公正的分析。仅仅基于好胜心理，相互攀比，会导致择业选择中舍其所长，就其所短，作出不利于自身的选择，对今后的发展不利。调查显示，有 29.7%的学生明确表示“不想比别的同学找的工作差”。

7. 依赖的心理

择业依赖心理，体现为在择业过程中缺乏独立意识和自主承担责任的意识，希望依赖家庭的社会关系。这种心理的产生是由于缺乏进取精神，个人独立决策能力不强，表现为消极逃避就业问题，抱着等、靠、要的依赖思想，指望家人去打通关系，铺好就业的路；有岗位选择的机会，也是左顾右盼，自己拿不定主意，希望家人帮自己拿主意。这种不主动寻找机会的依赖心理对择业也是极为不利的。调查显示，有近 60%的学生表示愿意尝试自己创业，但也有 19. 5%的学生表示希望借助家人的力量；22. 6%的学生表示有找工作犹豫不决，希望家人拿主意的时候。

8. 求稳心理

择业求稳心理，体现为毕业生追求职业的稳定性，不愿选择有风险的职业，更不想自己创业，只想工作安稳、清闲、待遇好。这也是大学生缺乏竞争意识，缺乏挑战意识的一种心理表现。求稳心理的根源在于“想求职一次到位”，但必须清醒意识到，能够“稳定”的还是少数，大多数还是要有充分的心理准备来积极面对就业的竞争和选择。调查显示，有近 30%的学生表达了这种不想今后面对太多竞争的意愿。

(二)大学生就业心理调适

面对大学生的心理问题，学校应当进行适当的指导和积极的引导，同时学生也要适度地调节自己的情绪和心理。双方共同努力来面对大学生就业的现实，来缓解就业心理产生的压力以及这种压力对大学生产生的负面影响。

1. 改革专业课程设置

在毕业生择业过程中，就业力是一个很重要的因素。就业力是通过学习与实践使高质量大学教育向高价值人力资本转化的结果，要具备充足的就业力，个人不仅需要充实专业知识与技能，培养有利于就业的态度和特质，还需要收集有用的职业信息以进行合理的职业选择，需要积极尝试实际工作，从工作经验中学习和成长。学校应把就业指导课程列入大学教学计划，深入到各个专业的教学中，在低年级加强相关能力的培养，在毕业班开展就业政策和求职技巧的指导。灌输正确就业意识的同时，还要进行必要的“生涯辅导”，增强大学生的综合能力。在培养就业的同时，还要加强实践指导，全面提升学生的就业力。高校要赋予学生选择课程，甚至自组专业的权利，促进课程组合的多样化，以满足多元的市场需求和学生的个性需求。

2. 调节大学生的情绪状态

良好的心理素质和心理适应能力是学生择业成功所必需的重要素质。因此，学校在毕业生心理辅导中要着重关注就业所引发的相关问题。针对毕业生普遍表现出来的心理问题，高校可开展有针对性的辅导和测试，发现问题及时进行引导。同时，可利用报纸、网络、广播等校园载体对择业形势进行正面宣传和引导，以缓解毕业生的负面情绪，引导他们积极面对。对于心理测试水平偏低，已存在心理问题的个别学生，要及时开展个体心理咨询，对其进行系统的择业指导，使他们正确地认识自我，提升抗挫折能力。

3. 进行职业生涯教育

职业生涯规划是从第一次择业开始到退休的整个职业生涯规划过程，包括择业规划以及中期和长期的职业发展规划。大学生职业生涯是指将个人发展和社会发展相联系，对影响职业生涯的因素进行分析、总结，并确定实施方案。学校实施职业生涯教育更着眼于帮助学生进行“自我定位”、“职业环境认知”、“职业决策”、“职业素质提升”等对学生未来发展与成长具有更深层次影响的问题，并以全程化的视野帮助学生及早规划、全面解决多元问题。大学生的职业生涯规划主要在于未来的职业发展，需要让大学生对社会现实及发展趋势有较为清晰的认识，对自己的性格、兴趣、能力有比较准确的了解。职业生涯规划中有一个重要的环节就是职业体验。多体验、多接触现实，才能为成功的择业提供充足的经验。学校应多组织大学生开展社会实践活动，为他们接触社会、了解社会创造条件，提供平台，尤其对于职业的体验，如对于大学生来说，“做志愿者”、“社区服务”都是很好的体验方式。了解各种职业的技能才能找到职业与自身的契合点，为择业的成功奠定基础。

4. 建立合理的职业价值观

当前大学生的就业呈现出主体性、社会化等特征，随之，毕业生的主体选择与社会实际需求之间也产生了冲突。大学生必须建立合理的职业价值观，要明确现实岗位的重要性和工作的目的和意义；在选择职业时要将个人的专长、爱好与社会实际需要有机统一起来。在择业过程中，要处理好个人与社会的关系，不能一味考虑工作条件、经济收入等功利因素，而更应看重自我价值的实现，看到职业的长远发展；要在考察社会需要的基础上，树立自我职业发展，实现正确理智的择业。

5. 做好适当的职业生涯规划

就业市场化、自主择业在给大学生带来更多机遇的同时，也带来了更大的生存压力。大学生对就业市场的客观实际了解不够，难免会感到无以应对。这就需要大学生做好适当的职业生涯规划，为自己将来的发展找到目标和方向。生涯不是一个固定的点，而是有方向的。人生好比一次漫长的自助旅行，需要我们做自己最佳的导游，在成长的路途中，我们需要不断设定和调整目标，明确自己的方向。每个人的"生涯"都是独一无二的，大学生要把就业过程当成个人职业生涯的重要经历，凭借自己的努力，逐步实现自我价值，通过就业不断提高自己的社会生存能力、实际工作能力和职业发展能力。在择业时要看得长远一些，学会规划自己整个人生的职业生涯。在择业过程中，面对种种矛盾和问题，毕业生首先要正确认识和评价自我，明确自己今后的职业发展方向，从职业发展的角度寻找适合自己的地域和岗位，还要正确认识就业形势，了解用人单位的需要，主动寻找机遇，并根据已定的择业标准进行选择。

6. 坦然面对就业挫折

就业成功是每一位毕业生内心强烈的渴望。但家境贫寒、能力不足、机遇不佳等方面的因素往往会使他们身陷失败的困境。应该说，家庭社会资本作为社会资本中的一个重要部分，是涉世未深的大学生可以把握和利用的重要资源。从某种层面上来说，择业的不公平现象的确存在，大学生在择业过程中遇到挫折是难免的。在遭遇挫折时，要坦然面对，保持乐观自信，善于听取各方的意见，不能一味认为自己家庭条件不好影响了择业，就消极失望。应把就业过程看成是一个很好的认识社会、认识职业生活、适应社会的机会，通过求职活动来认识自我、发展自我，促进自我成熟。对于改变不了的现实，要学会坦然接受，对于自身原因造成的失败，要客观地分析原因，进行正确的归因，并积极调整自己的求职策略。

7. 积极调整心态

在求职择业过程中，毕业生应当自觉提高自我心理调适的主动性，努力克服心理障碍。首先，不要给自己定太高的目标，给自己太大的压力，而是要进行积极的自我心理暗示，鼓励自己，相信自己，乐观积极地面对问题。其次，遇到自己内心无法排解的问题时，可以向家长、朋友、老师倾诉，寻求他们的安慰与支持。最后，意识到自己心态不良，判断出现失误时，先不要急着做决定，可以通过户外活动、听音乐等休闲娱乐的方式来转移自己的注意力，放松心情，排解郁闷。总之，要在发现自己问题的基础上，积极调整自己，保持良好的心态，要勇于面对现实，才会把就业之路走得更加顺利。

【案例分析】

小王是一名应届大学毕业生，在校4年，自觉学有所成，然而却在就业上处处碰壁。他看中的单位，人家却看不中他；单位看中他的，他却看不中人家。毕业已经快一个月了，他还未与一家单位签约。时下，他处在焦虑、忧郁、自卑、不满、无法决断的状态，内心十分矛盾、痛苦。他该怎么办？

讨论：1. 小王为什么如此苦恼？2. 问题究竟出在哪里？

【案例分析】

小张性格十分内向，一到人多的场合就脸红。最初的时候，一听说要去面试了，心里就打鼓，底气不足，一与考官们谈话舌头就发僵，思维就停滞，平时的机敏全不见了。尽管每次都跟自己说："要自信，要放松，我比他们都强"，但是一到关键时刻准没用，该忘的还是忘，不该忘的也想不起来了。

为此在最初的三个月里，他没有找到一家合适的单位，心灰意冷，不抱任何希望地去试最后一次。心里说，就这样吧，面试完了就回老家，不在这里混了。由于已经预知了这次也不会成功，倒很随意，他和那个人事经理聊得很投机，反正不过是一个路人而已，就当聊聊闲天吧。一放松下来，思路就特别清晰，海阔天空地足足谈了三个小时。

回去后稍微收拾了一下简单的行李，来到火车站买票。正当他准备踏上回去的火车时，手机却突然响了起来……

讨论：1. 小张在最初的三个月里为什么没有找到工作？2. 最后一次应聘为什么会成功？

【课堂练习】

当遇到困难和挫折时，你是如何进行心理调适的？

第二节　就业信息的收集

一、就业信息的准备

就业信息是指通过各种媒介传递的与就业有关的信息和情况，包括就业政策、就业机构、人事制度、劳动力的供求状况、劳动用工制度、经济发展形势与趋势、国家发展规划等。

(一)就业信息的收集

毕业生对就业信息量的掌握对其就业起到关键作用。掌握就业信息收集的途径和方法，拥有丰富的就业信息量能够帮助学生扩大就业途径和就业视野，影响其就业方向的选择，也决定了他们在竞争中是否能够获得主动权。因此，毕业生必须拓宽就业渠道．通过多种途径和方法广泛、全面、准确地收集就业信息，为就业做好充分准备。

(二)就业信息的处理和筛选

1. 鉴别获取的信息

信息既蕴藏着机会，也可能潜伏着陷阱，有时无比珍贵，有时却是一堆“垃圾”。鉴别获取的信息是信息处理的第一步，也是一个重要的前提。由于所获取信息不一定都全面、准确，因此要对信息进行严格的鉴别和判断，并加以澄清和剔除，使之更好地为自己的求职择业服务。

鉴别信息首先要确定信息的可靠程度，对于不可靠和心里不踏实的信息要通过各种信息渠道和知情人士去打听；其次要鉴别信息的内容是否齐全，特别是发现自己所想知道的细节没有或者不清楚时，要抓紧时间进行一番考察，旁敲侧击地询问一些情况，或通过其他渠道了解，还可以在应聘时向主聘人提出。

总之，要等信息基本准确之后再作决定，这步工作做好了，才能保证随后的工作按照正确的方向进行下去。相反，这步工作判断错误，则会让毕业生的求职过程一开始就处于被动，很可能对自己心理和行为带来许多负面影响。

2. 招聘信息的分类整理

就业信息收集到后，毕业生应该对它们进行分类、分析。把这些信息分门别类地摘抄到专门的本子上，或保存在计算机里，以后用时就能非常方便地查找到，从而使信息发挥其应有的作用。

第一，就业信息的专业分类。即根据招聘单位的所有制特点、专业性质及对毕业生的专业要求、学历程度、特别要求等进行分类，然后，以自己的现实情况为标准进行排序。

第二，就业信息的时效分类。现在是信息经济的时代，面对大量的就业信息，特别是从报刊、互联网上收集来的信息往往令人眼花缭乱。仔细加以辨认，就会发现有许多已经过时的信息，所以首先要对信息的时效性进行分析，剔除那些已经过时的信息，然后按时间的顺序排列整理。

第三，就业信息的地域分类。即根据招聘单位所在省、市进行登记分类，然后采取不同的应聘方式。

3. 按照自我标准，将信息排序，重点把握

在信息加工之前，先给自己草拟一个职业选择提纲，确定择业标准，再按照标准进行初选，即去粗取精，去伪存真，对剩下的信息要进行再一次的分析和处理。因为，即使真实的信息，也不是每条都适合毕业生自己的实际情况，毕业生要对所掌握的信息进行比较和选择，看看自己的性格、兴趣、特长与哪个单位更匹配，哪个单位更符合自己的职业生涯规划目标，从中选出重点。对重点单位的内部信息要进行深入细致的分析，分析它需要的人才的特点，它对人才使用的方向以及该单位未来发展的前景等。在把握这些情况以后，毕业生再根据自己的实际情况和用人单位的要求，有针对性地设计自己的应聘材料，从而提高应聘的成功率。

4. 善于挖掘潜在信息

许多信息的价值往往不是浮在表面上的，必须经过深入挖掘才能发现。例如，根据有些单位的现状，可能还难以判断、预测单位和自己今后的发展；有些单位虽然目前可能条件差一些，但从长远看是有前途的，能够给人才较大的发展空间。这就要求毕业生既要站在高处，从长远的、大局的方向看职业和单位的趋势，又要留意信息的细枝末节，由表及里地挖掘信息的内涵价值。有时，还需要有一些专业知识和经验。譬如，从单位的组织结构发现其管理模式和运作机制，从单位的人事、财务报表分析其人力资源状况和经济状况，从单位历年的招聘岗位和人数的变化了解其经营方向的变化。

5. 及时反馈信息

在当今变化万千、节奏加快的时代，就业信息由于其传播速度快，共享程度高，毕业生得到的信息仅仅代表着一种可能的机会，而且充满着竞争，机会稍纵即逝。因此，毕业生获取信息后，一定要尽快分析处理并向信息发布者反馈信息，早动手未必一定能得到这个岗位，但反应迟钝很可能就会失去这个岗位。

(三)就业信息收集的渠道

就业信息在大学生求职过程中有着举足轻重的作用，它贯穿于职业决策的始末。因此在择业前，毕业生在做好思想、专业知识和技能、心理等各方面准备的基础上，还要做好收集需求信息的准备。

二、就业知识的准备

职场中有两种类型的毕业生最受用人单位的青睐：第一种是“通才”，即熟悉、掌握数个专业知识的人才，这样的毕业生可以适应数个岗位的工作；第二种是“专才”，即精通某一个专业领域的人才，这样的毕业生稍加培养就可以迅速成长为业务骨干。不管是“通才”还是“专才”，他们都具有较高的知识水平。可见，知识水平的高低对每一个准备就业的毕业生来说都是非常重要的，它直接关系到毕业生能否找到满意的工作，能否将自己规划的职业蓝图变成现实。大学生可以从专业知识和非专业知识两个方面进行就业的知识准备。

(一)专业知识的准备

大学生的专业知识学习贯穿于整个大学时期。大学生应该高度重视专业知识的学习，因为这是他们在就业时拥有的最重要的资本之一。“专才”之所以专，是因为他们的专业知识有相当的深度，而钻研高深的专业知识必须具备良好的专业基础。所以，大学生应该从进校起就努力学好专业基础知识。只有具备了扎实的专业基础知识才能进入下一步的专业研究。在学好本专业知识的同时，大学生不妨学习一些相关专业知识或是自己感兴趣的专业知识，这样既可以充实自己，开阔眼界，也可以把自己打造成为“一专多能”的人才。

大学生在进行专业知识的学习时，要注意知识的系统化和结构化，要善于积累，同时也要注意知识的更新，根据社会的发展需要及时调整自己的知识结构，并将理论知识与实际工作、生活联系起来。

(二)非专业知识的准备

非专业知识是大学生所学专业知识以外的其他知识的统称。非专业知识是构成大学生知识体系不可或缺的一部分，包括公共知识、生活常识、待人接物的礼仪、求职面试的技巧等，非专业知识也常常是用人单位考核大学毕业生的内容之一。

现在有不少职业都对应试者提出了资格准入的要求，其中一部分就是非专业知识方面的要求，如每年都有许多大学生报名参加的国家公务员考试。大学生可以根据自己的职业规划，有针对性地着手准备。

一些日常生活中的小常识也是大学生就业准备时应该注意的地方。有时一些很小的细节都可以左右单位考核人员对应试者的看法，而且一些用人单位的招聘人员会专门通过细微之处来考察应试者。

在非专业知识的准备上，大学生需要注意的地方包括如下几个方面：第一，了解应聘单位的基本情况和相关知识；第二，衣着得体，选择适合当前应聘职业环境的着装，如职业装，保证衣着整洁、大方。第三，遵守时间，提前到达面试地点。第四，表情自然，举止得当，不卑不亢。第五，注意礼节，感谢每一位帮助你的人。第六，要有自信心。第七，控制自己的情绪。第八，紧张的时候，尽量用简短的语言表达自己的观点。第九，把握主动，展现自己的特长。

总之，大学生要加强并巩固专业知识的学习，积累非专业知识，综合运用所有知识，完成就业的知识准备。

第三节　就业材料的准备

一、应聘相关资料

除了自荐信和个人履历之外，为了加深招聘单位对自己的印象，有时要提供进一步的其他材料。

(一)学校提供的鉴定材料和成绩单

鉴定意见主要反映在毕业生推荐表中，有学校的评语、能否毕业推荐、培养类别及就业范围等。从学校角度出发，评语的作用主要是：一是对社会和用人单位负责以及考虑学校自身的影响，它能实事求是地反映毕业生的综合表现；二是考虑到有利于毕业生就业，找到一份较满意的工作，评语中据实表现的描述都会突出学生的个性特点等。这点对于用人单位和毕业生本人都具有一定价值。成绩单必须有学校教务部门盖章，毕业生可根据用人单位的需要或谋求的职位对某些相关课程的要求提供有效的成绩单。有些省、市对成绩证明有具体的要求，如进上海市的毕业生必须提供各个学期的所有课程的成绩。另外，如有辅修第二专业的学习成绩证书，需要时也不要忘记提供。

(二)技能证书

技能证书也很重要。技能证书反映了求职者某一方面的能力，主要有外语等级证书和计算机等级证书等。外语证书包括英语能力 A、B 级证书，四、六级证书，TOEFL、GRE 成绩。计算机证书包括全国计算机应用技术证书，C 语言、VFP、VB、JAVA 证书；另外还分全国等级证书及各省等级证书。此外，现在有不少学生还有驾驶证、专业相关行业资格证等。

(三)荣誉证书

荣誉证书是求职者综合素质的重要支撑，包括各类奖学金证书、荣誉证书以及参加重大竞赛的获奖证书等。重大竞赛奖如全国大学生“挑战杯”课外科技活动竞赛、职业生涯规划大赛和各种学科课程竞赛等。有些毕业生荣誉证书较多，应挑选一些荣誉等级较高的。

（四）权威个人推荐材料

对于艺术类的毕业生附上毕业创作、获奖作品、展览作品的彩色打印件是非常有必要的。推荐信也是大学生谋职过程中一个不可忽视的环节。推荐信是指权威人士出具的实事求是、认真负责的推荐材料。许多大公司、企事业单位是比较重视这种推荐信的，而写推荐信的权威人士也是十分珍惜自己的声望的，真正的学者、教授或者某一领域的权威，他们不会滥用别人对自己的信任作不负责任的推荐。

（五）其他材料

除以上材料外，个别招聘单位需要身份证，有的要特别政审证明。目前，欲进北京市就业的应届高校毕业生要单独提供本人为应届毕业生的证明书等。

以上材料的使用，要根据各招聘单位的不同情况有针对性地取舍，要根据自荐的方式而有所不同。如果面见招聘者或亲自上门推荐自己，材料可以准备充分一些，凡能反映自己各方面能力的材料尽可能携带齐全，而且最好带原件。若采取寄送自荐材料的方式，则应选择最有针对性和代表性的其他材料，一般先提供复印件，便于邮寄，以免丢失。无论采用哪种方式，材料都无须过分豪华包装或者把简历装订到一本书的厚度，因为企业的人力资源职员是没有太多时间翻阅简历的。

二、求职信

求职信是毕业生针对招聘单位的具体岗位向用人单位进行自我推荐的书面材料，集自我介绍、自我推介和自我展示的作用于一体，是用人单位翻阅毕业生的推荐材料之前首先要看的内容。一份好的求职信应该体现出毕业生清晰的思路、优美的文字、富有个性的创意思路和适合应聘岗位所具备的能力和才华。

1. 求职信的书写格式

求职信又叫自荐信或自我推荐书，其结构一般分为标题、称呼、正文、结尾和落款，有开头、主题和结尾三部分。

第一部分：开头。

标题：标题是求职信的标志，要求题目、简洁。要用较大字体在上方标注“求职信”（或“自荐信”）3个字，在字体及字号的选择上应显得大方、美观。

称呼：它是应聘方和招聘方的第一关联，要礼貌，不能生硬，并且要正规，准确，忌用“××前辈、××师傅、××师兄”等不正规的称呼，可以用“尊敬的先生/女士”或“尊敬的领导”。若用人单位明确，比如写给国家机关或事业单位的人事部门负责人，可用“尊敬的××处长”等称呼；如果是企业人力资源部，可用“尊敬的××经理”等称呼。

问候：通常书信的格式是在称呼之后有一句问候语，求职信当然也不例外。问候语简短即可。

自我介绍：简单地自我介绍一下，让招聘单位对你的身份有一个大体的了解。对于应届毕业生来说，通常是要突出学校和专业，这也是招聘单位较为看重的背景材料。

说明获得该招聘信息的来源：如果你是在广告上得知此次招聘的，就写出你是在哪儿看到的广告。如果你是经人介绍的，则指出介绍人的姓名等。这种做法可以使你和招聘单位尤其是招聘人员迅速建立联系。

所应聘的职位：求职信是商业信函，而不是日常与朋友的书信往来。其目的明确、公事公办是商业信函的一个显著特征。

第二部分：主题。

求职信的主题部分一般分为三个方面的内容：你对招聘单位的认识和理解、求职资格、你能为公司作出什么样的贡献。描述你对招聘单位的理解和认识。这方面内容通常是说招聘单位有什么好的方面吸引你，对他们进行适当地赞赏，让他们知道你很愿意在此服务。如果对方是一家大公司，那么可以说说他们的名声、销售业绩、影响力、公司文化或其他任何让他们感到骄傲的地方；如果对方是中小型企业可以说说所处行业及公司前景。

描述你的综合能力。这是求职信的核心部分。你需要说明你的个人能力和个性特征如何能满足公司的要求，要让招聘方明白为什么你是最好的人选。强调你能为招聘单位作出什么贡献。上面所描述的能力是从你自身情况而言的，而招聘单位更为看重的是你能为公司作出什么样的贡献。这里有个误区，很多求职者为了表现自己的谦虚，在求职信中大书特写自己的不足，并表示希望能够在将来的工作中得到学习提高的机会。事实上，这种谦虚是没有必要的。

第三部分：结尾。

求职信结尾部分的内容包括以下几方面：再次强调你对于此职位的兴趣；表明你希望得到面试机会；向对方表示谢意和祝福；署名；日期；联系方式。

2. 求职信模板

求职信

尊敬的先生/小姐：

您好！

我写此信应聘贵公司的经理助理一职。当在网站上得知你们的招聘信息时，我心里非常激动。我一直期望有机会加盟贵公司。

我毕业于××大学国际贸易专业。主修国际贸易、国际贸易实务、国际商务谈判、国际贸易法和外经贸英语，且成绩优秀。我相信，我所具备的专业知识和从业能力对从事国际贸易的贵公司来讲是非常合适的。而且，从事外贸工作一直是我的理想和兴趣所在。

在大学期间，我多次获得奖学金，而且发表过多篇论文。我还担任过班长，具有较强的组织和协调能力。在外贸公司实习期间，对该行业有了进一步的了解，并增强了我的事业心和责任感，使我能够面对任何困难和挑战。我认为，经理助理一职适合我。我出色的理解能力、协调能力和执行能力能够帮助我在经理的领导下做好这一工作。

随信附上简历。如有机会与您面谈，我将十分感谢。

我的手机号为13×××××××××，随传随到。

此致

敬礼！

求职人：×××

××××年×月×日

三、简历制作

(一)个人简历

个人简历是个人生活、学习、工作、经历与成绩的概况。个人简历的真正目的就是让用人单位全面了解自己，从而为自己创造面试的机会。个人简历一般很少单独寄出，它总是作为求职信的附件，呈送给用人单位。

1. 简历的类型

时间型简历：时间型简历是按照逆时间顺序记录个人的经历，以最近发生的事情为开始，依次向前推演。这种简历的优点是简洁明了，通过工作(实习)经历、学习经历表现出具备相关能力进而突出个人的某种技能。毕业生多使用按时间顺序排列的简历模式。

功能型简历：功能型简历强调工作职能，而不是按照时间的先后顺序记录经历。它是提供一种方式来展示个人的能力，将个人的优势与要谋求的工作联系起来。

功能型简历突出不同的能力，这取决于工作目标所需的资格。那些拥有多年工作经验的人通常赞成使用功能型简历，因为他们已经从自己所从事过的工作中积累了许多技能。大学毕业生可以着重陈述自己在学校里做兼职和暑假工作以及生活经验所形成的技能。功能型简历可能对经常跳槽的人更加适用。

2. 简历的基本要素

封面：封面要设计得美观、简单、大方，并能够与个人的求职意向吻合。

个人基本情况：一般来说，介绍个人的基本情况时，应必备的信息主要有姓名、性别、出生年月、籍贯、政治面貌、身体健康状况、兴趣、爱好、性格以及自己的联系方式等。

教育背景：毕业院校；学业的有关内容，包括所学专业、学位、主要课程成绩(应把重点放在与申请的工作岗位有关系的科目上)。

本人经历：大学以来的简单经历，主要是在校任职情况和社会实践经历等。这个环节上的介绍最好能与所申请的岗位匹配，比如要向秘书岗位投递简历，而大学期间在学生会秘书处的工作经历会让招聘者更感兴趣。

技能和荣誉：这部分主要包括知识结构、智能优势、外语和计算机的熟练程度以及所获得的技能证书。例如，金融专业的学生在向金融行业的单位投递简历时，更多的是要突出自己所获得的证券从业资格证书、银行从业资格证书等。所获得的荣誉应包括在校期间所获得的三好学生、优秀团员、优秀学生干部及获奖金等。

个人特长：个人特长主要是指个人兴趣、特长。目前越来越多的企业都非常重视自己企业文化的建设，所以个人的兴趣或者所具备的特长，如篮球、朗诵等，往往会成为个人在最后选拔阶段的利器。

求职意向：一般包括求职的领域、行业、岗位以及所在地域等。而随着就业压力的增大，越来越多的大学生求职者对于求职意向的填写不再是宽泛的、大概的写在自己的简历中，而是针对招聘公司招聘的具体岗位，准确写下自己的求职意向。

自我评价：总结大学阶段的表现，对自己良好的个性品质有所展现。例如，学习能力、沟通能力、团队合作精神、敬业精神等，在这个环节上应注意不要滥用语调，因为过多地描述自己具备多种能力，反而会让招聘者质疑。

3. 制作个人简历需要注意的问题

内容要真实：在书写简历的每个环节都要遵循真实的原则，并要执行好这个原则。如果一旦被用人单位发现简历有造假的现象，那么应聘者的人品也就会完全丧失，这也注定应聘者无法找到满意的工作。

求职目标要明确：在求职简历上一定要在最醒目处，注明求职的职位，即明确目标。每份简历都要根据申请的职位来设计，突出个人此方面的优点，忌讳“眉毛胡子一把抓”。

篇幅要短：篇幅要短，千万不要把简历写上五六页。一般在第一轮筛选简历时，平均来讲，看一份简历最多只有10－30秒的时间，所以页数太多的简历很容易惹人烦。建议简历张数最好控制在两页内。一份“一目了然”的简历，一定是把应聘者的最大特点放在简历最突出的位置，千万不要让筛选简历的人从简历中总结、提炼你的特点。

采用倒叙方法：毕业生在写简历时，多数喜欢从过去讲到现在。建议最好采用倒叙方式来写，直接从最近的时间入手，从简历筛选中更容易获得重要的信息。

不同公司简历不同：公司不同，文化自然有差异。毕业生千万要记住，应聘不同的企业，一定要用不同的简历。这并不是主张应聘者简单地变更一下原来的简历，而是建议毕业生必须结合要应聘的企业，重新写自己的简历。

【课堂练习】

1. 拜访一位校友，听听他在求职过程中曾遇到过的麻烦问题以及他是如何应对的。

被访者＿＿＿＿＿＿＿＿　　所学专业＿＿＿＿＿＿＿＿

毕业时间＿＿＿＿＿＿＿＿　　工作单位＿＿＿＿＿＿＿＿

求职经历＿＿＿＿＿＿＿＿＿＿＿＿＿＿＿＿＿＿＿＿＿＿＿＿＿＿＿＿＿＿

＿＿＿＿＿＿＿＿＿＿＿＿＿＿＿＿＿＿＿＿

2. 制作一份简历，在同学间互相交流。结合他人的意见对简历进行修改和补充，并妥善保存，以备后用。

第四节　求职陷阱

一、大学生就业陷阱的表现特征

大学生就业陷阱是指招聘单位、其他机构或个人，利用大学生的弱势地位（如社会经验不足、自我保护意识差、就业竞争激烈等），以提供就业机会为诱因，采用违法悖德等手段，与大学生达成权利与义务不对等的各类就业意向

(协议)，侵害大学生合法权益的现象。当前大学生就业陷阱主要表现出四个典型的特征。

第一，欺骗性。主要表现为招聘单位以攻势强劲的虚假宣传、信誓旦旦的不实承诺、热情有加的伪善行为来取得大学生的信任和期望，在协议中提出苛刻条件，隐藏各种不法目的。

第二，诱惑性。主要表现为招聘单位着力包装，夸大事实，并以单位各种招牌、荣誉、待遇和发展前景蛊惑大学生，一旦大学生被其诱骗上钩，则脸色突变。

第三，隐蔽性。违法用人单位的各种伎俩都有十分华丽的诱人说辞，听起来入情入理，面面俱到，句句都令人心动，其实处处布下陷阱。涉世不深的大学生十分单纯，难辨真伪，很快成为猎取的对象。

第四，违法性。就业中的违法目的各有不同。一类是违法违规留人才。有些为留住人才而扣留大学生的户口、证件等使大学生欲走难行。有些迫使大学生签下“卖身契”，使大学生“生为单位的人，死为单位的鬼”。有些软硬兼施，一方面大开空头支票；另一方面强迫工作，迫使大学生逐渐接受不公正、不合理的现实。另一类就是坑蒙拐骗，使大学生掉进自己挖下的高薪陷阱、培训陷阱、中介陷阱，甚至诱骗大学生入股、推销、传销等，还有些用人单位给大学生设置了协议陷阱、合同陷阱或试用期陷阱，使大学生感到欲罢不能、求助无门。

二、大学生就业陷阱的主要类型

第一类是招聘陷阱。其一是招聘会不合法。有些双选会打着毕业生就业的名义，实质是未经有关主管单位审批的。参加双选会的单位也良莠不齐，出工不出力，只为凑数，以便主办单位收取高价门票，参加双选会的人员公费旅游，招聘单位收取一些毕业生的信息。有些招聘单位甚至出卖学生的个人信息，给一些违法之徒有可乘之机。其二是变相收费，如有些招聘单位不当场签约，要求通过网络或电话继续洽谈，而这些网络或电话都是收费的；有些招聘单位收取应聘者报名费、资料费或培训费等。其三是用招聘掩盖违法行为。有些企业打着招聘的幌子，逼迫毕业生做传销、推销或其他违法的事情。

【案例分享】

不久前，某高校英语系大三学生小李看到某信息咨询有限公司在媒体上刊登的招聘广告后，决定应聘该公司的兼职英文翻译岗位。经过简单面试，小李交了500元押金和50元信息费，拿到一篇文章回去翻译。过了一个星期交稿时，小李得到了80元稿费，并又拿到一篇稿件回去翻译。再过了两个礼拜，小李致电公司准备交稿，可电话怎么也打不通，赶到公司，却发现办公室里黑灯瞎火，问大楼的保安，说公司已经搬走好几天了，去处不详。这下小李傻眼了。

第二类是中介陷阱。第一种是收取高额的中介费用，为你列出一大堆要么不要人，要么不招收大学生，或者干脆不存在的单位，使你几次头撞南墙，知难而返。但休想要回中介费。第二种是外地非法中介机构或中介网络，收取一定的费用，却以种种理由推脱责任。有些虽然介绍了单位，但用人单位的状况与求职的要求相去甚远，即便如此，工作几个月，往往被炒鱿鱼，理由是试用不合格。第三种是非法中介机构之间相互串通，以大城市高薪就业、落户等名义开展中介，收取不菲的中介费后，介绍到外地中介。外地中介找不法用人单位或私人小企业让大学生打零工，而户口、档案却被长期违法滞留，甚至被丢失。

第三类是协议陷阱。第一种为口头承诺。口头承诺如果没有在协议书中白纸黑字予以体现，就没有法律约束力。一旦协议主体间发生矛盾，吃亏的一般都是学生。第二种是不平等协议。由于大学生维权意识缺乏，在求职中又处于弱势地位，对不平等条款要么不知，要么不敢提出异议，使就业协议在某种程度上成为“霸王合同”。所以大学生在签订就业协议时，一定要慎防无保障协议、死协议、卖身协议等不平等协议。第三种是就业协议代替了劳动合同。有些用人单位以就业协议替代劳动合同，究其原因，是用人单位在就业协议中的许多约定不符合劳动法规定，如果签订劳动合同，许多不合法约定将不存在，难以实现对大学生的约束，不能达到其违法用工的目的。

第四类是试用期陷阱。一是没有试用期可能暗藏玄机。试用期是劳动合同的约定条款，对双方都有约束力。试用期长短或由双方依法在劳动合同中约定。某些用人单位规定大学生报到就签订劳动合同，马上上岗工作很快。可当大学生感到单位各方面情况不尽人意，想要另谋高就时，才发现自己在“无意”间放弃了试用期这一有利的武器，丧失了自己本该拥有的权利。在这种情况下，如果要单方面解除合同，无疑要承担惨重的代价。二是试用期或见习期过长。原劳动部在1996年全面实行劳动合同制时规定，大中专、技校毕业生新分配到用人单位工作的，仍应按原规定执行一年的见习制度。见习期内可以约定不超过半年的试用期。由于法律法规对见习期内的权利义务没有具体规定，在大学生就业中，违规违法现象主要表现为见习期与试用期的总期限超过一年，有的甚至长达两年。有些单位以见习期的名义不签合同，且借故延长见习期；有些单位签的是劳动合同，书写的却为见习期。诸如此类的现象屡见不鲜，应当引起大学生的高度重视。

第五类是培训陷阱。在大学生就业中，常常会看到一些培训机构混迹其中，不断给大学生介绍“高薪就业”、“保证就业”之类的机遇，殊不知其中陷阱重重。其一，收了培训费仍然无工作。有些培训机构以“高薪就业”、“保证就业”的名义引诱大学生交了培训费，但培训结束后，却以种种理由不给安排就业。其二，培训机构与用人单位连手坑害大学生。大学生交了高昂的培训费后，被推荐到一些位置偏僻、层次较低的企业、无人问津的低薪岗位，甚至在试用期就被借故辞退。其三，用人单位的培训陷阱。有些用人单位要求新进大学生必须经过某某机构培训，考核合格才能录用。花费不少的大学生经过培训，考核过关者却寥寥无几。即使如此，被录用者也难逃厄运，工作刚满见习期或试用期即被以各种理由辞退。其四，因为培训而失去自由。常言道“没有梧桐树，难留金凤凰；栽好梧桐树，招来金凤凰”，可一些没有梧桐树的用人单位自有“妙法”留人。那就是单位出钱培训上岗，“买走”大学生的“自由”。这些用人单位在大学生上岗前提出，单位出资送大学生到某培训机构进行所谓的培训，并且签订培训上岗协议或劳动合同，规定所有经过培训合格人员，才能准予上岗，且要签订长期劳动合同，少服务一年，必须交纳数目不菲的违约金，有些单位甚至扣押大学生的证件。

第六类是保证金、押金陷阱。按照国家有关法律规定，严禁招聘单位在大学生就业中收取费用，包括资料费、培训费、保证金、押金等。可在招聘中，大学生还是经常碰到巧立名目的费用。大学生一方面求职心切，另一方面缺乏相应的法律知识和保护意识，所以经常陷入此类陷阱。

第七类是安全陷阱。大学生就业存在的种种问题，给一些不法之徒提供了可乘之机。他们常常精心策划，坑蒙拐骗盗无所不用，如果大学生稍不留神就会受其所害。

第一，索要各种证件、签名、盖章。如果大学生在招聘中留下重要证据之类的东西，就可能成为欠费、欠税、担保人等各种形式的债务人，也可能成为敲诈勒索的对象。

第二，索要办证费、资料费、报名费、劳保费、保险费等名目繁多的收费。只要大学生切记，无论对方怎么巧舌如簧，没赚钱绝不花钱，他们的如意盘算就会落空。

第三，谨防偷盗抢劫。首先，对陌生的人、陌生的地点与可疑时间的面试，一定要谨慎小心，很可能各个环节都陷阱重重，令人防不胜防。其次，谨防将手机、钥匙交给对方，也不要随便吃喝对方提供的食物饮料。最后，谨防诈骗。如果对方为掌握你的全面情况无休止面试，那么你可能已经处于危险的境地。要么设下小圈套让你闯祸，然后高价索赔；要么你的家人朋友可能接到你车祸、病危之类的通知，于是匆匆将钱转入了不法之徒的账号。

第四，切防非法工作。工作性质不清、任务不明、遮遮掩掩、行动诡秘，这时就要非常留心，可能已沦为不法之徒的帮凶，可能正从事涉毒、偷运、销赃、窝赃、传销等非法工作。而一旦事情败露，违法者全无踪影，而你却成了替罪羊。

第五，女大学生安全第一。不法之徒更易选中女大学生，是因为她们就业更难，易于诱骗，而且防卫能力差，胆小怕事，易于掌控。女大学生在就业中稍不留神，可能会落入不法之徒、不良企业的陷阱中。所以，女大学生就业一定要将安全放在第一位，思想上切不可麻痹大意，不可贪图钱财与享受，以免被引诱；行动上一定要细思慎想，以防掉入陷阱，具体环节上要步步为营，以杜绝授人把柄。

第八类是高薪陷阱。人往高处走，水往低处流，每个大学毕业生都希望能找到一份理想的工作，这是情理之中的事。就是因为他们求职心切，才忽视了对用人单位的考察，与此同时，招工单位介绍自己情况时言过其实。比如他们用“高薪诚聘，年薪××万”“工作轻松，待遇一流”等让人心动的招工信息，吸引求职者前来应聘。

【案例分享】

“招聘饭店服务员，底薪4000元，每月工资不下2万元”，外地来求职的小静姑娘在报上看到这则招聘信息后，感觉饭店服务员薪水高得有点儿离谱，可还是被广告中承诺的高薪所吸引。按照对方提供的地址前去应聘后，发现对方根本不是简单的饭店，而是一家夜总会。一位负责招聘的男子看到小静形象、气质不错，表示“非常满意”，还详细询问了她的身高、体重。小静怀疑这家夜总会招聘的不是一般的服务员，便对2万元的薪水提出质疑，对方暗示“我们这里有的小姐拿的还要多”，并表示，工作内容当然不只是端饭送菜，还要陪客人吃饭、喝酒、跳舞，工作时间全部是在晚上。

三、解决大学生就业陷阱的途径

解决大学生就业，是政府和社会应有的责任，特别是在当前大学生就业出现困难的情况下，政府和社会应加强改革和管理，保障大学生的基本权益，为创建和谐社会而努力。

1. 改革完善大学生就业机制，保护大学生合法权益

现行的就业协议，对用人单位约束力不够强，学校的枢纽作用难以真正发挥，造成学生的合法权益得不到保护，更突显出学生的弱势地位。因此，有必要对现行就业协议制度进行改革。首先，学校应退出三方就业协议的签订。高校不是就业协议的主体，更不具有社会用工管理的职能，把高校作为协议主体一方使其处境尴尬，且易造成扯皮与侵害学生权益事件。其次，现行就业协议应向劳动合同方向发展。现行大学生就业协议与劳动法规范的劳动合同虽有异曲同工之效，但二者结合点模糊不清，且就业协议文本不够规范、协议内容不全面，这些常成为用人单位规避责任或违法侵害大学生合法权利的重要因素。其中，最重要的是就业协议无法可依，无法律定性；内容由双方自由约定，无强制性规定，这是造成协议与劳动法冲突，就业大学生与用人单位发生矛盾，用人单位侵害弱势就业大学生合法权益的根本原因。本书认为，大学生就业协议应朝着附有生效条件的劳动合同方向发展。不妨认为，用人单位与大学生提前签订附有生效条件的劳动合同，这种劳动合同有法可依，性质明确，能有效约束用人单位的违法现象，即使发生争议也有法为据，可通过法定程序解决。最后，高校应淡化就业管理职能，而应强化就业服务职能。作为高校，更重要的职能是为学生就业提供职业指导和就业服务，而不应成为尴尬的“第三者”。高校所履行的就业管理职能应当“物归原主”，即由有关政府职能部门“理所当然”地承担。这样既能避免三方协议的扯皮现象，又能充分保护协议双方的合法权益，更使违法违约者承担相应的责任。

2. 规范大学生就业市场管理

大学毕业生就业市场是用人单位与大学生洽谈签订就业协议的主渠道，是政府、社会与高校促进大学生就业，为大学生提供就业服务的主要方式。由于大学生社会经验不足，自我保护意识较差，有必要对他们进行一定程度的保护。政府、社会和高校应积极为大学毕业生提供就业服务，创造就业的有利条件，努力推进大学生充分就业。特别是有关政府职能部门，应当在用人单位与大学生之间架起一个沟通交流的平台与桥梁，使二者能充分协商，各自找到满意的“对象”。然而，现在的就业市场管理缺失，就业市场的功能“变质”，市场主体的身份复杂等问题已成为通病，给大学生就业蒙上阴影。因此，完善和规范大学生就业市场管理已势在必行。政府有关职能部门应切实加强制度建设，严格审批制度，加大监督检查力度，严厉打击违法违规现象，为大学生就业提供有序、规范、诚实可信的公平市场。

3. 加强对用人单位的用人管理

现阶段，有许多用人单位在用工方面有意或无意地违反法律有关规定，更不乏一些用人单位在与大学生签订就业协议时就设下陷阱，并以此为依据，长期侵害当事人的合法权益。因此，应加强对用人单位的用工管理与检查，严厉处罚不法用工的单位，同时应加强在劳动者中宣传劳动法，鼓励劳动者检举揭发用人单位的违法现象等方法，规范用人单位依法用工，是解决大学生就业陷阱的有效途径之一。

4. 严厉打击不法分子和不良企业的违法行为

不法分子和不良企业严重扰乱就业秩序，给大学生人身、财产等方面造成严重威胁，使大学生常常遭受难以承受的打击，对他们的成长和发展造成极为不利的影响，也对社会的稳定安全造成了极大的破坏，因此，应予以严厉的打击，常抓不懈，以阻此风，为社会和大学生创造良好的就业外部环境。

5. 加强对大学生的法律教育，提高大学生的自我保护意识

防止大学生就业陷阱不仅要创造安全、有序、公正、合理的外部环境，更重要的是要加强对大学生的法律教育，使大学生知法、懂法、守法，并能利用法律武器维护自身的权利。当前，普法教育在大学还很不够，一些普法课程得不到大学生的重视，致使许多大学生法律知识缺乏，法律观念淡漠，维权意识不强，即使权利受到侵害也不知道。当然，也不乏为息事宁人、忍气吞声者，但很少有依法维权，争取自己的合法权益者。这种现象不只是个别大学生的权益受到了侵害，更严重的是助长了许多违法分子的气焰，造成许多不安全、不稳定事件，也使刚进入社会的许多大学生受到不良影响，可能为他们今后的发展埋下隐患。另外，大学生也要不断参与社会实践，在社会化过程中不断锤炼，迅速成熟起来。社会和学校的保护是有限的、短暂的，更现实的办法是要求大学生积累社会经验，分清是非，明辨良莠，树立较强的自我保护意识。

本章知识点总结

一、就业心理问题表现：盲目自信的心理、急功近利的心理、自卑怯懦的心理、焦虑的心理、从众的心理、攀比的心理、依赖的心理、求稳的心理。大学生就业心理调适方法：改革专业课程设置、调节大学生的情绪状态、进行职业生涯教育、建立合理的职业价值观、做好适当的职业生涯规划、坦然面对就业挫折、积极调整心态。

二、就业信息的收集：就业信息的准备、就业信息的搜索、就业信息的筛选和利用、就业信息的渠道以及就业知识和就业能力的准备。

三、就业材料的准备：应聘相关资料、求职信的制作、简历制作（简历类型、基本要素、简历制作问题）。

四、求职陷阱：大学生就业陷阱的表现特征、主要类型、解决就业陷阱的途径。

第八章　求职笔试与面试

【学习目的】

了解笔试与面试的定义、形式等概况，重点了解面试中的主要内容、注意事项，重点掌握回答问题、礼仪着装等面试技巧，提升面试技能。

第一节　笔试

一、笔试定义

笔试是一种常用的考核办法，主要是用以考核应聘者特定的知识、专业技术要求或需要重点考核应聘者对文字的运用能力以及考查拟录用人员素质的一种书面考试形式，它是用人单位对求职者所掌握的基本知识、专业知识、文化素养和心理健康等综合素质进行的考查和评估。笔试对应聘者来说是相对公平的一种测试方式，因而被越来越多的用人单位所采用。

二、笔试形式

按考试的侧重点分类，目前求职过程中的笔试形式一般有以下几种。

(一)专业考试

专业考试主要是检验应聘者担任某一职务时是否能达到所要求的专业知识水平和相关的实际能力。专业知识考试的题目专业性很强，如外资企业、外贸企业对应聘者要考外语，科研机构招聘人员要考动手能力，公检法机关录用干部要考法律知识等。

(二)文化素质考试

文化素质考试是为了检验毕业生的实际文化素质，由用人单位给出范围或特定要求，让应聘者通过作文来考查其知识、思维、文字表达能力的一种笔试方式。考试的题目以活题类型居多，如要求文科学生运用某一原理，或某一历史知识，分析某一问题；要求理工科学生运用某一专业知识，解决某一实际问题等。

（三）技能测试

技能测试是为了检验应聘者的实际工作能力或专业技术能力。这种考试往往针对特定的工作岗位来设计。

（四）论文笔试

论文笔试是检验求职者分析、综合、比较、归纳、推理等思维能力的方法。其形式采用论述题或自由应答型试题。该笔试的最大长处是有利于考查求职者的思考能力，从而能够检查求职者思想认识的深刻程度。这种测试往往会导致种种不同的答案，易于发现人才，促进智力发展，远比简单的测验题更能判断一个人的水平。论文笔试要求毕业生讨论问题要深刻、有见地。

（五）心理测试

心理测试是用事先编制好的用于测试被测试者心理素质的标准化量表或问卷，要求被试者在一定时间内完成，根据完成的数量和质量来判断其心理水平或个性差异的方法。一些特殊的用人单位常常以此来测试求职者的态度、兴趣、动机、智力、个性等心理素质。

三、笔试题型

笔试题型主要有选择题、是非题、匹配题、填空题、简答题、回答题、小论文，每一种题型都有它的优缺点。如论文笔试，它以长篇的文章表达对某一问题的看法，并表达自己所具有的知识、才能和观念等。该方式有下列优点：易于编制试题，能测验书面表达能力，易于观察应聘者的推理能力、创造力及材料概括力；同时它也存在下列缺点：评分缺乏客观的标准，命题范围欠广博，不能测出应聘者的记忆能力。其他笔试形式的优点为：评分公正、抽样较广、免除模棱两可及取巧的答案，可以测出应聘者的记忆力，试卷易于评阅；但也有下列的缺点：无法全面测试应试者推理能力、创造力及文字组织能力，有些应试者采取猜测答题，存在较大运气成分。

【案例分享】

以下案例为某学生参加XX移动公司笔试经验分享。

考试分为三部分：

第一部分是行政职业能力测试题（全是单选），题目不多，难度也还好。其中包括一篇英文阅读（讲的是sleep less和sleep longer的人的特质），四级水平。国企的考试之前还是准备好行业的知识比较好。

第二部分考一些基本常识，较多的是关于通信行业基本常识（全是单选），建议事先应做好这个行业基本常识的了解。

第三部分则是市场营销知识的考查(题型有单选、多选、不定项选择、判断对错)。

第二节　面试与面试技巧

一、面试概述

(一)定义

面试是一种经过组织者精心设计，在特定场景下，以考官对考生的面对面交谈与观察为主要手段，由表及里测评考生的知识、能力、经验等有关素质的一种考试活动。面试是公司挑选职工的一种重要方法。面试给公司和应招者提供了进行双向交流的机会，能使公司和应聘者之间相互了解，从而使双方都能更准确地做出聘用与否、受聘与否的决定。

(二)面试的作用

1. 考察到笔试人员甄选手段难以考察到的内容

笔试是以文字为媒介，考察一个人的知识水平素质能力，但很多素质特征很难通过文字表现出来，如一个人的仪表风度、口才、反应的敏捷性等。有些素质特征虽然可以通过文字形式来表达，但因为应试者的掩饰行为或其他原因没能表达，但却可以通过面试来考察。例如，对某些隐情，应试者往往不愿表露，对这些不愿表露的东西，在文字性的笔试、问卷等测试中，可以做到天衣无缝，但在面对面的面试中，就很难做到了，因为我们的身体不容易撒谎。

2. 综合考察应试者的知识、能力、工作经验及其他素质特征

面试是主考官和应试者之间的一种双向沟通活动，但面试的主动权还是控制在主考官手里，面试测评时主考官要专即专、要广即广、要深即深、要浅即浅，具有很大的弹性和灵活性。笔试和心理测验等在这方面均不如面试。

3. 弥补笔试的失误，并有效避免高分低能者和冒名顶替者

有人在笔试过程中没发挥好，如果仅以笔试成绩作为录用依据，那么这些人就没有机会被录用了。但如果再辅之以面试形式，就给这些人再次表现的机会。沈阳市在一次干部录用考试中发现，有些人虽然笔试成绩不算很高，但在面试中对答如流，表现极佳，显示出了很大的发展潜力，从而成为理想人选。笔试还存在一定局限性，笔试中难免有高分低能者甚至冒名顶替者。在一些省市的干部录用考试中，有些人笔试成绩很高，但面试时却言语木讷，对所提问题的回答观点幼稚、没有深度；有的则只能背书本知识，分析问题和解决问题的能力很差。

4. 面试可以测评应试者多方面的素质

从理论上讲，面试只要精心设计、时间充足、手段得当，可以准确地测评出应试者的任何素质。如果说心理测验中的许多问卷是测评应试者的智力、心理、品德等的有效手段，那么把这些心理测验中的问题以口头问答的形式表现出来，往往会收到与笔试不同的效果，由于信息量利用的高频率，其测评质量会更高。如果在面试中引入无领导小组讨论、角色扮演、管理游戏等情景模拟的人员甄选手段，还可考察应试者的组织能力、领导能力等；如果引入工作演示的方法，还可直接考察出一些应试者的实际工作能力。甚至，应试者的身体状况，也可通过面试获取大量信息。

(三)面试的特征

1. 面试以谈话和观察为主要手段

谈话是面试过程中的一项非常重要的手段。在面试过程中，主考官向应试者提出各种问题，应试者要对这些问题进行回答。对应试者的谈话进行分析，比如是否听懂了主考官的提问，是否抓住了问题的要害，语言表达的逻辑性、层次性、准确性等。

观察是面试过程中的另一个主要手段。在面试中，主考官运用自己的感官，特别是视觉，观察应试者的非语言行为，而且要能指明应试者的行为类型，进而借助于人的表象层面推断其深层心理。对应试者非语言行为的观察，主要有面部表情的观察和身体语言的观察。

国外一项研究表明，在求职面试中，从应试者面部表情中获得的信息量可超过50%。面试过程中，应试者的面部表情会有许多变化，主考官会观察到这种表情的变化，并能判断其心理。例如，应试者面部涨得通红，鼻尖出汗，目光不敢与主考官对视，便反映其自信心不足，心情紧张。应试者的目光久久盯着地面或盯着自己的双脚，默不作声，反映其内心的矛盾或正在思考。当主考官提出某一难以回答或窘迫的问题时，应试者可能目光暗淡，双眉紧皱，带着明显的焦急或压抑的神色。总之，主考官可以借助对应试者面部表情的观察与分析，判断应试者的自信心、反应力、思维的敏捷性、性格特征、情绪、态度等素质特征。

在面试过程中，除面部表情外，身体、四肢等在信息交流过程中也发挥着重要作用。比如手势，它具有说明、强调、解释或指出某一问题、插入谈话等作用，它是很难与口头语言分开的。具有不同心理素质的人，其身体语言的表现形式各不相同。一个情绪抑扬的人，他可能两肩微垂，双手持续地做着某个单调的动作，身体移动的速度相对较慢。而一个性格急躁的应试者，常常会无休止的快速运动手脚，双手还可能不断颤抖。一个缺乏自信和创新精神的人，会始终使他自己的双手处于与身体紧密接触的部位，头部下垂。一个人紧张或焦躁不安时，往往会出现膝盖或脚尖有节奏地抖动，手指不停地转动手里的东西，摆弄衣服，乱摸头发等。

2. 面试是一个双向沟通的过程

面试是主考官和应试者之间的一种双向沟通的过程。在面试过程中，应试者并不是完全处于被动状态。主考官可以通过观察和谈话来评价应试者，应试者也可以通过主考官的行为来判断主考官的价值判断标准、态度偏好、对自己面试表现的满意度等，来调节自己在面试中的行为表现。同时，应试者也可借此机会了解除自己应聘的单位、职位情况等，以此决定自己是否可以接受这一工作等。所以面试不仅是主考官对应试者的一种考察，也是主客体之间的一种沟通、情感交流和能力的较量。主考官应通过面试，从应试者身上获取尽可能多的有价值信息。应试者也应抓住面试机会，获取那些关于应聘单位及职位、自己关心的信息。

3. 面试内容灵活性

面试内容对于不同的应试者来说是相对变化的、灵活的，具体表现在以下几个方面。

第一，面试内容因应试者的个人经历、背景等情况的不同而无法固定。例如，两位应试者同时应聘档案管理岗位，一位有多年从事档案工作的经历，另一位是应届档案管理专业的大学本科毕业生。在面试中对前者应侧重于询问其多年来从事档案管理方面的实践经验，对后者则应侧重于了解其对该专业基础知识掌握的情况以及在校学习期间的情况。

第二，面试内容因工作岗位不同而无法固定。不同工作岗位，其工作内容、职责范围、任职资格条件等都有所不同，如国家技术监督局的有关技术监督岗位和国家人事部的考录岗位，无论其工作性质、工作对象，还是任职资格条件，都有很大差别。因此，其面试的内容和形式都有所不同，面试题目及考察角度都应各有侧重。

第三，面试内容因应试者在面试过程中的面试表现不同而无法固定。面试的题目一般应事先拟定，以供提问时参照。但并不意味着必须按事先拟定好的题目逐一提问，毫无变化，而要根据应试者回答问题的情况，来决定下一个问题问什么？怎么问？如果应试者回答问题时引发出与拟定的题目不同的问题，主考官还可顺势追问，而不必拘泥于预定的题目。

4. 面试对象的单一性

面试的形式有单独面试和集体面试两种。在集体面试中多位应试者可以同时位于考场之中，但主考官不是同时向所有的应试者发问，而是逐个提问、逐个测评，即使在面试中引入辩论、讨论，评委们也是逐个观察应试者的表现的。面试的问题一般要因人而异，测评的内容应侧重个别特征，同时进行会相互干扰。

5. 面试时间的持续性

面试与笔试有一个显著区别，面试不是在同一个时间展开，而是逐个进行。笔试是不论报考人数的多少，均可在同一时间进行，甚至不受地域的限制。

面试是因人而异的，主考官提出问题，应试者针对提问进行回答，既要考察应试者的专业知识、工作能力和实践经验，又要考察其仪表、反应力、应变力等，因此只能因人而异、逐个进行。

面试一般由用人部门主持，各部门、各岗位的工作性质、工作内容和任职资格条件等不同，面试差异大，无法在同一时间进行。

每位应试者的面试时间，无硬性规定，视其面试表现而定。

6. 面试交流的直接互动性

与笔试、心理测验等人员甄选方式不同，面试中应试者的行为表现，与主考官的评判是直接相连的，中间没有任何中介形式。面试中主考官与应试者的接触、交谈、观察也是相互的，是面对面进行的。主客体之间的信息交流与反馈也是相互作用的。而笔试、心理测验中，一般对命题人、评分人严加保密，不让应试者知道。面试的这种直接性提高了主考官与应试者间相互沟通的效果与面试的真实性。

二、面试的具体形式

(一)一对一面试

在这种形式下，一名应招者与一名面试人员面对面地交谈，有利于双方建立较为亲密的关系，加深相互了解。但由于只有一名面试人员，所以决策时难免有偏颇。

(二)多对一面试

通常是由两三个人组成面试小组对各个应招者分别进行面试。面试小组可由人事部门及其他专业部门的人员组成，从多种角度对应招者进行考察，提高判断的准确性，克服个人偏见。

(三)多对多面试

通常由面试小组(由两三人组成)同时对几个应招者(最好是五到六个)同时进行面试。在面试人员的引导下，完成一些测试和练习。在这个过程中，对应试者的逻辑思维能力、解决实际问题的能力、人际交往能力、领导能力等进行测试，以便于做出用人决策。

(四)电话面试

电话面试是一种通过手机、固话等通信工具对面试者进行考核和筛选的面试方式。采用的是不亲身接触，仅通过言语传递信息来了解面试者的身份、简历、应聘职位和应聘能力的方式。

电话面试的注意事项包括如下几个方面。

当接到面试电话通知时，一定要问清楚应聘的公司名称、职位、面试地点(包括乘车或开车的路线)、时间等基本信息，最好顺便问一下公司的网址、通知人的姓名和面试官的职位等信息。这里提醒大家，尽量按要求的时间去面试，因为很多企业都是统一面试，如果错过机会可能就错失了。

上网查一下该公司的相关背景和应聘职位的相关情况。

公司背景包括企业所属行业、产品、项目、发展沿革、组织结构、企业文化、薪酬水平、员工稳定性、发生的关键事件等，了解越全面、深入，面试的成功率就越高，同时，也有助于对企业的判断(人才和企业是双向选择的关系)。

应聘职位情况包括应聘职位的职位名称、工作内容和任职要求等，这一点非常重要，同一个职位名称，各家企业的要求是不尽相同的，了解越多，面试的针对性就越强。

三、面试的主要内容

从埋论上讲，面试可以测评应试者的任何素质，但由于人员甄选方法都有其长处和短处，扬长避短综合运用，则事半功倍，否则就很可能事倍功半。因此，在人员甄选实践中，我们并不是以面试去测评一个人的所有素质，而是有选择地用面试去测评它最能测评的内容。

(一)仪表风度

这是指应试者的体型、外貌、气色、衣着举止、精神状态等。像国家公务员、教师、公关人员、企业经理人员等职位，对仪表风度的要求较高。研究表明，仪表端庄、衣着整洁、举止文明的人，一般做事有规律、注意自我约束、责任心强。

(二)专业知识

通过对专业知识的测试可以了解应试者掌握专业知识的深度和广度，其专业知识是否符合所要录用职位的要求，作为对专业知识笔试补充。面试对专业知识的考察更具灵活性和深度，所提问题也更接近空缺岗位对专业知识的需求。

(三)工作实践经验

一般根据查阅应试者的个人简历或求职登记表，进行相关的提问。查询应试者有关背景及过去工作的情况，以补充、证实其所具有的实践经验，通过工作经历与实践经验的了解，还可以考察应试者的责任感、主动性、思维力、口头表达能力等。

(四)口头表达能力

口头表达能力强调面试中应试者是否能够将自己的思想、观点、意见或建议顺畅地用语言表达出来。考察的具体内容包括表达的逻辑性、准确性、感染力、音质、音色、音量、音调等。

(五)综合分析能力

综合能力强调分析面试中应试者是否能对主考官所提出的问题通过分析抓住本质，并且分析全面透彻、条理清晰。

(六)反应能力与应变能力

主要看应试者对主考官所提问题理解得是否准确及回答的迅速性、准确性等。对于突发问题的反应是否机智敏捷、回答恰当。对于意外事情的处理是否得当等。

(七)人际交往能力

在面试中，通过询问应试者经常参与哪些社团活动，喜欢同哪种类型的人打交道，在各种社交场合所扮演的角色，可以了解应试者的人际交往倾向和与人相处的能力。

(八)自我控制能力与情绪稳定性

自我控制能力对于国家公务员及许多其他类型的工作人员(如企业的管理人员)显得尤为重要。一方面，在遇到上级批评指责、工作有压力或是个人利益受到冲击时，能够克制、容忍、理智地对待，不致因情绪波动而影响工作；另一方面工作要有耐心和韧劲。

(九)工作态度

一是了解应试者对过去学习、工作的态度；二是了解其对现报考职位的态度。在过去学习或工作中态度不认真，做什么、做好做坏者无所谓的人，在新的工作岗位也很难说能勤勤恳恳、认真负责。

(十)上进心、进取心

上进心、进取心强烈的人，一般都确立有事业上的奋斗目标，并为之而积极努力，表现在努力把现有工作做好，且不安于现状，工作中常有创新。上进心不强的人，一般都是安于现状、无所事事，不求有功，但求无过，对什么事都不热心。

(十一)求职动机

求职动机可了解应试者为何希望来本单位工作，对哪类工作最感兴趣，在工作中追求什么，判断本单位所能提供的职位或工作条件等能否满足其工作要求和期望。

(十二)业余兴趣与爱好

应试者休闲时爱从事哪些运动，喜欢阅读哪些书籍，喜欢什么样的电视节目，有什么样的嗜好等，可以了解一个人的兴趣与爱好，这对录用后的工作安排很有好处。

(十三)单位介绍与回答应试者问题

面试时主考官还会向应试者介绍本单位及拟聘职位的情况与要求，讨论有关工薪、福利等应试者关心的问题以及回答应试者可能问到的其他一些问题等。

四、面试需避免的十二种硬伤

(一)不善于打破沉默

面试开始时，应试者不善于“破冰”，而等待面试官打开话匣子。面试中，应试者又出于种种顾虑，不愿主动说话，结果使面试出现冷场。即便能勉强打破沉默，语音语调也极其生硬，使场面更显尴尬。实际上，无论是面试前或面试中，面试者主动致意与交谈，会留给面试官热情和善于与人交谈的良好印象。

(二)与面试官“套近乎”

具备一定专业素养的面试官是忌讳与应试者套近乎的，因为面试中双方关系过于随便或过于紧张都会影响面试官的评判。过分“套近乎”也会在客观上妨碍应试者在短短的面试时间内，做好专业经验与技能的陈述。聪明的应试者可以列举一至两件有根有据的事情来赞扬招聘单位，从而表现出你对这家公司的兴趣。

(三)为偏见或成见所左右

有时候，参加面试前自己所了解的有关面试官或该招聘单位的负面评价，会左右自己面试中的思维，误认为貌似冷淡的面试官或是严厉或是对应试者不满意，因此十分紧张。还有些时候，面试官是一位看上去比自己年轻许多的女士，心中便开始嘀咕：“她怎么能有资格面试我呢?”其实，在招聘面试这种特殊的关系中，应试者作为供方，需要积极面对不同风格的面试官。一个真正的销售员在面对客户的时候，他的态度是无法选择的。

(四)慷慨陈词，却举不出例子

应试者大谈个人成就、特长、技能时，聪明的面试官一旦反问：“能举一两个例子吗?”应试者便无言应对。而面试官恰恰认为：事实胜于雄辩。在面试中，应试者要想以其所谓的沟通能力、解决问题的能力、团队合作能力、领导能力等取信于人，唯有举例。

(五)缺乏积极态势

面试官常常会提出或触及一些让应试者难为情的事情。很多人对此面红耳赤，或躲躲闪闪，或撒谎敷衍，而不是诚实地回答，进行正面解释。比方说面试官问：“为什么5年中换了3次工作?”有人可能就会大谈工作如何困难、上级不支持等，而不是告诉面试官：虽然工作很艰难，自己却因此学到了很多，也成熟了很多。

(六)丧失专业风采

有些应试者面试时各方面表现良好，可一旦被问及现所在公司或以前公司时，就会愤怒地抨击其老板或者公司，甚至大肆谩骂。在众多国际化的大企业中，或是在具备专业素养的面试官面前，这种行为是非常忌讳的。

(七)不善于提问

有些人在不该提问时提问，如面试中打断面试官谈话而提问。也有些人面试前对提问没有足够准备，轮到有提问机会时不知说什么好。而事实上，一个好的提问，胜过简历中的无数笔墨，会让面试官刮目相看。

(八)对个人职业发展计划模糊

对个人职业发展计划，很多人只有目标，没有思路。比如当问及“您未来5年事业发展计划如何”时，很多人都会回答说“我希望5年之内做到全国销售总监一职。”如果面试官接着问“为什么”，应试者常常会觉得莫名其妙。其实，任何一个具体的职业发展目标都离不开对个人目前技能的评估以及自己为胜任职业目标所需拟订的粗线条的技能发展计划。

(九)假扮完美

面试官常常会问：“您性格上有什么弱点？您在事业上受过挫折吗？”有人会毫不犹豫地回答：“没有。”其实这种回答常常是对自己不负责任的。没有人没有弱点，没有人没有受过挫折。只有充分地认识到自己的弱点，也只有正确地认识自己所受的挫折，才能造就真正成熟的人格。

(十)被“引君入瓮”

面试官有时会考核应试者的商业判断能力及商业道德方面的素养。例如，面试官在介绍公司诚实守信的企业文化之后或索性什么也不介绍，问：“您作为财务经理，如果我要求您一年之内逃税1000万元，那您会怎么做？”如果你当场抓耳挠腮地思考逃税计谋，或文思泉涌，立即列举出一大堆方案，都证明你上了他们的圈套。实际上，在几乎所有的国际化大企业中，遵纪守法是员工行为的最基本要求。

(十一)主动打探薪酬福利

有些应试者会在面试快要结束时主动向面试官打听该职位的薪酬福利等情况，结果是欲速则不达。具备人力资源专业素养的面试者是忌讳这种行为的。其实，如果招聘单位对某一位应试者感兴趣的话，自然会问及其薪酬情况。

(十二)不知如何收场

很多应试者面试结束时，因成功的兴奋，或因恐惧失败，会语无伦次，手足无措。其实，面试结束时，作为应试者，不妨表达自己对应聘职位的理解，充满热情地告诉面试者自己对此职位感兴趣，并询问下一步是什么；面带微笑和面试官握手并谢谢面试官的接待及对自己的考虑。

五、面试服饰礼仪

(一)男士面试服饰礼仪

1. 西装要笔挺

在现代社会的公关社交活动中，人们普遍认为“西装革履”是现代职业男士的正规服饰，就求职面试活动而言，穿西装也是最为稳妥的，因此，西装一般成为许多求职者的首选装束。然而，穿西装也有许多讲究。

(1)颜色的选择

应聘者最好穿深色的西服，灰色、绿色和深蓝色都是不错的选择，它们给人以稳重、可靠、忠诚、朴实、干练的印象。

(2)面料的选择

穿天然织物做的衣服。人造织物的光泽和质地给人一种廉价的感觉。通常不像天然织物做的衣服那样有种吸引人的“下垂”感。而且，这种面料常常留有人体的气味，还不易去除。从更细微的角度说，让人把你同“人造”联系起来总不大好，因为这会给人以虚假和缺乏深度的感觉。

(3)西装要得体

体瘦的人，如果着深蓝色或中粗竖条的西装，会露出其纤细、瘦弱的缺憾，而穿米色、鼠灰色等暖色调，图案选用格子或人字斜纹的西装，就会显得较为丰满、强壮。瘦高的人，宜穿双排扣或三件套西装，面料选用质感温暖感觉的，不要选用廓形细窄而锐利的套装。瘦矮的人穿西装时，可用胸袋装饰手帕，为增加胸部的厚度，还可在内袋装入钱包、笔记本等物品。体胖的人可穿深蓝、深灰、深咖啡色等西装，忌米色、银灰等，如果是带图案的西装，宜用0.5～2cm的竖条。西装的款型可选用直线型的美国式，这会显得廓形锐利且苗条。

另外，双排四粒扣西装，可掩饰微挺的肚子。矮胖的人也可穿三件套，这样显不出身体的分割线，并且口袋里尽量不装物品。高而胖的人，宜穿三粒扣的西装和单件西装。穿单件西装上衣时，宜穿深色上衣，配同色系的浅色长裤，这样既能掩饰缺点，又显得帅气十足。

男士西装十项注意：

忌西裤短，标准的西裤长度为裤管盖住皮鞋；

忌衬衫放在西裤外；

忌衬衫领子太大，领脖间存在空隙；

忌领带颜色刺目；

忌领带太短，一般领带长度应是领带尖盖住皮带扣；

忌不扣衬衫扣就佩戴领带；

忌西服上衣袖子过长，应比衬衫袖短1厘米；

忌西服的上衣、裤子袋内鼓囊囊；

忌西服配运动鞋；

忌皮鞋和鞋带颜色不协调。

2. 衬衫要理想

衬衫必须是长袖的。有些衬衣的袖口上有简单的链扣，给人以格外注重细节的感觉。衬衫应当是白色或淡蓝色，不带图案或条纹。印有交织字母的衬衫对你可能有利也可能不利，有些面试者会认为这代表有个性、成功以及自信，而其他人则认为这是炫耀，甚至有点粗俗。最安全的办法就是避开印有交织字母的衬衫。跟西服一样，衬衫的最理想布料也是天然织物。要穿那些经过精心缝制、专业洗涤、中度上浆(挺括)的全棉衬衫。

3. 领带要选好

有些专家说，在你跟面试者握手时领带首先受到关注。它可以使一套昂贵的西服显得很廉价，也可以使普通的穿着给人的印象提高一个档次。领带的面料选用100%的纯丝即可。不要使用亚麻或毛料，前者容易缩水，后者显得太随便。合成织物显得廉价，而且打出的结也不美观。如果穿白色或浅蓝衬衣，就比较容易挑选与之相配的领带。领带应当为西服增色，且不能与西服的图案有任何冲突。领带的宽度随衣服款式的不同而不同，穿西服时，安全的着装规则就是领带宽度要接近西服翻领的宽度。传统的图案如立体形、条纹、印花绸以及不太显眼的蜗旋纹布等都是可以接受的。行政主管们一直喜欢立体宽条纹，因而这种布料被称为“权力条纹”。不过，要避开带圆点花纹、图画(如动物、猎狗的头等)、体育形象(如马球棍和高尔夫球棒等)以及设计者的徽标的领带。

4. 皮鞋要擦亮

注意使你的鞋面保持锃亮，鞋跟要结实，破旧的鞋跟会使人显得疲软而萎靡，系带的皮鞋一定要检查鞋带是否干净且系紧了。松开或未系的鞋带会给你带来不安全感甚或可以将你绊倒。另外，切勿把黑鞋与棕色西装搭配，这样会十分不谐调。

5. 袜子要够长

如果你选择的是一双鞋面较低的无带鞋，这些对你尤其重要。无论如何，袜子的颜色应当和西服相配。通常应选蓝、黑、深灰或深棕色，不要穿颜色鲜亮或花格袜子。袜子要够长，否则会十分不雅观。而且要有足够的弹性，使它们不至于从腿上滑下或缩成一团。

6. 头发要干净、自然

求职者去应聘时要保持头发整洁，精心梳理，不要给人油光发亮、湿淋淋的感觉；发型简单、朴素、稳重大方，不要留鬓角，最好不要留中分头；头发也不能压着衬衣领子；胡须最好刮干净。

7. 外套要便捷

厚重的上衣已经逐渐被轻便的新式样代替了，因为它几乎适用于所有场合且耐用。另外，人们潜意识中往往对穿浅色上装的人投以更深的信任。如果你好好注意一下便不难发现在电影里扮演正面角色的男人出场时他的上衣定是浅色的，反之反面角色定是深色的。因此，假如穿上装去面试，最好选择浅色调，以示你是一个值得信任的人。

8. 公文包要简单

简单细长的公文包是最佳选择。如果适合你的职业，携带一个整洁的文件夹。避免带任何会使人想起推销员的皮包。还要注意看看包带或扣是否好使，把包拉上，看看是否能开合自如。当然，别忘了把必备的简历等资料装进去。

9. 注意手和指甲

手是人体中活动最多的部分之一，也常常是人们目光的焦点，因此，在面试人看你之前，先看看自己的手，必使其洁净而不要留长指甲。

10. 小饰物要简单适宜

第一，皮夹。一件小巧的钱包不易使口袋鼓起变形。但钱包里的东西应是必需品。千万不要把各种信用证、家庭生活照等塞在里面。

第二，手表。手表不仅是为了计时用的，而且还是一件装饰品。在支付能力范围内选择高质量的并和你的衣服相配的名牌，另外，也不应戴卡通类的手表。

第三，手帕。放一块折叠雅致的手帕在你的西装上部的小口袋中，不仅可增加情调，而且还可在出现尴尬局面时用它作掩饰。

第四，项链、装饰别针、手镯、耳环等饰物都是男性求职者面试时十分忌讳的。

11. 注意个人卫生

身上的怪味应清除。面试时，应试人和主试人的距离一般不会很远，如果你身上散发出汗臭味、腋臭味、烟味等怪味，主试人闻到了肯定会厌恶，这也要影响面试效果。因此，面试前务必把身上的怪味清除掉。清除怪味的办法有多种。一是面试前的那餐饭菜不要吃洋葱和大蒜，也不要喝酒，以免口腔怪味刺人，酒气熏天。饭后漱漱口，最好刷刷牙。二是面试前洗个澡，这既可以把汗臭味冲洗掉，把腋臭味冲淡，也可以使你更加精神抖擞。三是面试前别吸烟，烟味会萦绕不散，气味难耐。四是可以在身上适度地抹些香水，香水既可驱散其他气味，又沁人心脾，香水需提前两三个小时抹，可擦在耳后、衣领处、手肘内侧、手腕、胸前及膝盖内侧，不要把香水直接喷在衣服上。香水的味道应选择清淡型的，如玫瑰香型、米兰型和黄角兰型。

(二)女士面试服饰礼仪

女士着装以整洁美观、稳重大方、协调高雅为总原则，服饰色彩、款式、大小应与自身的年龄、气质、肤色、体态、发型和拟聘职业协调、一致。

1. 服装的选择要得体

女士求职服装一般以西装、套裙为宜，这是最通用、最稳妥的着装，不论年龄大小，一套剪裁合体的西装、套裙和一件配色的衬衣或罩衫外加相配的小饰物，会使你看起来显得优雅而自信，会给对方留下良好的印象。切忌穿太紧、太透和太露的衣服。袒胸露背一般是西方女士参加社交活动的传统着装，但在我国却不一定适合。不要穿超短裙(裤)，不要穿领口过低的衣服。夏天，内衣(裤)颜色应与外套协调一致，避免透出颜色和轮廓，否则，会让人感到不庄重、不雅致，也给人轻佻之感，这是求职之大忌。大量的求职实践表明，不论是应聘何种职业，保守的穿着会被视为有潜力的候选人，会比穿着开放的求职者更容易被录用。

女性求职者服装的颜色可有多种选择，有些女性认为面试时一定要穿黑色套装，这种穿法虽然十分稳重，但是现在社会已能接受一些较鲜艳的颜色。例如，谋求公关、秘书职位的女性穿黄色服装就容易被主试人接受，因为黄色通常表现出丰富的想象力和追求自我满足的心理。红色能显示人的个性好动而外向，主观意识较为强烈而且有较强的表现欲望，这种颜色感染力强，容易打动主试人，令其振奋，使其印象深刻。不过，女性应该避开粉红色，这种颜色往往给人以轻浮、圆滑、虚荣的印象。

2. 鞋子要便利

女士如何穿鞋也有学问，总的原则是应和整体相协调，在颜色和款式上与服装相配。面试时，不要穿长而尖的高跟鞋，中跟鞋是最佳选择，既结实又能体现职业女性的尊严。设计新颖的靴子也会显得自信而得体。但穿靴子时，应该注意裙子的下摆要长于靴端。

3. 袜子也很重要

袜子不能有脱丝。时装设计师们都认为，肉色作为商界着装是最适合的。为保险起见，你应在包里放一双备用，以免脱丝能及时更换。另外，不论你的腿有多漂亮，都不应在面试时露着光腿。

4. 饰物要少而精

第一，公文包或手提小包。带一个即可，不要两个都带。在多数面试场合，携带公文包比手提小包体现出更多的权威。你可以把手提包的基本内容放进一个无带小提包，然后把它装进公文包内，但不要把包塞得满满的。如果你个子不高，包则不宜过大，否则会极不协调。

第二，帽子。不管是否戴帽子，对此你必须持谨慎态度。假如你的帽子与你全身很相配，就请选择一顶既无饰边也不艳丽却很雅致的帽子。一般有面纱的松软宽边的法式帽子在生意场上易使人心烦。

第三，首饰。首饰尽量少戴。拇指戒指不能为人接受。耳环应当小巧且不引人注目。为了使你感到舒适，注意力集中，戴的耳环不要过长，以免发出声响或者触及脖颈，甚至挂到衣服上。朴实无华的项链就挺好，但别戴假珍珠或华丽的人造珠宝。令人喜爱的手镯是完全可以接受的，但镯子上的小饰物应当避免，其他刻有名字首字母的首饰也应避免。面试时一定不要戴脚镯。总之，戴首饰的重要原则是：少则美。

第四，眼镜。眼镜会使一些人外表增色，也可能使一些人显得不协调。尽量选择适合自己的镜框，式样宜新为好。另外，千万不可戴太阳镜(护目镜)去面试，当然更不能戴反光镜。假如你非戴眼镜不可，可选择隐形眼镜。

第五，围巾。一条漂亮的围巾有画龙点睛的妙用。一些女士喜欢蓝灰色服装，但穿蓝灰色衣服往往会使面部发暗，如果配上一条色彩浓郁、风格热烈的尼龙围巾，就能达到生机勃勃的效果。如果穿一套藏青色的西服，应围一条纯白的围巾，既能衬托红唇黑眸，又能保持藏青色清爽如水的气质，衬托出女性的敏捷和果断。另有一些女青年，喜欢穿银灰色的衣服。银灰色是高雅大方的色彩，但若围巾搭配不当，便会显得呆板平淡。

第六，丝巾。丝巾飘逸清秀的特点最能烘托出女性的美，但选择丝巾时一定要注意与衣服的协调搭配，如花色丝巾可配素色衣服，而素色丝巾则适合艳丽的服装。

5. 发式要适宜

在选择发型之前，应该先分析研究一下自己的脸型，有了彻底的了解后，才会选择出最适合脸型的发型。一般来讲，掌握以下几个原则即可。

第一，高额角、低额角。如果你的脸型属高额角，发梢应向下梳，做刘海或波浪，让你的头发遮盖一部分前额；若是低额角，发梢应尽量离开前额往上梳，如果你偏爱刘海，必须要短，绝不能低于发线，避免使额头看起来更低。

第二，宽额角、窄额角。宽额角，发梢应从两边向中间梳，用波浪遮掩住太宽的额角。对窄额角的年轻女士来说，情况正好相反，头发应沿两边向后梳，如果做了刘海，则发卷切不要让它伸延至太阳穴前。

第三，高颧骨、低颧骨。高颧骨，两鬓的头发往前梳，超过耳线，盖住颧骨，刘海不妨略长些，但不可梳中分式。至于低颧骨的年轻女士，两边的头发应往后梳，不要遮耳线，两鬓可以做发卷，以中间分开更好。

第四，大鼻子、小鼻子。大鼻子，头发应梳高或向后梳，避免中分，因为中分会使鼻子显得更大，最好不要蓄刘海。小鼻子的年轻女士头发绝不要往上梳，应让刘海下垂，遮住发线，但刘海不可留得过长。

第五，突下巴、缩下巴。突下巴，两边及额前的头发，都应向上梳，让发线显露出来，脑后微微往上梳。缩下巴，额前和两鬓的头发，都应向前梳，脑后头发要低而丰满。

第六，粗短脖子。头发四面向上梳，应蓄短发，永远不要让头发遮盖发线。

6. 化妆要淡而美

对于女性求职者，化妆一定要坚持素雅的原则，切不可浓妆艳抹。

第一，嘴唇。嘴唇是脸部最富色彩、最生动的地方，也是最吸引人的部分，所以无论如何要使嘴唇显得有润泽感。年轻女士宜用紫色口红，避免用大红或橙红，过于刺眼的嘴唇会给人以血盆大口的印象，使主试人唯恐避之不及。唇线不可画得太深，那样会使你的嘴显得突出和虚假。

第二，眼睛。眼睛是心灵的窗户。因此，眼睛在面试时的作用是举足轻重的。为了使眼睛在面试时能动人而传神，面试之前就应稍加修饰，如女士可以描一描眉毛，使之更加妩媚。眼睛小的，可以在眼睛四周轻轻地描上眼圈，但不能描得太黑太深，不要露出修饰的痕迹。单眼皮者也未必一定要去做双眼皮，有的单眼皮传达出的眼神更坦率、更亲切。如果你有近视、斜视和眨眼之类的毛病，就有必要戴上一副眼镜去面试，不要让眼睛的毛病贻误了自己取胜的机会。

第三，鼻子。我们说修饰鼻子，并不是要你去整容。你可以在鼻梁上略施淡粉，因为面试时如果灯光太亮，会使鼻子出油发亮，如果天气太热，鼻梁上也容易出汗。有粉刺鼻、酒糟鼻和鼻炎者，最好提前到医院去诊治，以免妨碍面谈的效果。平常鼻毛长的人，面试前要格外注意修剪。另外，鼻端上或眼角里不要留有污秽积物。

第四，香水。选择香水要与自身的气质相配，香味宜淡，闻上去要给人以舒畅的感觉。

7. 注意手和指甲

女人的手通常是其气质外观的一个方面。为充分显示其魅力，应保持干净的形象，指甲应修剪好，千万不要留长长的指甲，另外不要涂艳丽的指甲油。因为长指甲会使人联想起你是什么都不干的大小姐。爱美之心人皆有之，但对于求职者而言，其服饰除了要符合一般社交场合服饰的共同要求外，更要注重和突出服饰的职业特点，使自己的着装打扮与应聘的职业相称，给人一种鲜明的职业形象的感觉。如拟应聘的职业是教师、工程师、干部等岗位，打扮就不能过分华丽、时髦，而应该选择庄重、素雅、大方的着装，以显示出稳重、文雅、严谨的职业形象；如果拟应聘的职业是导游、公关、服务等岗位，就可以选择华美、时髦的着装，以表现活泼、热情的职业特点。

六、剖析面试中常见的问题

下面的几个问题是面试中常常会提出的，针对这些问题好好准备，在面试时也就不会无言以对了。

(一)问题举例

1. 个人情况

第一，“请自我介绍一下”——介绍内容要与个人简历一致，表述方式上尽量口语化。要切中要害，不谈与应聘岗位无关、无用的内容，条理要清晰，层次要分明，事先最好以文字的形式写好背熟。

第二，“谈谈你的家庭情况”——这一问题对于了解应聘者的性格、观念、心态等有一定的作用，这是招聘单位问该问题的主要原因。要简单地罗列家庭人口，宜强调温馨和睦的家庭氛围，宜强调父母对自己教育的重视，宜强调各位家庭成员的良好状况，宜强调家庭成员对自己工作的支持，宜强调自己对家庭的责任感。

第三，“你有什么业余爱好?”——业余爱好能在一定程度上反映应聘者的性格、观念、心态，这是招聘单位问该问题的主要原因。最好不要说自己没有业余爱好，不要说自己有哪些庸俗的、令人感觉不好的爱好，最好不要说自己仅限于读书、听音乐、上网，否则可能令面试官怀疑应聘者性格孤僻，最好能有一些户外的业余爱好来“点缀”形象。

第四，“你最崇拜谁?”——最崇拜的人能在一定程度上反映应聘者的性格、观念、心态，这是面试官问该问题的主要原因。不宜说自己谁都不崇拜，不宜说崇拜自己，不宜说崇拜一个虚幻的，或是不知名的人，不宜说崇拜一个明显具有负面形象的人，所崇拜的人最好与自己所应聘的工作能“搭”上关系，最好说出自己所崇拜的人的哪些品质和哪些思想感染着自己、鼓舞着自己。

第五，“你的座右铭是什么?”——座右铭能在一定程度上反映应聘者的性格、观念、心态，这是面试官问这个问题的主要原因。不宜说那些易引起不好联想的座右铭，不宜说那些太抽象的座右铭，不宜说太长的座右铭，座右铭最好能反映出自己某种优秀品质，如“只为成功找方法，不为失败找借口”。

【课堂练习】

请回答：作为一名应聘者，“谈谈你的缺点”。

2. 认知情况

第一，“谈一谈你的一次失败经历”——不宜说自己没有失败的经历，不宜把那些明显的成功说成是失败，不宜说出严重影响所应聘工作的失败经历，所谈经历的结果应是失败的，宜说明失败之前自己曾信心百倍、尽心尽力，说明仅仅是由于外在客观原因导致失败，失败后自己很快振作起来，以更加饱满的热情面对以后的工作。

第二，“为什么想进本公司?”——这通常是面试官最先问到的问题。此时面试官就开始评断录用与否了，建议大家先判断自己去应聘的工作性质，是专业能力导向呢，或是需要沟通能力，其实现在市场多以服务为方向，所以口才被视为基本能力之一，所以在此时就要好好表现自己的口才，而口才较差者就务必表现出自己的专业能力即诚意，弥补口才不足的部分。回答这个问题时，一定要积极正面，如想要使自己能有更好的发展空间，希望能在相关领域中有所发展，希望能在公司多多学习等。此时可以稍稍夸一下面试公司，但切记一定要诚恳，不然会画蛇添足，得不偿失！对于社会新人的建议则是，由于之前没有工作经验，所以可以坦诚地说出自己的动机，不过用语还是要思考一下。

第三，“喜欢这份工作的哪一点?”——每个人的价值观不同，自然评断的标准也会不同，但是，在回答面试官这个问题时不能太直接就把自己心里的话说出来，尤其是薪资方面的问题，不过一些无伤大雅的回答是不错的考虑，如交通方便、工作性质及内容颇能符合自己的兴趣等都是不错的答案，不过如果这时自己能仔细思考出这份工作的与众不同之处，相信在面试中会大大加分。

第四，“对公司的了解有多少?”——这时准备的功夫就派上了用场，将你之前所吸收的信息发挥出来吧！至少也要知道公司的产品是哪些，提供哪些服务等，不然面试官一问当场傻在那儿就糗大了，所以一定要事前准备！

第五，“对工作的期望与目标何在？”——这是面试者用来评断求职者是否对自己有一定程度的期望、对这份工作是否了解的问题。对于工作学习目标的人通常学习较快，对于新工作自然较容易进入状态，这时建议你，最好针对工作的性质找出一个确实的答案，如业务员的工作可以这样回答：“我的目标是能成为一个超级业务员，将公司的产品广泛地推销出去，达到最好的业绩成效。为了达到这个目标，我一定会努力学习，而我相信以我认真负责的态度，一定可以达到这个目标。”其他类的工作也可以比照，只要在目标方面稍微修改一下就可以了。

第六，“为什么要离职？”——回答这个问题时一定要小心，就算在前一个公司受到再大的委屈，对公司有再多的怨言，都千万不要表现出来，尤其要避免对公司主管的批评，避免面试官的负面情绪及印象。建议此时最好的回答方式是将问题归咎在自己身上，如觉得工作没有学习发展的空间，自己想在相关产业中多加学习，或是前一份工作与自己的生涯规划不合等，回答的答案最好是积极正面的。

第七，“选择这份工作的原因为何？”——这是面试官用来测试应聘者对工作理解度的问题，借以了解求职者只是基于对工作的憧憬或是确实的兴趣来应聘这份工作，此时之前所强调的事先研究功夫又再度派上用场，建议你的回答应以个人的兴趣配合工作内容特质，表现出高度的诚意，这样才可以为自己迈向成功奠定基础。

第八，“你认为相关产业的发展为何？”——这也是事前准备的功夫，多阅读一些相关的报纸杂志，做一些思考，表现出自己对相关产业的认识，如果是同业转职者，可强调以自己的经验为基础所做的个人见解，但若是初次接触此行业，建议采取较为保守的方式，以目前资讯所提供的资料为主作答，表现出浓厚以及兴趣高度的诚意。

第九，“你希望的待遇为多少？”——这是一个非常敏感的问题，其实在目前，一般大型企业在招聘时就会事先说明基本底薪等薪资待遇，而一般中小型企业有许多仍以个人能力、面试评价作为议薪的标准，所以建议求职者可以利用现在网络科技查询薪资定位的相关资料，配合个人的价值观、经验、能力等条件，做出最基本的薪资底限，这时建议无工作经验者应采取保守的态度为准，以客观资料作为主要考量重点，“依公司规定”的回答是不被建议的，这样不但表示出自己对于工作的自信程度不高，在薪资无法符合个人要求时更会造成许多困扰。

第十，“对这项工作，你有哪些可预见的困难？”——不宜直接说出具体的困难，否则可能令对方怀疑应聘者不行，可以尝试迂回战术，说出自己对困难所持有的态度——“工作中出现一些困难是正常的，也是难免的，但是只要有坚忍不拔的毅力、良好的合作精神以及事前周密而充分的准备，任何困难都是可以克服的。”

第十一，“如果我录用你，你将怎样开展工作”——如果应聘者对于应聘的职位缺乏足够的了解，最好不要直接说出自己开展工作的具体办法，可以尝试采用迂回战术来回答，如“首先听取领导的指示和要求，然后就有关情况进行了解和熟悉，接下来制订一份近期的工作计划并报领导批准，最后根据计划开展工作。”

第十二，“与上级意见不一致，你将怎么办？”——一般可以这样回答“我会给上级以必要的解释和提醒，在这种情况下，我会服从上级的意见。”如果面试你的是总经理，而你所应聘的职位另有一位经理，且这位经理当时不在场，可以这样回答：“对于非原则性问题，我会服从上级的意见，对于涉及公司利益的重大问题，我希望能向更高层领导反映。”

第十三，“我们为什么要录用你？”——应聘者最好站在招聘单位的角度来回答。招聘单位一般会录用这样的应聘者：基本符合条件、对这份工作感兴趣、有足够的信心，如“我符合贵公司的招聘条件，凭我目前掌握的技能、高度的责任感和良好的适应能力及学习能力，完全能胜任这份工作。我十分希望能为贵公司服务，如果贵公司给我这个机会，我一定能成为贵公司的栋梁！”

第十四，“你能为我们做什么？”——基本原则上“投其所好”，回答这个问题前应聘者最好能“先发制人”，了解招聘单位期待这个职位所能发挥的作用，应聘者可以根据自己的了解，结合自己在专业领域的优势来回答这个问题。

第十五，“你是应届毕业生，缺乏经验，如何能胜任这项工作？”——如果招聘单位对应届毕业生的应聘者提出这个问题，说明招聘单位并不真正在乎“经验”，关键看应聘者怎样回答。对这个问题的回答最好要体现出应聘者的诚恳、机智、果敢及敬业，如“作为应届毕业生，在工作经验方面的确会有所欠缺，因此在读书期间我一直利用各种机会在这个行业里做兼职。我也发现，实际工作远比书本知识丰富、复杂。但我有较强的责任心、适应能力和学习能力，而且比较勤奋，所以在兼职中均能圆满完成各项工作，从中获取的经验也令我受益匪浅。请贵公司放心，学校所学及兼职的工作经验使我一定能胜任这个职位。”

【课堂练习】

请回答：作为应聘者，“你希望与什么样的上级共事？”—— 通过应聘者对上级的“希望”可以判断出应聘者对自我要求的意识，这既是一个陷阱，又是一次机会，最好回避对上级具体的希望，多谈对自己的要求，如“作为刚步入社会的新人，我应该多要求自己尽快熟悉环境、适应环境，而不应该对环境提出什么要求，只要能发挥我的专长就可以了。”

回答问题时要善于用个案展现自我。在回答面试问题时尽量讲述你曾做过的某个成功的个案，以此来表现你的卓越才能。因为个案的说服力是最强的，但这要很有技巧地引导主考官认真地听你讲完才能发挥其最大的作用。如何才能做到这一点呢？第一，在保持真实性的前提下，事先要尽量将该个案编得有故事性、情节性。第二，在讲述前应先引起对方对你要讲的个案产生浓厚的兴趣。例如，可能对此个案做一个简要的介绍，或者对它的曲折性、困难性、传奇性做一个概括，使对方自动问你这个个案的详细经过是怎么样的，然后你就可以说这样可能要多花些时间，这时对方在好奇心的驱动下，就顾不得那么多了，会叫你尽快讲出来。第三，在讲述时注意保持与对方目光适当的接触，这样一方面可表示对对方的重视，是一种礼貌，另一方面则能时刻注意对方的反应。第四，一旦对方表现出有些不耐烦的情绪，可以在适当的时候运用一些技巧使对方再次提起兴趣，比如在讲到一个广告个案在实施的过程时，你可以叹一口气，略作停顿，吊一吊对方的胃口，等对方问你为什么叹气时，你才继续讲那时遇到了很大的困难，但你还是想出了一个绝妙的办法将它解决了。

本章知识点总结

一、笔试的形式、基本内容、主要题型。

二、面试的形式、主要内容及技巧。

三、面试的服装礼仪。

四、面试中常见的问题。

第九章　就业手续办理

【学习日的】

了解就业手续办理流程；做好就业推荐表、就业协议书、报到证等就业材料的准备；确保档案、户籍、党组织关系的转迁；掌握人事代理、升学、待就业手续的办理。

第一节　手续流程

在求职过程中，大学生不仅要了解就业工作运行的客观流程，同时自身也应当遵循合理的就业程序，以便最终顺利地达到就业的目的。大致而言，一个完整的大学生就业程序应当包括以下几个主要步骤。

一、了解就业政策

大学生就业是一项政策性很强的工作，了解国家有关就业政策是大学生求职择业的关键。有人曾经形象地称求职择业中不熟悉就业政策的大学生如同“不懂得比赛规则而上场比赛的运动员”。的确，面临求职择业的大学毕业生，如果不首先了解国家以及有关部门的就业政策而盲目地去选择职业，很可能事与愿违，甚至处处碰壁。大学毕业生就业政策是国家为实现一定历史时期的任务，适应经济建设和社会发展的需要而制定的有关大学生就业的行动准则，它将根据国家政治、经济形势的变化而不断调整。各地区、各部门也根据国家当年颁布的有关政策并结合本地区、本部门的实际制定本地区、本部门的一些毕业生就业政策。学校、毕业生和用人单位必须按照这些政策来指导和规范毕业生求职择业活动。因此，毕业生在面向社会求职择业时，首先需要主动向学校及相关部门了解当年国家在大学毕业生就业过程中的具体政策规定，学校及有关部门也会在适当时机向学生公布国家及有关地区、部门的就业政策。

二、收集和处理就业信息

大学毕业生求职择业不仅取决于整个社会的政治、经济状况及自身的能力素养，也取决于是否占有大量的就业信息。就业信息是毕业生求职择业的基础和必要条件，谁能及时获取信息，谁就获得了求职的主动权。因此，毕业生应当及时、全面地掌握有关就业方面的种种信息，并认真地对这些信息进行分析、筛选、整理，最终做出正确选择。

1. 收集就业信息

收集就业信息是大学生求职择业前的一项重要任务，高质量的就业信息往往存在于广泛的信息之中。职业信息是广泛的，并不仅仅是指需求数量的概念，还包括对人的素质要求以及需求单位的隶属关系，单位的性质、人才结构、发展前景等。因此，必须充分利用各种渠道，运用各种手段准确地收集与择业有关的各种信息，为择业做好充分的准备。获取就业信息的途径一般有个人走访收集、学校就业指导部门提供、参加毕业生供需见面会和人才招聘会、通过互联网获取、通过社会关系获取、社会实践过程和毕业实习机会、通过新闻媒介等途径获取。

2. 就业信息的分析处理

在已经收集到的大量就业信息中，由于信息来源和获取方式不尽相同，内容是杂乱的，有相互矛盾的，也难免有虚假的。求职者可结合自己的实际情况，对获得的信息进行去粗取精、去伪存真地分析、筛选、整理、鉴别，以便取其精华，使信息具有准确性、全面性和有效性，更好地为自己择业服务。

三、做好择业的思想准备与心理准备

毕业生择业前的思想准备包括树立正确的择业观、客观的自我分析与评价和确定合适的择业目标等。在收集信息的基础上，大学生要联系自身实际，客观地进行自我分析。自我分析包括以下几个方面。

第一，综合素质、能力的自我测评。如学习成绩在全专业中的名次及自己的兴趣、特长、爱好是什么，有何出众的能力、潜能等。

第二，分析自己的性格、气质。一个人的性格和气质对所从事的工作有一定的影响，如果能从事与自己的性格、气质相符合的工作，就容易做出成绩。可以用一些测试表对自己的性格、气质进行一定的分析。

第三，分析自身优势、劣势。分析自己在择业过程中，具有哪些优势，哪些劣势，应该如何扬长避短。

第四，想做什么。问问自己究竟想做什么，即自己想在哪一方面有所发展，想成为什么样的人。换句话说，即自己的"满足感"是什么，价值标准是什么？

第五，能做什么。问问自己究竟能做什么？

四、确定择业目标

第一，择业的领域，即在沿海城市就业，还是在内地就业；留在本地，还是去外地就业。此时，既要考虑是否符合政策规定，同时还要考虑生活习惯及今后的发展等因素。

第二，择业的行业范围，即在本专业范围内就业，还是跳出本专业到其他行业就业；是从事本专业范围内的技术工作、管理工作、社会工作，还是从事教学工作、科研工作等。此时应多参考自己的综合素质、能力及兴趣、特长。

第三，择业的单位，是去大企业，还是小公司或考公务员；是选择国企，还是选择外企或民企。在这些单位中，自己是否符合条件，自己最希望到哪一家企业工作，对于愿意从事教育工作的大学生，是选择高校，还是选择中等职业学校或者是其他学校等。

择业过程中，会遇到一些不可预测的变化，但是事先为自己的择业确定一个比较明确的目标，可以使整个就业活动有的放矢，有条不紊，否则会出现乱打乱撞、盲目被动的局面。

五、准备自荐材料

在确定择业目标之后，接下来即可准备自荐材料。自荐材料是反映毕业生个人总体情况和综合素质的主要材料，是毕业生与用人单位信息交流的载体，也是用人单位透视大学生的一扇窗户和决定是否面试的重要依据，所以自荐材料被称为大学生求职择业、赢得面试的“敲门砖”。自荐材料包括就业推荐表、个人简历、自荐信以及有关辅助证明材料。

六、参加笔试

不少用人单位在招聘过程中，采用笔试的方式考核应聘者的知识、能力与素质。笔试主要检验大学生运用所学知识及用掌握的技能处理实际问题的能力。当然，笔试不仅在卷面上考核知识能力，同时也在考核其他方面的素养。例如，书写是否工整，卷面是否整洁，答题是否细心等。因此，应该珍惜并认真对待笔试。

七、参加面试

面试是众多用人单位考核大学生综合素质的重要手段。通过面对面的沟通、交流，用人单位能够了解大学生的表达能力、思维能力、处事能力、仪容仪表以及对一些问题的看法和其他一些不能通过笔试反映出来的综合素质。因此，大学生在面试前要做好充分的准备，适当进行形象设计。面试中要充满自信，用平和的态度应对主考官的提问，用简明扼要的言语回答问题，并运用合理的体态语言，积极主动地“推销”自己，展示自己的综合素质，最终取得面试的成功。

八、签订协议

用人单位通过自荐材料和供需见面、笔试、面试等招聘活动，选拔出自己合意的毕业生后，便向被录用的学生发出录用通知书。毕业生在接到录用通知书后，如果愿意到该单位工作，则双方签订就业协议书。就业协议书一旦签订，就不得随意变更。如果一方提出毁约，须征得另外一方同意，并要交纳违约金。

九、派遣与报到

与用人单位签订好协议，并得到学校、政府教育主管部门的审核同意后，接下来大学生要做的就是以优异的成绩完成学业，等待发放就业报到证，做好毕业离校的各项准备工作。

至此，毕业生的求职择业程序完成，毕业生可在领到毕业证，办理离校手续后，按照报到规定的期限和指定的地点去单位报到上班。以上便是一个比较完整的毕业生求职择业的过程。当然，在实际的择业过程中，根据每个人的情况会有所不同。

【案例分析】

案例1

小江是福建省某高校一名应届毕业生，2013年5月她与浙江省一家用人单位经过双向选择后签订了《高校毕业生就业协议书》，就业协议书盖上了用人单位公章后，小江又急忙跑回学校签署学校意见章，但学校就业指导中心老师告知小江，就业协议书上必须有用人单位上级主管部门签署意见方可解决档案和户籍等问题，学校方能盖章，于是小江不得不重新跑回浙江，到用人单位所在地人才中心盖章，之后再回到学校盖章。小江说，因为自己没有事先认真了解签订就业协议书的流程，才多跑了许多冤枉路。

案例2

小陈是2013届毕业生，毕业前与一家外贸公司签订了就业协议书。毕业时小陈收到了学校发放的《高校毕业生就业报到证》，小陈收到报到证后一时没有引起重视，随手放在了抽屉里面。2013 年 9 月，小陈听同学说，如果没有去人才中心办理报到手续，报到证会过期。小陈回家一看，报到时间在 8 月 30 日就截止了，于是小陈急忙跑到人才中心，人才中心以超出报到时间为由，不予以办理报到手续，要求小陈重新办理报到证，于是小陈不得不来回奔波于学校及省就业指导中心，花费了很大的精力才补办了新的报到证。

讨论：

1. 从以上案例可以看出，毕业生了解就业流程有着非常重要的现实意义，结合现在的情况，谈谈你对毕业生就业的流程了解多少？

2. 毕业生在就业过程中常常会遇到一些政策性较强的问题，如果碰到了这些问题，应该如何处理，通过什么样的途径了解和解决？

第二节 所需材料

一、毕业生就业推荐表

毕业生就业推荐表是学院向用人单位推荐毕业生的书面材料，表中所填内容反映了学生个人信息、学习成绩、奖惩情况、社会实践经历等方面的情况，是用人单位选择人才的重要依据，直接关系到毕业生的切身利益。

1.《毕业生就业推荐表》的管理规定

第一，《毕业生就业推荐表》供毕业生向用人单位应聘时使用，由学院就业指导中心统一制作并印发，每生一份，复印有效，学生可以另行制作个人推荐表，但学院只对按此统一格式制作的《毕业生推荐表》进行审核盖章。

第二，《毕业生就业推荐表》原则上只在审核后加盖一次公章，并由毕业生所在系、部把关核实，故请同学在交到系、部盖章前认真检查核对，以免造成不必要的麻烦。

第三，《毕业生就业推荐表》的各项内容要认真、如实、用黑色钢笔或签字笔填写，字体要工整、清晰。

2.《毕业生就业推荐表》内容填写注意事项

第一，姓名：要求填写工整，必须与身份证上姓名一致。

第二，毕业专业：如会计学、计算机工程等。

第三，政治面貌：中共党员、中共预备党员、共青团员、群众。

第四，学制：四年。

第五，E-mail：清楚、工整填写，并注意数字“0”与字母“O”之间的区别。

第六，专业与技能等级证书：填写已取得证书的名称与级别，包括其他职业资格水平证书的名称。

第七，任职情况、社会实践、奖惩情况：填写在校期间相关情况，尽量注明相应的时间或学期。

第八，个人简历：要客观、诚实、简练。

第九，学生填写的所有内容，由系、部进行认真、严肃的核查，系、部意见由学生的所在系部组织相关老师填写，学生在校期间所有成绩由教务处统一打印并加盖公章，成绩单手写无效。

毕业生的基本情况由学生本人如实填写，若存在错误和遗漏，责任自负。《毕业生就业推荐表》由系负责人根据毕业生日常表现，对毕业生做出综合评价，提出推荐意见并盖章确认，交学院就业指导中心审核盖章。

二、就业协议书

就业协议是《全国普通高等学校毕业生就业协议书》的简称，是明确毕业生、用人单位和学校在毕业生就业、择业过程中权利和义务的书面协议，能解决应届毕业生户籍、档案、保险、公积金等一系列相关问题，协议在毕业生到单位报到和用人单位正式接收签订合同后自行终止，俗称“三方协议”。

1. 就业协议包含的内容

目前我国高校毕业生通用的就业协议是由国家教育部制定，省、自治区、直辖市就业主管部门印刷的《全国普通高等学校毕业生就业协议书》，内容大体包括以下几个方面。

第一，毕业生、用人单位及学校的基本信息。毕业生和用人单位必须如实填写自己的基本情况，学校对用人单位和毕业生信息的真实性审核和监督，有利于保障用人单位和毕业生的利益。

第二，三方管理部门的意见。用人单位要明确表明自己的录用意见及使用意图，毕业生本人要真实表达自己的工作意愿，学校审核列入就业建议计划并报主管部门批准，学校负责办理派遣手续。

第三，履行责任及其他补充协议。各方应严格履行协议，而且任何一方若违反协议，应承担违约责任。如果有其他约定可作为就业协议的补充协议。

2. 就业协议的作用

第一，毕业生就业和用人单位接收毕业生的依据。毕业生和用人单位在国家就业政策的指导下，通过双向选择达成一致意见并以书面的形式确定下来——签订就业协议书，其目的是为了保护毕业生和用人单位各自的权益，同时它也是毕业生就业和用人单位接收毕业生的重要依据。

第二，学校进行毕业生就业管理和编制就业建议计划的重要依据。国家为宏观控制毕业生流向，使毕业生就业有一定的计划性，要求学校要以就业协议书为依据编制毕业生就业的建议性计划，报毕业生就业部门审批。此外，学校为加强对毕业生就业工作的管理，维护毕业生和用人单位的合法权益，保持与用人单位良好的合作关系，维护高校自身信誉，还要参与就业协议的签订并监督执行。

第三，保障毕业生及用人单位的利益。当发生毕业生和用人单位信息不真实时，双方可根据就业协议的约定追究其相应责任。所要签订的劳动合同与就业协议不一致，可以要求对方依照已经签订生效的就业协议来签订劳动合同，使其内容符合就业协议的约定。

3. 就业协议书与劳动合同的区别

就业协议与劳动合同均为用人单位录用毕业生时所订立的书面协议，在就业过程中，有些毕业生有时将两者等同或割裂开来，因而有必要对两者进行分析、比较。

(1)主体不同

就业协议适用于应届毕业生与用人单位、学校三方之间，学校是就业协议的签证与签约方，就业协议对用人单位的性质没有规定，适用于任何单位；而劳动合同适用于劳动者(含应届毕业生)与用人单位(不含公务员单位和参照实行公务员管理制度的组织和社会团体以及军队系统)之间，与学校无关。

(2)内容不同

毕业生就业协议的内容主要是毕业生如实介绍自己情况，并表示愿意到用人单位就业，用人单位表示愿意接收毕业生，学校同意推荐毕业生并列入就业方案，而不涉及毕业生到用人单位报到后所享有的权利义务。劳动合同的内容涉及劳动报酬、劳动保护、工作内容、劳动纪律等方面，其内容更为具体，劳动权利义务更为明确。

(3)时间不同

一般来说，就业协议签订在前，而劳动合同往往在毕业生到用人单位报道后才签订。

(4)目的不同

就业协议是毕业生和用人单位关于将来就业意向的初步约定，是对双方的基本条件以及即将签订的劳动合同的部分基本内容的大体认可，并经用人单位的上级主管部门和高校就业部门统一鉴证，一经毕业生、用人单位、高校、用人单位主管部门签字盖章，即具有一定的法律效力，是编制毕业生就业方案和将来双方订立劳动合同的依据。

(5)适用法律不同

就业协议发生争议时，除根据协议本身内容之外，主要依据现有的毕业生就业政策和法律对合同的一般规定来加以解决，尚没有专门的一部法律对毕业生就业协议加以调整。而劳动合同发生争议，应依据《劳动法》来处理。

4. 就业协议签订的流程

第一，毕业生和用人单位达成协议并在就业协议书上签名盖章，且用人单位应在协议书上注明可以接收毕业生档案的名称和地址。

第二，用人单位上级主管部门批准盖章。

第三，用人单位应在与毕业生签订协议书后及时将协议书送学校毕业生就业工作部门。

第四，学校同意盖章，并及时将协议书反馈给用人单位。

具体流程如图 9-1 所示。

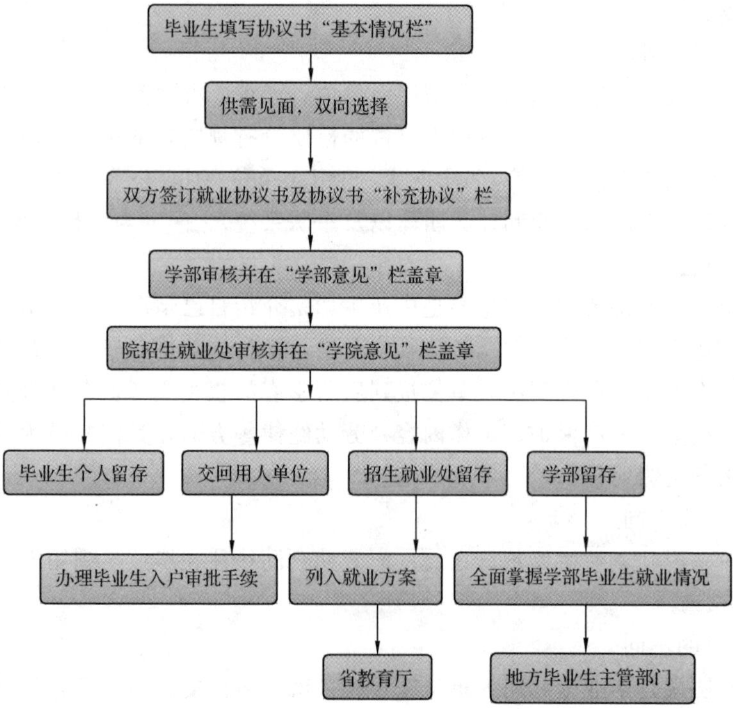

图 9-1　毕业生签订就业协议书流程图

三、报到证

(一)报到证的内容

报到证是由原来的《派遣证》转化而来的，全称是《全国普通高等学校本专科毕业生就业报到证》，是毕业生到用人单位报到的凭证，也是毕业生参加工作时间的初始记载和凭证。它是由教育部统一印制、省级高校毕业生就业主管部门签发，只有列入国家就业方案的毕业生才持有，是用人单位安排毕业生工作，并接转毕业生人事档案和户口的有效凭证。报到证只能一人一份，而由其他部门印发或签发的报到证无效。

报到证根据用途不同分为两联，一联存入本人人事档案里，另一联用于毕业生到用人单位报到时使用。本科毕业生报到时使用的报到证为蓝色，研究生报到时使用的报到证为红色。存入本人人事档案的报到证均为白色。

(二)报到证的作用

就业报到证是毕业生到单位报到的证明。毕业生到工作单位就业时，须持就业报到证。用人单位凭就业报到证为毕业生办理手续。

当地公安部门凭就业报到证为毕业生办理落户手续。

学校相关部门依据就业报到证为毕业生办理档案投递、组织关系转移和户籍迁移等手续。

就业报到证正页由毕业生到用人单位报到时交给用人单位，是毕业生参加工作时间的初始记载和凭证，上面的日期是工龄的开始年限，与退休年龄和养老保险交纳年数都有关。

就业报到证是毕业生，报考公务员必备的资料。

就业报到证是毕业生就业的证明，就业报到证中的姓名须与毕业生身份证中的姓名一致，单位的名称也必须准确。就业报到证的有效期一般为毕业后两年时间内。

自考生、成教生、留学归国学生，没有报到证，报到证是中国特色的产物，只有中国统招高校才有。

（三）报到步骤（图 9-2）

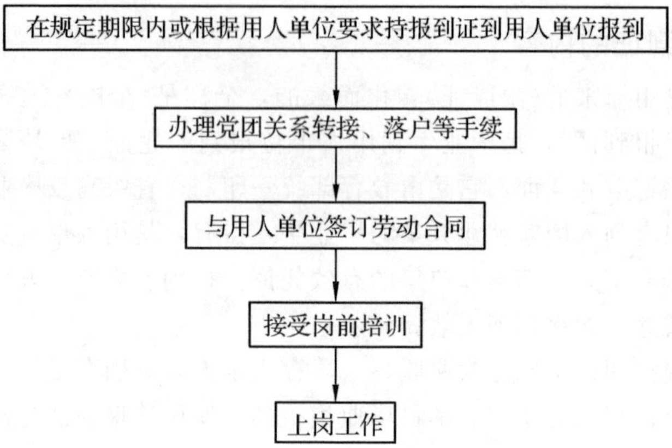

图 9-2　毕业生就业报到流程图

（四）报到证遗失补办

毕业生就业报到证不慎遗失，需补办就业报到证，分以下两种情况。

两年择业期内：本人提出申请；工作单位开具证明；学校就业主管部门开具介绍信；毕业生本人持上述材料到省就业办申请补发新的《就业报到证》。

两年择业期外：本人提出申请；工作单位开具的遗失证明；学校就业主管部门开具介绍信；毕业生本人到学校研招办复印当年经省级招生部门盖章审批的新生录取审批表复印件，并加盖学校研招办的公章；毕业生持上述材料到省就业办申请补发《就业报到证》证明书。

（五）报到证改派手续

用人单位在毕业生改派表或就业协议书上盖章；

用人单位上级主管部门在毕业生就业协议书上盖章；

学生处审核后，报省教育厅审批。

【案例分享】

小邹是一名应届大学生。2010 年 3 月中旬，他和一家公司签订了《大学生就业协议书》，签订的协议内容约定：试用期为 3 个月，服务期为 2 年，违约金 2000 元。可是到了 5 月份，小邹有意到另外一家单位工作，于是提出解除就业协议，公司同意与小邹解除就业协议，但是却在其办理手续时，告知他违约，要交 2000 元的违约金。

第三节　转迁档案、户籍、党组织关系

一、毕业生档案

(一)档案的组成内容及作用

档案包括户籍、职称、政审、党团关系、工资记载、职务任免、奖惩记录等。国家计划内高校毕业生的档案是本人人事关系的重要内容。人事档案证明了一个人从学校走上工作岗位的不同时期的轨迹，是具有实用价值和保存价值的文件材料。报考公务员、升学、工作调动、出国政审、职称评审、工资调整、社会保障、入党团以及离退休手续的办理、各项证明的出具等手续都将以档案材料的审核为重要依据。

(二)档案的去向

毕业生档案能否准确、及时、安全地到达用人单位或人才交流中心是非常重要的。因此，学校就业工作部门均通过机要通信局转寄档案。根据就业协议书上注明的档案投递方向，毕业生的档案去向有以下几种情况。

在非公有制企业就业并在人才市场或人才交流中心办理了挂靠手续的，档案寄送到相关的人才市场或人才交流中心；在国企、事业或行政单位落实就业的，档案直接寄送到单位的人事部门。

未签订过就业协议书或劳动合同的毕业生，档案寄送到生源地人事局。

被普通高等院校录取的毕业生，档案直接寄送到录取的学校。

延迟毕业的学生档案，暂时保留在学校档案室，待学生完成学业时根据具体情况寄出。

二、户口迁移

户口迁移证是公民户口所在地变动时，由原户口所在地迁往新落户地址的凭证。由户口迁出地的公安机关(高校由校公安派出所)开具，持证人到达迁入地后，须在有效期内将户口迁移证交给户口登记机关申报入户。

户口迁移证是公民在户口迁移过程中的重要凭证，因此公民在户口迁出后要妥善保管好户口迁移证，不得遗失、涂改以及转借，若因不慎将户口迁移证遗失，应立即报告当地户口登记机关，否则，用人单位有权拒绝接收。

一般在毕业当年7月初，各学校的就业工作部门会将报到证、户口迁移证以挂号方式寄给毕业生。毕业生收到后应妥善保管，并与8月份到人才市场或人才交流中心报到，办理人事代理手续，再凭人才市场或人才交流中心开具的材料、户口迁移证以及户口本到单位所在地或户籍所在地派出所办理落户手续。

三、党组织关系转迁

(一)党员转移组织关系须知

党员组织关系，是指党员对党的基层组织的隶属关系。按照党章规定，每个党员，不论职务高低，都必须编入党的一个支部、小组或其他特定组织，参加党的组织生活，接受党内外群众的监督。申请入党的人一经批准入党，接收其入党的党组织就把其编入党的基层组织，从此就确定了他的组织关系，党员就可以而且必须参加该组织的生活，并在其中积极工作。

转移党员组织关系，是党组织的一项严肃工作。做好党员组织关系转接是加强党员教育管理的一项重要的经常性工作，也是确保每个党员都能及时编入党的一个组织，参加党的组织生活，接受党内外群众监督，保持共产党员先进性的重要环节。

根据中组部的规定，凡党员所去单位已建立党组织的，应当将党员组织关系转移到单位党组织；单位未建立党组织的，应当将其组织关系转移到单位所在地或其居住地党组织，也可以转移到行业主管部门党组织，或县以上政府人事(劳动)部门所属的人才(劳动)服务机构党组织。尚未落实工作单位的毕业生党员，可将党员组织关系转移到本人或父母居住地的街道、乡镇党组织，也可随同档案转移到县以上政府人事(劳动)部门所属的人才(劳动)服务机构党组织。按照党章规定，党员如果没有正当理由，连续六个月不参加党的组织生活，或不交纳党费，或不做党所分配的工作，就被认为是自行脱党。

党员组织关系介绍信是党员政治身份的证明，是党员变动组织关系的凭证。党员组织关系介绍信由党员自己办理、携带或由党组织派人办理，不得委托他人特别是非党员代办。按照中组部规定，因工作、学习、生活等原因离开原所在党组织，要及时转移党员组织关系，在规定时间内到所去地方或单位党组织报到。党员自带组织关系，在介绍信所规定的有效期内抵达指定的党组织及时报到，是一个党员应具有的起码的组织观念。逾期不办理转接手续，介绍信就自行作废。党员组织关系转出后，党员在党组织中的隶属关系随即发生变化，党员应在转入的党组织参加党的组织生活、交纳党费等。每个党员都应自觉强化组织观念，防止成为“口袋党员”。在工作报到时要增进党的观念，注意区分人事关系、组织关系报到的不同。

党员转移组织关系，如遇特殊情况在介绍信有效期内，不能到指定党组织报到，或指定党组织未收下本人党员组织关系介绍信，无论任何情况和理由，都必须立即与转出关系党组织联系，寻求解决办法，不能拖延。有关转移组织关系问题，只能向二级党组织秘书、校党委组织部，或全国统一电话“12371”的专职工作人员咨询，杜绝因受其他不具体负责转移组织关系管理工作同志误导，造成“介绍信超期失效”、“自行脱党”等严重状况发生。

（二）转出党员组织关系步骤(图 9-3)

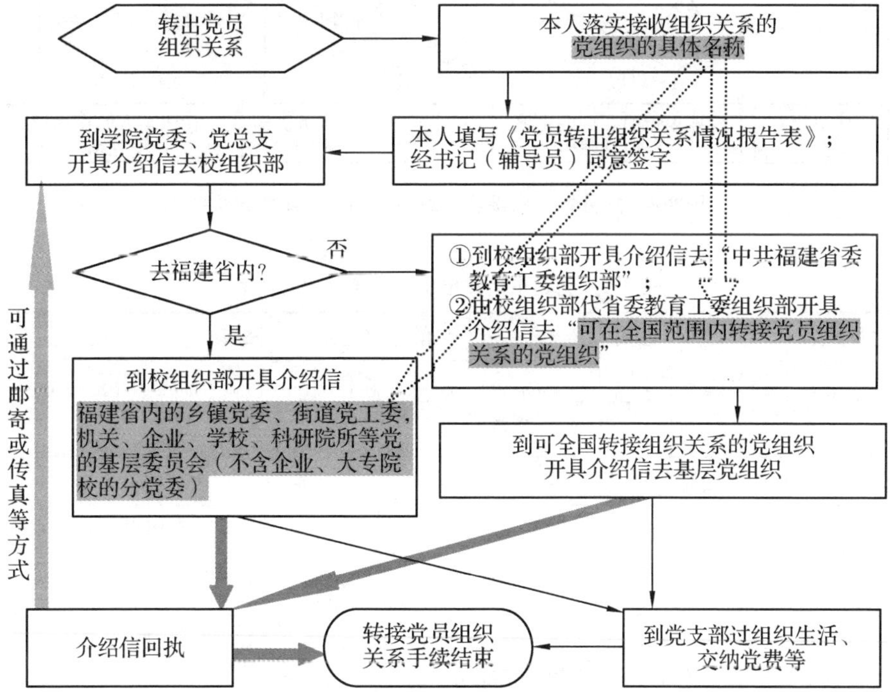

图 9-3 转出党员组织关系步骤图

（三）党员本人找接收组织关系的党组织的方法(图 9-4、表 9.1)

党员在哪里，组织关系就转到哪里。组织关系介绍信一律以党员本人报到的去向单位和接收的党组织名称为准，责任自负。

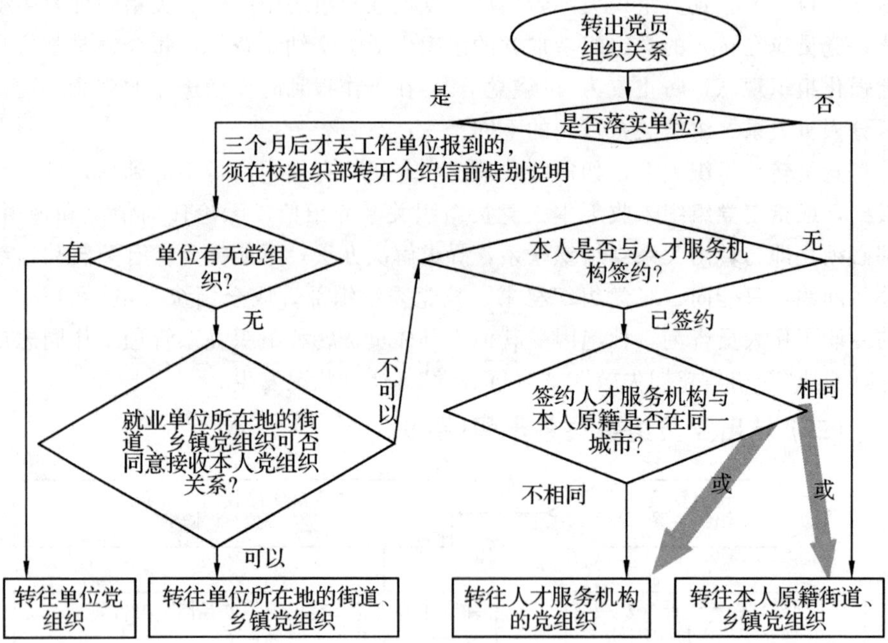

图 9-4　党员本人找接收组织关系的党组织的方法图

表 9.1　党员申请转出组织关系情况报告表

<table>
<tr><td>党员姓名</td><td></td><td>性别</td><td></td><td>年龄</td><td>周岁</td><td>民族</td><td>族</td></tr>
<tr><td>入党时间</td><td>. .</td><td>转正?</td><td>(　)正式
(　)预备</td><td>身份证号</td><td colspan="3"></td></tr>
<tr><td colspan="4">所去工作(学习、生活)单位(或地方)名称</td><td colspan="4"></td></tr>
<tr><td colspan="4">接收党员组织关系的党组织名称</td><td colspan="2">党员联系电话</td><td colspan="2">常用电子邮箱</td></tr>
<tr><td colspan="4"></td><td colspan="2">(应确保在半年内可联系)</td><td colspan="2"></td></tr>
<tr><td colspan="8">以上所填情况经仔细核对无误，情况属实。
党员本人签字：　　　　　时间：</td></tr>
<tr><td colspan="8">党费交至____年__月，同意转出党员组织关系。
党支部书记(辅导员)签字：　　　时间：</td></tr>
</table>

注：本表交学院党委、党总支留档，黏贴在“党员介绍信存根”联下沿。

【案例分享】

小周是某高校今年的应届本科毕业生，由于种种原因在临近毕业的时候还没有找到合适的工作。就在小周为毕业后去向发愁的时候，学校开始要求毕业生确认登记自己档案的接收地址。小周听说还没有落实工作单位的毕业生可以选择把档案留在学校，但是如果要选择考研、出国就不能申请把档案留在学校，还听说要把档案留在学校还需要同学校签订一个什么协议。也有同学跟小周说现在时代不同了，档案没有什么用处了，根本不用管它。小周不知道档案对自己到底有什么影响，以自己现在的情况到底应该如何处置档案？

第四节 人事代理

一、人事代理的定义

人事代理是市场经济发展中所产生的一种新型的人事管理制度，具体指政府人事部门所属的人才服务机构接受单位或个人的委托，依据法律、法规，运用社会化服务的方式，对人事业务实行代理，解决人事管理方面所遇到的问题。

二、人事代理的服务内容

根据目前的人事代理政策，大学毕业生办理人才代理可以解决以下几个方面的问题。

本人档案的保管、转移：户籍关系的挂靠、迁移：党、团组织关系的挂靠、接转。

代办养老保险、医疗保险等社会保险项目。

见习期满后的转正、定级、专业技术职务资格评审。按规定大专毕业满一年，经考核可以办理转正定级手续，工作满三年可申报评定助理工程师。

出具因公、因私出国、出境等政审证明材料。

代理期间工龄连续计算，负责档案工资的核定调整。

为毕业生办理改签手续。

对毕业时未找到就业单位的毕业生，人才服务中心可以为其办理求职登记并提供就业岗位。

办理人事代理后，不论流动到何单位，其工龄、身份、职称、社会保险、档案等方面，都有人才交流服务机构提供配套服务。

三、人事代理适用人群

个体私营企业、民营企业、乡镇企业、外商投资企业、股份制企业、集体企业、社会中介机构中的专业技术人员和管理人员。

实行聘用制的国有企事业单位中的专业技术人员和管理人员及落聘的人员。

辞职、辞退、解聘、辞聘、与用人单位解除合同及未落实单位的各类流动人员。

应往届大中专毕业生。

自费出国(境)留学人员。

其他无主管部门自愿委托人事代理的单位和个人。

四、人事代理的作用

在人才市场或人才交流服务中心办理人事代理手续的单位或个人，可享受人才市场或人才交流服务中心提供的下列服务。

代理单位招聘、录用专业技术人员和管理人员，办理大中专毕业生接收手续，办理人才调动手续。

为聘用人员办理聘用合同鉴证手续。

管理人事关系和人事档案，按政策规定为委托单位或个人接转人事关系，党、团组织关系，管理人事档案，提供身份认定、转正定级，定职，计算工龄，调整档案工资，出具就读、申报职称考试和评审，职称验证、出国(境)政审等有关手续及出具有关证明材料等。

为代理单位或个人代办社会保险；代管户籍关系。

组织员工岗位技能培训和转岗培训。

为解除聘用合同关系的人员推荐工作。

提供人事政策法规咨询和人才测评，制定单位人力资源开发规划、岗位设置和员工管理方案等。

办理政策规定的其他人事业务。

【案例分析】

张某是上海某工业大学 2008 届的高职毕业生，毕业后通过应聘进入了某银行上海分行工作，同其他进入该银行的同学不一样的是，他并不是同该银行签订劳动合同，而是同某人才中介公司签订的劳动合同，作为该公司的派出人员在工行上海分行工作。由该人才中介公司负责管理张某的人事档案，缴纳医疗、养老等社会统筹费用，并协调确定工资报酬。许多业内人士把这种新型的就业方式称为“人事代理”。

小刘是北京某大学2009届的应届毕业生，毕业后通过应聘进入北京某大型国企工作，并同企业签订了三方协议。进入该企业并同企业签订劳动合同之后发现，单位却将自己的档案关系、人事关系等交由当地的人才交流中心进行管理，自己的医疗、养老等社会统筹费用也是由该人才交流中心代为缴纳的。小刘对此有一种上当受骗的感觉，因此，小刘特向法律专家咨询。

以上两个案例反映了我国目前就业市场上存在的两项新的制度——人事代理和劳务派遣。由于立法上的滞后性，现行法律体系对实践中大量存在着的这两项制度还没有明确的规定。由于“人事代理”和“劳务派遣”对人才中介公司的要求不一样，所承担的责任也不同，所以在实践中，有些人才中介公司却故意打着“人事代理”的旗帜从事“劳务派遣”业务，故意混淆二者的界限，侵害劳动者的利益，下面就对这两项不同的制度做一下简单的分析。

人事代理是我国人事制度改革的产物，最早于1995年开始推行，主要是为了降低用人单位的人力资源成本，简单来说就是将“单位人”变成“社会人”，实现人事关系管理与人员使用相分离，用人单位只管使用人，而将与人事相关的管理工作，如档案管理、职称评定、社会保险等委托给合法设立的人才中介机构处理。人事代理首先是在高校以及事业单位和没有人事权的外资企业中推行，随后慢慢地扩展到国有企业和其他单位。

自1995年以来，国家虽然没有制定统一的人事代理法律或行政法规，但是各地为了规范人事代理这一制度，陆续制定了一些地方法规和规章，主要有《北京市人事代理暂行规定》、《哈尔滨事业单位人事代理暂行办法》、《黑龙江省人事代理规定》、《湖北省人事代理暂行办法》、《江苏省人事代理暂行办法》等。这些地方规章对人事代理作出了大体相同的定义，即人事代理是指依法经批准成立的人事代理机构，在规定的业务范围内，接受单位或者个人的委托，依法代理有关人事管理、服务工作。从对人事代理的定义中可以看出，人事代理实质上是一个民事代理合同，人事代理的双方为依法成立的人事代理机构和用人单位或者个人，当事人双方并不存在着行政隶属关系而是平等的民事关系。

劳务派遣起源于欧美，是现在世界各国都非常普遍的一种新型制度。其产生的原因之一是经济的快速发展导致了企业之间的竞争更加激烈，各企业为了更有竞争力，从而竞相降低成本。其次是用人单位为了规避日益严格的劳动和社会保障法律的规定，将直接使用劳动者而带来的各种风险和成本降低到最小，比如工伤、社会保险等。另外一个重要原因是因为劳动力市场的供过于求。基于以上一些原因，劳务派遣自20世纪产生以来，在世界各国都得到了蓬勃发展。

对于劳务派遣的概念，各国做了不同的规定。劳务派遣是指派遣单位与劳动者签订劳动合同，派遣单位同用工单位签订协议，将劳动者派遣到用工单位由其对劳动者进行管理使用，但由派遣单位向劳动者支付报酬并向派遣单位交付管理费的一种特殊的雇用制度。

根据以上的分析，我们可以看出，劳务派遣与人事代理从表面上来看都涉及劳动者、用人单位及第三方，而且劳务派遣机构和人事代理机构都需要给劳动者代缴社会保险费等。在很多方面具有一定的相似性，但实质上这是两种完全不同的制度，其具体的区别如下。

第一，劳动者与人事代理中介机构或者劳务派遣单位的关系不同。在劳务派遣关系中，劳动者与派遣单位之间是劳动关系，他们订立劳动合同，受劳动法的调整和规范。而在人事代理关系中，劳动者与人事代理中介机构之间的关系则要具体分析，在劳动者委托进行人事代理的情况下，二者是委托关系，受合同法以及民事法律规范的调整。在单位委托进行人事代理的情况下，劳动者与人事代理中介机构之间并不存在法律关系。

第二，劳动者与实际用人单位的关系不同。在人事代理关系中，劳动者与实际用人单位之间是劳动法上规定的劳动关系，用人单位负有劳动法规定的义务。而在劳务派遣中，劳动者与实际用人单位之间则没有合同关系，并不存在劳动法意义上的劳动关系，实际用人单位对劳动者的管理和使用是基于其与劳务派遣单位的双务合同。

第三，调整二者的法律规范不同。劳务派遣受劳动法以及相关劳动法律规范的调整，而人事代理则是受民法以及民事法律规范的调整，二者分受不同的法律部门调整。

第四，人事代理的内容同劳务派遣完全不同。劳务派遣是以派遣单位与劳动者之间的劳动合同为基础的，其内容是劳动法上规定的权利和义务；人事代理的内容则是委托方与受托方在相关规章规定下由双方协商确定，一些地方的政府规章对人事代理的项目都做了明确的规定的。如《北京市人事代理暂行规定》中规定“经许可的人才市场中介服务机构可分别开展以下人事代理项目：(一)代理人事政策咨询与人事规划；(二)代理人才招聘、人才素质测评和组织人才培训；(三)代办人才招聘启事的审批事宜；(四)按照国家有关规定，代理人事档案管理；(五)依据国家有关规定，代理用人单位办理接受高校应届毕业生有关人事手续；（六）经国家和本市有关部门批准，代办社会保险；（七）经国家和本市有关部门批准，代办住房公积金；（八）代办聘用合同鉴证；（九）代理当事人参加人才流动争议仲裁事宜；（十）其他人事管理事项。”其他地方规章也做出了类似的规定。

第五，在这两种关系下，实际用人单位所承担的义务和责任不完全相同。在人事代理关系下，用人单位是劳动关系的主体之一，不仅负有对劳动者的管理使用权，而且负有劳动法上规定的义务；而在劳务派遣关系下，劳动法上规定的用人单位的义务是由派遣单位来承担的，实际用工单位所承担的义务是基于其与派遣单位之间的劳务合同来确定的，并不承担劳动法上的义务，只是对劳动者实际管理使用。

通过上述分析，对于前面提及的两个案例，可以很容易地得出结论：第一个案例中的张某、某人才中介公司以及某银行上海分行之间其实是劳务派遣关系，并不是“人事代理”。第二个案例中的小刘、工作单位以及人才交流中心的关系其实是人事代理。

由于在“人事代理”和“劳务派遣”两种关系下，用人单位对劳动者所承担的责任并不相同，再加上现在大学生就业压力越来越大，有些用人单位在招聘之后，对大学生假借“人事代理”的名义，诱骗大学生必须先同人才中介公司签订劳动合同，然后许诺经过多少年或者在满足某种条件之下再同大学生签订正式的劳动合同，成为用人单位的正式员工。但是用人单位并不同劳动者签订任何的协议。在大学生辛辛苦苦工作并满足了可以同实际用人单位签订劳动合同之时，却被人才中介公司解除劳动合同。

因此，大学生在毕业签订三方协议之时，一定要注意是不是同招聘单位签订，如果不是同招聘单位而是同其他所谓的人才中介公司签订三方协议，那么很可能就是招聘单位同该人才中介公司达成协议，希望通过劳务派遣的形式来达到目的。因为，如果用人单位同人事代理机构存在人事代理关系，用人单位完全可以通过其与人事代理机构之间的协议，将大学生的档案、户口等人事关系转移至该人事代理机构。

涉世未深的大学生一定要擦亮自己的眼睛，明辨“人事代理”同“劳务派遣”的区别，以保护自己的权利和义务。

第五节　升学、待就业手续办理

一、考研

考研，通俗地讲就是高级大学(大学高级阶段)的入学考试，即“参加硕士研究生入学考试”之意。

1. 报考条件

符合下列条件的，可以报名参加国家组织的全国统一招生考试。

(1)中华人民共和国公民。

(2)拥护中国共产党的领导，愿为社会主义现代化建设服务，品德良好，遵纪守法。

(3)考生的学历必须符合下列条件之一：

A. 国家承认学历的应往届本科毕业生；

B. 具有国家承认的大学本科毕业学历的人员；

C. 获得国家承认的高职高专毕业学历后，经 2 年或 2 年以上，达到与大学本科毕业生同等学力，且符合招生单位根据本单位的培养目标对考生提出的具体业务要求的人员；

D. 国家承认学历的本科结业生和成人高校应届本科毕业生，按本科毕业生同等学力身份报考；

E. 已获硕士学位或博士学位的人员，可以再次报考硕士生，但只能报考委托培养或自筹经费的硕士。自考生和网络教育学生须在报名现场确认截止日期前取得国家承认的大学本科毕业证书方可报考。

(4)在校研究生报考需在报名前征得所在培养单位同意。

(5)报考研究生的年龄没有限制，(从 2014 年开始执行)。

(6)身体健康状况符合国家和招生单位规定的体检要求。

2. 考研程序

与学校联系；先期准备；报名；初试；调剂；复试；复试调剂；录取；毕业生就业；其他。

3. 考研要求

据教育部规定：大专生报考研究生，须在获得大专毕业后经两年或两年以上，达到与大学本科生同等学力，并符合研究生招生单位的其他要求。

例如，北京大学 2007 年硕士研究生招生简章中对此规定为：“获得国家承认的大专毕业学历后，经过两年或两年以上(从大专毕业到录取为硕士生当年的9月1日)学习或工作的人员(只能以同等学力资格报考)”、“以同等学力资格报考的考生，须在国家核心期刊上发表一篇以上与所报考专业相关的学术论文(署名前2位)，通过初试后，须加试两门本科专业基础课，部分专业还将加试实验等科目。”中国人民大学2007年招收攻读硕士学位研究生简章中对此规定为：“同等学力者报考我校，须具备以下条件：获得国家承认的大专毕业学历后，经两年(从大专毕业到2007年9月1日)或两年以上，达到与大学本科毕业生同等学力；报名时外语应达到国家四级水平；复试时加试两门所报考专业大学本科主干课程；复试时提交相当于学士学位水平的论文(字数不少于1万字)或在报刊上发表的三篇文章。”即将自考本科毕业的考生，因在现场确认时未能取得本科毕业证，可以同等学力报考。但这类考生在考研复试时一般能取得本科毕业证，建议考生到所在省市自考办开具相关证明，待初试成绩合格进入复试后，再提交证明，出示本科毕业证书原件，看能否以本科毕业生身份复试及录取。对此各高校规定不尽相同，考生一定要先咨询报考院校研招部门。

以同等学力报研，限制较多，考研难度较大，建议考生最好拿下自考本科毕业证和学位再考。在本科段学习期间，最好能结合专业，多实践，多积累。即便基础较好的考生，以同等学力报考，也要据自身实力，量力而行。

自考本科在报考方面与统招本科待遇等同。但有一点不同，自考本科一般要求在取得本科毕业证后才能报考，自考没有应届一说。这可能是因为自考对自主性要求很高，无法确保在研究生入学时能取得毕业证。这就是为什么很多学校在考生报考资格上对同等学力考生说明时“自考生除外”的原因。

二、出国留学

出国留学旧称出国留洋，一般是指一个人去母国以外的国家接受各类教育，时间可以为短期或长期(从几个星期到几年)。这些人被称为“留学生”。另外，美国等国家组织的一类海外短期的交换学生计划，其英文名字“Study abroad”直译也为留学。

1. 准备工作

第一，对留学意向国家的政治、经济，文化背景和教育体制、学术水平进行较为全面的了解。

第二，全面了解和掌握国外学校的情况，包括历史、学费、学制、专业、师资配备、教学设施、学术地位、学生人数等，要特别注意该校国际学生有多少，其中有多少中国学生在读。此外，还要落实该校颁发的文凭是否得到了我国的承认。

第三，该学校的住宿、交通、医疗保险情况如何。

第四，该学校在中国是否有授权代理招生的留学中介公司。

第五，留学签证情况。

第六，该国政府是否允许留学生合法打工。

第七，本专业在该国的就业情况。

第八，毕业之后可移民否。

2. 申请步骤

(1)准备英语考试

英语是一种交流工具，英联邦国家如英国、澳大利亚等，需考雅思(IELTS)，北美国家像美国、加拿大考托福(TOEFL)。如果去美国读研，加考 GRE，读 MBA，考 GMAT。去英联邦国家雅思一项就够了。英语考试是需要重点准备的，也是招生办最看重的。

(2)申请大学与专业

这和申请哪个国家相对应，一般最先决定去哪个国家。这涉及准备何种英语。申请大学与专业，大学申请根据自身条件分几个梯度，好的、与自己现状对称的、保底的三档，一共申请 5～6 所，然后先选择其中一所自己认为比较好的大学，然后再择专业。一般与自己背景一致或相关，也有的专业不需背景，如 MBA、MSC、教育学、社会学、亚洲研究等。在英语准备的过程可以和不同学校联系，发邮件，了解清楚后申请大学。英语成绩没出来也可以申请，跟学校说你大概能考多少，学校会根据你的条件进行录取，当去学校的时候，你把 offer 与英语成绩一起交给招生办即可。

(3)申请签证

出国留学签证是在一个人所持的护照或旅行证件上签注(盖章)，或贴上一张标签，盖章或标签带有清晰的说明文字，指明持有人进入该国的事由、允许停留的时间，或通过其领土前往其他国家的许可。一个人如果想出国旅行、定居或者留学、结婚等，除了需要持有护照以外，还应该持有相应的签证。护照是持有者的国籍和身份证明，签证则是主权国家准许外国公民或者本国公民出入境或者经过国境的许可证明。

(4)体检和换汇

到某国家指定的体检场所体检，到中国银行换汇，带上录取通知书，上面会说明你需要换多少钱。

(5)行前准备

行李的规格等信息可以在各大网站上查找，如出国留学互助联盟。

【课堂练习】

小张是一名英语专业本科毕业生，他想考北京外国语大学的英语翻译专业的研究生，小张在考研前期应如何准备?

本章知识点总结

一、就业手续流程：了解就业政策；收集和处理就业信息；做好择业的思想准备与心理准备；确定择业目标；准备自荐材料；参加笔试；参加面试；签订协议；派遣与报到。

二、就业所需材料：毕业生就业推荐表；就业协议书；报到证。

三、毕业生档案转迁、户口迁移以及党组织关系转迁手续的办理。

四、了解和掌握人事代理的定义；人事代理的服务内容；人事代理适用人群以及人事代理的作用。

五、考研、出国留学相关手续的办理。

第十章 大学生创业

【学习目的】

了解创业的定义、要素、创业者及创业团队所需的素质和能力；基本掌握如何组建创业团队；掌握创业基本过程，了解从识别创业机会、整合有效资源、制作创业计划、到创建新企业的过程；明确自己是否应该创业、适合创业、如何创业。

第一节 创业

一、创业的定义

“创业”一词由“创”和“业”组成。所谓“创”作为动词意为开始做，一般指创造、创建、创新、创意。《现代汉语词典》对“业”有如下解释：学业、专业、就业、事业、家业、企业等。从词义上看，创业为“开创事业”或者“创立企业”之意，在《辞海》中创业的解释是开创基业即创立自己的事业。

在创业教育中，所谓创业是创业者对自己拥有的资源或者通过努力拥有的资源进行整合，寻求机会，从而创造出更大的经济或者社会价值的过程。掌握创业这一概念需要明确三个关键点。

第一，整合资源。创业者把握已有的资源，努力突破资源束缚，拥有更多的资源，通过整合达到创业目的。

第二，寻求机会。产生创业动机的创业者，努力识别商业机会，发现并把握商业机会，从而产生商业活动。

第三，创造价值。创业的目的性特征是功利性和公益性，即产生商业价值，创业者既可获得利润、创造财富，也可产生社会价值，为社会创造财富，促进经济发展，提供就业机会、岗位，回馈社会。

一般来说对创业的理解有广义和狭义之分。广义的创业是指创造新事业的过程，可以大到一个新的朝代，也可以是创造一个新的产业，如农业、手工业、商业、服务业的出现，还可以是发现新的地域、研发新的物种，如哥伦布发现新大陆、袁隆平研发杂交水稻。狭义的创业是指创建一个新的企业的过程，可以是开一家个体经营的小店，开办一家公司、企业、集团，一个人或团队提供产品和服务，有意识地创造价值的过程。

二、创业的要素

创业的关键要素包括团队、机会和资源，即 Who、What、How。

(一)创业团队

创业团队是指在创业初期(包括企业成立前和成立早期)，由一群才能互补、责任共担、愿为共同创业目的而奋斗的人所组成的特殊群体。

(二)创业机会

创业机会是指创业者可以利用的商业机会。从创业过程的角度来说，机会是创业的起点，创业的过程就是围绕机会进行识别、开发、利用的过程。

(三)创业资源

创业资源是指新创企业在创造价值的过程中需要的特定资产，包括有形的与无形的资产，它是新创企业创立和运营的必要条件，主要表现形式为创业人才、创业资本、创业技术和创业管理等。

在创业活动中，这三个要素都是不可或缺的。没有机会，创业活动就成了盲目的行动，很难实现创造价值；机会虽然普遍存在，但是如果没有创业团队去识别和开发，创业活动也不可能发生；创业团队不仅要会把握合适的机会，还需要资源，否则机会将无法被开发和利用。

【课堂练习】

以下哪些行为属于创业？

1. 一位妇女为家庭聚会制作开胃食品，朋友们经常夸奖她，告诉她这些食品有多美味。后来，她成立了一家公司，制作和销售开胃食品。

2. 一位从事生物化学基础研究的科学家作出了能推动该领域前沿发展的重要发现，但是他对该发现的实际用途没有兴趣，而且从未尝试那样做。

3. 在从管理职位上被裁员后，一位中年人偶然发现了用特殊方法处理过的旧轮胎作为花园边饰(将不同种类的植物分开的隔离物)的创意。

4. 一位退休的军官想出了一个创意：从政府那里购买淘汰的水陆两栖交通工具，并使用它们去建立了一家专门从事偏远荒野旅游的公司。

5. 一位年轻的计算机科学家开发出比目前市面上任何软件都要好得多的新软件，并寻求资金创建一家公司来开发和销售该产品。

第二节　创业者和创业团队

一、创业者

创业者的定义有狭义和广义之分。狭义的创业者指创业活动的核心人员，是企业的创始者、创新者、承担者，如开创企业的企业家。广义的创业者是指参与创业活动的全部人员。

当前我国大学生自主创业环境不断改善，从中央到地方以及各高校都鼓励和支持大学毕业生自主创业，且为大学毕业生创业制定了一系列的优惠政策，积极创造各方面的条件。所以近年来大学生创业成为一种新的就业潮流，越来越多的大学毕业生加入到创业者的行列。

二、创业者的素质和能力

(一)创业者的素质

创业者不仅要具备知识、技能、经验，还需要具备以下基本素质。

1. 追求创新

创业者只有具有不断地追求创新的素质，不满足于现状的意识，才会有创业的意识和不断向前发展的动力。

【案例分享】

美国人李维斯看到采矿工人工作时跪在地上，裤子上的膝盖部分特别容易磨破，于是灵机一动，把矿区里废旧的帆布帐篷搜集起来，洗干净重新加工成裤子，“牛仔裤”就这样诞生了，从此风靡全球。

2. 勇于竞争

在现有的体制下，我国市场经济竞争愈加激烈。在推陈出新、日新月异的环境中，需要勇于竞争的特质和不断拼搏地前进，才可能真正完成创业、成功创业。

【案例分享】

20世纪80年代，诺基亚公司开始涉足移动通信，但到了90年代初，芬兰出现严重的经济危机，诺基亚未能幸免并遭到重创，公司股票市值缩水了50%。在这生死存亡的关头，公司非但没有退却，反而毅然决定变卖其他产业，集中公司全部的资源专攻移动通讯。坚韧执着的诺基亚成功了，如今诺基亚手机在世界市场的占有率已达到35%。

3. 直觉敏锐

创业者对商机和市场要具备敏锐的直觉，这样才可能在资源、市场条件相同、相似的情况下取得更大的成就，付出较少的投入收获较大的利益，及时规避即将出现的风险。

【案例分享】

借钱创业，依靠创新打天下，终将电池做成了全球第四，在新能源汽车领域成为国内翘楚，这就是眼光“毒辣”的王传福。创新，靠的不仅仅是独到的技术，更要有独到的眼光。王传福无疑是其中的佼佼者，他的商业眼光简直可以用“毒辣”来形容。尽管他被大众真正熟悉是在做汽车之后，可他眼光之“毒”，早在做电池时就已显现出来。回想起当年一头扎进电池行业的情形，王传福都有些不敢相信自己哪儿来的那么大的勇气。当时，日本充电电池一统天下，国内厂家能做的也就是买来电芯做组装，靠微薄的利润维生。王传福不愿意这么干，经过市场调研和认真思量，他决定依靠自身的技术优势(电池研究是他的专业)，直接瞄准技术含量最高、利润最丰厚的充电电池核心部件——电芯。王传福眼光之“毒”还不仅如此，更不可思议的是他在一份国际电池行业动态报告中发现，日本宣布将不再在本土生产镍镉电池，他立刻敏锐地意识到，这势必会引起镍镉电池生产基地的国际大转移，对于中国电池业来说无疑是前所未有的黄金时机，于是他马上决定涉足镍镉电池生产。两年后，他用事实证明自己的眼光是多么独到：1997年，创业仅仅两年，比亚迪公司镍镉电池销售量已达1.5亿块，排名上升到世界第四。一次创业的成功，证明了王传福企业家的敏锐直觉。

4. 把握机遇

俗话说，机会是留给有准备的人的，机会来临时，具备把握机会素质的人往往能先拔头筹。

【案例分享】

1950年，年仅22岁的李嘉诚用平时省吃俭用积蓄的7000美元在筲箕湾创办长江塑胶厂。“长江”取意于“长江不择细流，故能浩荡万里”。办厂初期，曾经出过质量事故，李嘉诚在表妹庄月明的鼓励之下渡过了难关。

1955年，长江塑胶厂终于出现了转机，产销渐入佳境。1957年，李嘉诚阅读新一期的英文版《塑胶》杂志，无意看到一则消息：意大利一家公司利用塑胶原料制造塑胶花，正全面倾销欧美市场。这则消息使李嘉诚意识到：塑胶花也会在香港流行。于是李嘉诚到意大利考察，回港后率先推出塑胶花，随即成为热销产品。

李嘉诚在香港快人一步研制出塑胶花，填补了香港市场的空白。李嘉诚走物美价廉的销售路线，大部分经销商都非常爽快地按李嘉诚的报价签订供销合约。有的为了买断权益，主动提出预付50%订金。李嘉诚掀起了香港消费新潮流，长江塑胶厂由默默无闻的小厂一下子蜚声香港塑胶业界。

1957年岁尾，长江塑胶厂改名为长江工业有限公司。公司总部由新莆岗搬到北角，李嘉诚任董事长兼总经理。厂房分为两处：一处仍生产塑胶玩具，另一处生产塑胶花。李嘉诚把塑胶花作为重点产品。塑胶花为李嘉诚带来数千万港元的盈利，长江厂成为世界上最大的塑胶花生产厂家。不久，他又积极开拓世界市场，并成为“塑胶花大王”。

5. 诚信为本

诚信是经商的基本准则，是第一品质，是各种商业活动、商业竞争的最佳竞争利器。

【案例分享】

1984年，34岁的张瑞敏入主青岛市电冰箱厂。1985年，鉴于冰箱的质量问题，张瑞敏进行了著名的“砸冰箱”改革。张瑞敏派人把库房里的400多台冰箱全部检查了一遍，发现共有76台存在各种各样的缺陷。张瑞敏把职工们叫到车间，问大家怎么办？多数人提出，这不影响使用，便宜点处理给职工算了。当时，一台冰箱的价格是800多元，相当于一名职工两年的收入。张瑞敏说：“我要是允许把这76台冰箱卖了，就等于允许你们明天再生产出760台这样的冰箱。”他宣布，这些冰箱全部砸掉，谁干的谁来砸，并抡起大锤亲手砸了第一锤！很多职工砸冰箱时流下了眼泪。在接下来的一个多月里，张瑞敏发动和主持了一个又一个会议，讨论的主题非常集中：“如何从我做起，提高产品质量”，三年之后，海尔人捧回了我国冰箱行业的第一块国家质量金奖。

海尔“砸冰箱”由此成为中国企业注重质量的一个最典型的事件，并因此成为“经典案例”。更重要的是，通过这一事件，海尔注重产品质量、诚信为本的形象被极大地树立起来。

今天，海尔已经成为世界白色家电第一品牌。截至2009年，海尔在全球建立了29个制造基地，8个研发中心，19个海外贸易公司，全球员工超过8万人，年收入逾4亿人民币，连续8年蝉联中国最有价值品牌榜首。

【课堂练习】

你了解自己吗？你对自己有怎样的认识呢？你觉得自己是否适合创业呢？有人说，人最难了解的其实是自己，你认同这句话吗？作为一个创业者，了解自己是很关键的，因为了解自己，就可以从自己的情况出发，合理地选择创业项目、组建团队，还可以在创业活动中，根据自己的情况，扬长避短，最大限度地发挥自己的优势，弥补自己的不足。

你认为最了解你的人真的了解你吗？你的回答也许是肯定的，但事实不一定如此。如果你和认为最了解你的人做一个测试，也许差异会让你意想不到。这是因为，别人就像一面镜子，镜子里的影像并不一定和你想象中的影像相同。

1. 基本创业素质评估(自测)

下列各题均有四个选择：

答案：

A. 是(计 4 分)

B. 多数(计 3 分)

C. 很少(计 2 分)

D. 从不(计 1 分)

请在符合你的实际情况的括号内填上 A、B、C、D。

(1)在急需作出决策的时候，你是否在想："再让我考虑一下吧。"(　　)

(2)你是否为自己的优柔寡断找借口说："是得好好谨慎考虑，怎能轻易下结论呢？"(　　)

(3)你是否为避免冒犯某个或某几个有相当实力的客户而有意回避一些关键性的问题甚至表现得曲意逢迎呢？(　　)

(4)你已经有了很多写报告用的参考资料，但仍责令下属继续提供。(　　)

(5)你处理往来函件时，是否读完就扔进文件框，不采取任何措施？(　　)

(6)你是否无论遇到什么紧急任务，都先处理琐碎的日常事务？(　　)

(7)你非得在巨大的压力下才肯承担重任？(　　)

(8)你是否无力抵御或预防妨碍你完成重要任务的干扰与危机？(　　)

(9)你在决定重要的行动计划时常忽视其后果吗？(　　)

(10)当你需要作出可能不得人心的决策时，是否找借口逃避而不是勇敢面对？(　　)

(11)你是否总是在快下班时才发现有要紧事没办，只好晚上回家加班？(　　)

(12)你是否因不愿承担艰巨任务而寻找各种借口？(　　)

(13)你是否常来不及躲避或预防困难情形的发生?(　　)

(14)你是否总是拐弯抹角地宣布可能得罪他人的决定?(　　)

(15)你喜欢让别人替你做自己不愿意做的事吗?(　　)

测试结果:

50～60分:说明你的个人素质与创业者相差甚远。

40～49分:说明你不算勤勉,应彻底改变拖沓、效率低的缺点,否则创业只是一句空话。

30～39分:说明你大多数情况下充满自信,但有时犹豫不决,不过没关系,有时犹豫是成熟、稳重和深思熟虑的表现。

15～29分:说明你是一个高效率的决策者和管理者,更是一个成功的创业者,具有良好的心理素质和坚忍不拔的毅力。

你的测试结果是:__________

你觉得结果与你自己的特征相符吗?__________

为什么?__________

2. 基本创业素质评估(他测)

找一个你认为最了解你的人,让他回答以下问题:

你的创新意识强烈吗?__________

理由:__________

你有很强的风险意识吗?__________

理由:__________

你有强烈的科学意识吗?__________

理由:__________

你有强烈的拼搏意识吗?__________

理由:__________

你有强烈的合作意识吗?__________

理由:__________

你乐于自我实现吗?__________

理由:__________

你很自信吗?__________

理由:__________

你具有诚信精神吗?__________

理由:__________

你觉得你认为最了解你的人给出的答案符合你自己的看法吗?__________

理由：

(二)创业者的能力

1. 创新能力

创新能力是创业的核心，是创业者的生命源泉。创业者可以创造某种产品或者服务，也可以改进原有的产品和服务，通过创造、革新，改进技术、管理、营销等环节进行创业。

【案例分享】

强生公司的一名员工在一次工作时把手指划破了，血流不止，于是顺手拿起纱布把手指包住，但包住后觉得影响了工作，便拿起身边的胶布缠住手指，这样好像又不舒服，他就在纱布上加点药，再用胶布缠好。以后，同事有受伤的，这名员工就把这种方法介绍给他们。这件事被强生公司的高层注意到，启发产品开发人员研发出今天我们所看到的邦迪创可贴。就是这样一个创新发明，为强生公司带来了巨大的效益，而当初提出建议的那名员工也得到了数十万美元的奖励。

2. 学习能力

创业者只有不断学习才能应对社会和时代变化的冲击和要求，才能在科技进步、高度信息化的竞争社会中立足。创业者需要具备制定学习目标和计划的能力、阅读能力、分析归纳能力、信息检索能力等。

【案例分享】

杨澜可以说是在中国知名度很高的文化名人，她集多种身份于一身，她是文化名人，也是名主持、名电视人，还是著名的文化商业人士。杨澜并无显赫的家庭背景，走的也是大学教育就业的途径，她能拥有高雅的气质、辉煌的事业、成功的人生，机遇天分固然重要，但更重要的还是不断努力地学习，这样让她成就了一个又一个不同却又美好的自己。

杨澜1980年至1986年就读于北京工业学院附属中学(现为北京理工大学附属中学)。1986年至1990年就读于北京外国语学院英语学院英语系。那时杨澜还是一个有些缺乏自信的女生，甚至曾因为听力课听不懂而特别沮丧。直到后来不断努力学习提高听力水平，才逐渐恢复了自信。1990年，杨澜成为中国中央电视台《正大综艺》节目女主持人。四年央视主持人的职业生涯，不仅开阔了杨澜的眼界，更让她懂得了一些事情：“一开始央视让我一下子进入一个殿堂，但是我往下一看，空空如也，下边的基础都不是我自己建起来的，是一个庞大的机构赋予你支持，我觉得特别不踏实，所以我得自己从下边垒砖头慢慢起来，这样才会踏实。”于是杨澜在1994年放弃主持红极一时的《正大综艺》，赴哥伦比亚大学国际和公共事务学院主修国际传媒。1994年至1996年，杨澜又攻读了美国哥伦比亚大学国际与公共事务学院国际事务学硕士学位。

3. 合作能力

每个人的能力都是有限的，善于和他人合作，互相弥补彼此的不足，才能达到原来无法达到的目标，创业需要寻求才能互补伙伴，为了创业理想共同合作。善于和他人合作，取长补短，更有利于获得创业的成功。

【案例分享】

当今的餐饮业中，希尔顿集团可谓是疆界在五洲，“子民”遍世界。200多幢巍峨壮丽的高楼大厦，舒适豪华，装饰高雅的套房、温馨周到的一流服务，无一不在向人们显示希尔顿的与众不同。其中值得称道的是希尔顿集团的“团队合作精神”。唐拉德·希尔顿在服役期间深刻认识到，在战场上，每一个生命都要靠许多同时执行任务的忠诚的战友互相保全。没有这种精诚合作的精神，一个人要想在战场上生存下来，是很难想象的。因此，他在经营旅馆时，特别注意“团队合作精神”，正因为如此，希尔顿集团上下团结一致，从而在激烈的竞争中立于不败之地。希尔顿曾这样说过：“我可能是德克萨斯州最幸运的，是福中之人。这种福来自于友谊，来自于志同道合的伙伴。我希望我的一生能永远与同僚相处愉快，合作无间。因为，我的福来自他们。”

4. 经营管理能力

经营管理能力在较高层次上决定了创业实践活动的效率和成败。创业者为了在竞争激烈的市场竞争中取得优势，必须学会对人员、资金的管理，涉及对人员的选择、使用、组合和优化，也涉及资金聚集、核算、分配、使用、流动。

【案例分享】

经历了10年的快速发展，到了1986年，宏基已经成为拥有5家子公司的企业集团，正是在这样的背景下，宏基提出了十年内营业额增长15倍，把宏基电脑发展成为国际型大企业的“龙腾国际战略”，而实施这一战略的最大障碍在于公司内部人才瓶颈的制约，宏基开始大量引入空降部队，并公开大量招聘各类国际化人才。

这些空降部队大多在外企和其他工作单位有杰出的表现，进入宏基后立即担任较高的职位，这冲击到宏基创业元老和第二代原有的关系。且由于空降部队来自不同的国家、单位，语言、文化背景、思维方式、生活方式都不同，与宏基企业文化有很大的差异，工作出现的问题和摩擦日益增加，导致一些宏基第二代感觉自己不受重视，挫折感增强，不少人离职他就、出国进修、工作上消极对抗，这给宏基造成重大打击。

5. 分析决策能力

只有在进行深刻的科学分析的基础上，才能作出正确的创业决定。创业者应当具备对市场进行分析判断，寻找蛛丝马迹，在把握宏观大局的基础上巧钻市场夹缝，对事件拿主意、做决断、定方向，把机遇升华为对现实生产力进行分析决策的能力。

【案例分析】

科学正确的决策有时能令一家企业起死回生，再创辉煌。

史玉柱的"神话"开始于1989年。那年，史玉柱推出桌面中文打字软件M—6401，为了推广产品，他作出了赊账买电脑、用软件版权做抵押先打广告后付款的决策，赚得了第一桶金。1991年，他成立了巨人高科技集团，为抢占市场，史玉柱做出了大胆的决策——向全国各地的电脑销售商发出邀请，只要订购10块巨人汉卡，便为他们报销路费，让他们前来珠海参加巨人汉卡的全国订货会，于是巨人汉卡的销量一跃成为全国同类产品之首，公司获纯利1000多万元。

1995年，他把"大手"伸向了保健品领域，推出"脑黄金"等12种保健品，同年，史玉柱被《福布斯》列为中国内地富豪第8位。后因建设巨人大厦，史玉柱沦落为负债2.5亿元的"中国首穷"。

总结经验教训，史玉柱摒弃了过去多元化经营模式，变得专注起来。"一个人一生只能做一个行业，不能做第二个行业；而且不能把这个行业的所有环节都做，要做只能做自己熟悉的那部分领域，同时，做的时候不要平均用力，只用自己最擅长的那一部分。"如今的史玉柱正专注搞网游。

经历了人生最低谷的史玉柱显得保守而谨慎，他甚至为自己制定了三项"铁律"：第一，必须时时刻刻保持危机意识，每时每刻提防公司明天会突然垮掉，随时防备最坏的结果；第二，不得盲目冒进，草率进行多元化经营；第三，让企业永远保持充沛的现金流。

无论是保健品行业还是网游行业，史玉柱都做了大量的前期调查，甚至亲自调研，之后才进一步确定决策目标及产品推广切入口。无论是广告语"今年过节不收礼，收礼只收脑白金"的灵感，还是推广《征途》所采用的"农村包围城市"的做法，都是史玉柱在调研的基础上作出的谨慎决策。

6. 社交能力

美国著名的成功学家卡耐基说过："一个人事业上的成功只有15%是由于他的专业技术，而85%是依靠人际关系和处世技巧等。"创业者如果具有较强的社交能力，就可能获得更多的信息，并尽快地与各界人士建立相互合作的关系，获取更多的资源，为创业提供保障。

【案例分享】

一个推销员拜访一位成功人士，问他："您为什么取得如此辉煌的成就呢?"成功人士回答："因为我知道一句神奇的格言。"推销员说："您能说给我听吗?"成功人士说，"这句格言是：我需要你的帮助!"推销员不解地问："你需要他们帮助你什么呢?"成功人士答："每当遇到我的客户时，我都向他们说：我需要您的帮助，请您给我介绍3个您的朋友的名字，好吗?很多人答应帮忙，因为这对他们来说只是举手之劳。"闻听此言，推销员如获至宝，他按照那位成功人士的经验，不断地复制"3"的倍数，数年之后，他的客户群像滚雪球一样越滚越大，通过真诚的交往和不懈的努力，他终于成为美国历史上第一位一年内销售超过10亿美元寿险的成功人士，他就是享誉美国的寿险推销大师甘道夫。

7. 执行能力

执行能力就是保质保量按时完成工作任务的能力，是决定创业成败的措施。执行能力主要体现在目标管理能力和时间管理能力上。明确、可实现的目标是高效执行的前提，时间管理能力有利于在单位时间内取得更高的执行效率和更好的执行效能。

【案例分享】

有一个农夫一早起来，告诉妻子说要去耕田，当他走到40号田地时，却发现耕耘机没有油了。原本打算立刻要去加油的，突然想到家里的三四只猪还没有喂，于是转回家去。经过仓库时，望见旁边有几个马铃薯，他想起马铃薯可能正在发芽，于是又走到马铃薯田去。路途中经过木材堆，又记起家中需要一些柴火。正当要去取柴的时候，看见了一只生病的鸡躺在地上……这样来来回回跑了几趟，这个农夫从早上一直到太阳落山，油也没加，猪也没喂，田也没耕……很显然，最后他什么事也没有做好。

这个案例可以看出做好目标设定、计划和预算是执行的基础，做好时间管理是提升执行效率的保障。

三、创业团队

(一)创业团队的定义

创业团队是由技能互补、贡献互补的创业者组成的特殊群体，该群体在一个共同认同的、能使彼此担负责任的程序规范下，为达成高品质的创业结果而共同努力，相互协作、依赖、共同担当。

(二)优秀创业团队的特征

组建一支优秀的创业团队对于创业者能否成功创业是至关重要的环节，优秀的创业团队需要具备以下特征。

第一，知己知彼。每个成员清楚认识自己，了解其他成员才能明确各自技能是否互补，如何进行合理有效的分工，最大限度地发挥各自的优势，弥补彼此的劣势。

第二，才华各异。成员间应该各有所长、相互补充、相得益彰，确保创业团队能够更好地面对创业过程中出现的各种问题。

第三，单一核心。创业团队中需要有一个核心人物，是团队成员在合作共事中发自内心认可的，具有远见、威望、魄力和决断力的人，而且团队中不能同时出现两个核心人物，否则将出现各种矛盾，可能最终导致团队涣散。

第四，目标一致。共同的创业目标能够将分散的个体凝聚成一股强劲的力量，团队成员志同道合才能团结一致为共同目标奋斗。

第五，彼此信任。信任是人与人之间解决分歧、达成一致的重要方法。在明确权、责、利的基础上，团队成员间足够的信任才能有效解决创业过程中出现的分歧和矛盾。

(三)组建创业团队

第一，人数合理，权责分明，分工适当。一般情况下，创业团队的人数控制在3～5人为宜。刚开始创业的时候，合理的人数和明确的分工协调，可以保证各项工作完成的效率。

第二，技能互补，知识结构合理。创业团队应包括的基本人才有：管理型人才，负责工作调整与应急事务处理等；营销人才，负责创业计划书的起草修正以及市场调研推广等；技术性人才，负责创业项目研发、技术支持和专业服务等。

第三，目标统一，加入团队的目的和价值观一致。《孙子兵法》曰：“上下同欲者，胜。”共同的目标和价值观，能够激励团队成员勇敢克服困难，对未来充满希望，齐心协力取得最终胜利。

第四，打造团队精神，适时联动。团队精神是企业无形的向心力、凝聚力，是每个成员的精神支柱，是创业成功的基石。

第三节　创业过程

一、创业机会

创业机会是具有商业价值的创意，是一种特殊的商业机会，比一般的商业机会更具有创新性甚至创造性。要把握创业机会，首先要学会识别什么是有价值的创业机会。

(一)有价值创业机会的基本特征

第一，有吸引力。“创业教育之父”蒂蒙斯认为，好的机会需要有需求旺盛的市场和丰富的利润，而且还容易挣钱。

第二，持久性。好的创业机会一般具备可持续发展的潜力，并且能够为企业带来持续的竞争优势。

第三，及时性。这些机会需要很快满足某项重大的需求和愿望，或者尽早帮助人们解决一些重大问题。

第四，依附于买者或终端用户创造或增加产品的价值、服务或者业务。有价值的创业机会应该能为顾客带来价值和利益，不管是产品、业务还是服务，都必须产生实实在在的价值。

(二)创业机会的来源

了解创业机会的来源有利于创业者寻找、发现创业机会。“现代管理学之父”德鲁克提出了机会的七种来源。

1. 意外的成功及失败

意外的成功是最好的创新。要开发它只需分析这种现象，因为意外的成功是一个征兆。对于意外的成功，德鲁克所列举的一个经典案例是发生在纽约的百货零售业。多年前，纽约最大的百货公司梅西公司，在销售家电方面获得了意外的成功，但它的总经理很不能接受这一点，因为公司一直是以销售服装为主的，他本人也是从服装业起家的，于是他采取了限制家电销售的应对措施，结果，该公司逐渐丧失了行业领导地位。另一家小零售公司则好好利用了同样的意外成功，最后登上纽约市场的第二把交椅。意外的成功成为创新来源的例子非常普遍，能够利用意外成功的人，就是企业家，他的头脑是开放的。不能够利用它的人，就给别的企业家让出了空间并为对手创造了发展的机会。

意外的失败也能引出其他机会。举例说，福特汽车公司在 1957 年研制成一款 EDSEL 汽车。EDSEL 的设计是基于对顾客做出大量的研究，找出他们对汽车外观及设计的偏好而发展出来的。但结果 EDSEL 一推出市场就失败了，几乎没有人选购这款汽车。福特的管理层没有责怪消费者的选择“不理智”。他们认为错出在汽车业对消费者行为的一些一般假设上。福特在重新研究市场后发现了一个新的消费者“生活形式”市场，然后迅速地生产另一款设计超卓的雷鸟汽车。后来，雷鸟型号成为美国汽车业有史以来最成功的型号之一。

2. 不协调现象

不协调是一种差距，是一种不一致的现象。这种差距如果存在于现实的情况跟人们假设应发生的情况不一致上，无论是好的或是坏的差距，都是一种变动征兆。它意味着改变已经发生，或可以主动造就改变的发生。德鲁克举了一个发生在远洋货运行业的例子：长期以来，远洋货运业着力改善的是船只的装载量、行驶速度、能耗，希望降低航运途中的成本，但这没有解决固定资产闲置问题，即船只必须在港口外排队，长时间等待进港装卸。这差点要了船运业的命，直到滚装卸货轮和集装箱出现以后，大大缩短了装卸的时间，减少了船只闲置成本，这个行业才起死回生。远洋轮船货运量在随后的 30 年里上升了 5 倍，总成本下降了 60%。用集装箱把货物装卸解决在陆地上而不是甲板上，一个小小的创新，解决了现实和假设之间的不协调——远洋货运的问题是船闲置成本过高，但从业者误以为是船航行的工作成本太高。方向错了，越努力，船开得越快，装得越多，到港后要等待的时间就越长。关于不协调的事件或现象，德鲁克提出了 4 种情况：经济现状的不协调、现实和假设的不协调、你所认定的客户的价值和客户实际的价值(追求的东西)之间的不协调、程序的节奏或逻辑的内部不协调。上述例子属于第二种情况。

3. 基于流程需要的创新

这种创新源于寻找一个现存流程内较弱或缺少的一环。如果消费者认为有需要，或觉得有“较好的方法”，这种创新将被用家乐意接受。基于程序的创新是从工作出发，从任务出发的。德鲁克的经典案例：白内障手术是很成熟的流程，风险比较低，但手术中需要切断一条韧带，韧带流血会伤及眼睛，虽然出事的概率只是 1%，还是让医生和病人很有顾虑。有一种酶可以解决这个问题，滴一两滴这种酶在韧带上，韧带就可以被溶掉，没有出血危险。不过，这种酶很难保存和运输，导致无法被临床使用。制药公司的销售员科纳发现了这个需要，他改良了冷冻保存这种酶的方法，随后申请了专利。无论是医生还是病人，都不在乎多花几百美金购买这种酶去除风险，几乎有多少人做这种手术就有多少人购买科纳的专利酶，整个市场虽然一年加起来只有五六千万美金的生意额，但被他完全垄断，利润率高达百分之几百。

4. 产业或市场结构的改变

这种改变一般来自顾客偏好、口味的改变或新的价值观。另外，个别产业的迅速增长也是产业结构改变的可靠指针。日本汽车制造业用小型及耗油量低的汽车打入美国市场，令他们能把握当时燃油价格大幅度增加的机会，从消费者改变的喜好中增加汽车销量。另外一种创新的机会来自产业以外的改变。

5. 人口的改变

德鲁克先生认为人口的改变(年龄、教育、可支配收入、地域上的转变等)是预测未来最可靠的指针之一，也为创新带来机会。举例说，中国的人口老化、大量只有一个孩子的家庭以及上升的可支配收入可为创新带来一些什么机会？

6. 理解及意义的改变

上文提到的意外成功及失败常常暗示着人们在理解及意义上有所改变。福特汽车公司雷鸟型汽车的成功及 Edsel 汽车的失败被归结于人们在理解上的改变。汽车市场当时一般被(产业)以顾客收入分割，但在顾客选购汽车时，顾客们却以“生活形式”来决定自己选购的汽车。在这种情况下寻找创新机会须把握时机及做出准确判断。例如，创新者须判断人们的理解是否真正发生变化，或只是一种短期的潮流？中国的消费者是否正经历理解及意义方面的改变？

7. 新知识(科学及非科学的)

新知识虽可成为创新机会的来源，但却需要最长的时间。新的知识要变成科技需要很长的时间，然后再需要一段时间才发展成产品，推入市场。知识型的创新的另一个特点是他们差不多永远不会基于一个单一的因素而产生。很多时候他们的出现是集中了几种不同的知识而形成的。

【课堂练习】

所有的神奇都有它的平凡之处；所有的平凡都有它的神奇之处。正如罗丹所说：“生活中从不缺少美，而是缺少发现美的眼睛”。有了一双善于发现的眼睛，我们就能让平凡变得神奇。而这点神奇，往往就是创业的源泉。

一支铅笔、一块橡皮、一个孩子、一份作业，有一天，一个人想到在铅笔的另一端加上橡皮，孩子涂改的速度就被提了上来。那个时候，这个朴素的创意就把铅笔和橡皮组合在了一起。

发挥你的聪明才智，改进下列物品。

➢ 餐具(碗、筷子、汤匙等)

创意一：提升功能角度______

创意二：节省空间角度______

创意三：自选角度______

➢ 药瓶(塑料的或玻璃的，变废为宝)

创意一：装饰角度______

创意二：利用材料角度______

创意三：自选角度______

➢ 萝卜

创意一：食用创新角度______

创意二：药用创新角度______

创意三：自选角度______

➢ 头发

创意一：功能角度______

创意二：装饰角度______

创意三：自选角度______

➢ 照片

创意一：功能角度______

创意二：装饰角度______

创意三：自选角度______

二、创业资源

(一)创业资源的内涵

创业资源是企业创立以及成长过程中需要的各种生产要素和支持条件，是新创企业在创造价值的过程中所需要的特定资产。辨识创业过程中的资源需求，了解资源的获取方式，熟悉资源整合的途径，合理筹集和运用相关资源，掌握资源管理的技巧和策略是创业者成功开展创业活动的必备技能。

(二)创业资源的分类

创业资源按照性质可以分为人力资源、财务资源、物资资源、技术资源、组织资源和政策资源 6 种。

第一，人力资源。人力资源不仅包括创业者以及创业团队的知识、训练和经验等，也包括创业成员的专业智慧、判断力、视野和愿景，甚至包括创业者本身的人际关系网络。

第二，财务资源。财务资源主要是指货币资源。通常新创企业的财务资源的途径有个人储蓄，向亲友融资，天使投资，向银行、非银行或者中小企业间互相的机构贷款，交易信贷和租赁，风险投资，政府扶持基金，知识产权融资等。一般来说，创业初期以不高于市场平均水平的资本成本及时筹集到充足的财务资源，是新创企业成功创办和顺利经营的前提条件。

第三，物质资源。物质资源是创业和企业经营所需要的有形资源，如建筑物、设施、机器和办公设备、原材料等。

第四，技术资源。技术资源包括关键技术、制作流程、作业系统、专业生产设备等。技术资源大多与物质资源相结合，可以通过法律的手段予以保护，部分技术资源会形成组织的无形资产。

第五，组织资源。组织资源一般指企业的正式管理系统，包括企业的组织结构、作业流程、工作规范、信息沟通、决策体系、质量系统以及正式或非正式的计划活动等，有时组织资源也可以表现为个人的技能和能力。

第六，政策资源。国家、政府、各地方政府、组织甚至高校都制定了一系列鼓励创业的政策和措施，如纳税优惠、贷款优惠等，如北京从 2006 年 5 月起，除拥有北京《再就业优惠证》的人员外，持有北京户口的未就业大学毕业生想要从事个体经营或自主、合伙创办小企业自筹资金不足的，也可申请小额贷款。为了激发毕业生们的创业激情，上海专门设立了支持大学生创业的“天使基金”。“天使基金”最高 30 万元，大学生开办企业可获 5 万～30 万的支持。福建省制定了《关于促进以创业带动就业的工作意见》，减免创业税费，登记失业人员、残疾人、退役士兵以及毕业 2 年以内的普通高校毕业生，凡从事除建筑业、娱乐业以及销售不动产、转让土地使用权、广告业、房屋中介、桑拿、按摩、网吧、氧吧等以外的个体经营的，自其在工商部门首次注册登记之日起 3 年内，免交管理类、登记类和证照类有关行政事业性收费。此外，还有一项由团中央发起的，教育部、劳社部共同参与，中国青少年发展服务中心组织实施，扶持大学生创业的“彩虹计划”。“彩虹计划”制定了自主创业的大学生向银行申请开业贷款担保额度最高可为 7 万元，并享受贷款贴息；大学毕业生做个体户一年免 5 项收费，免费风险评估、免费政策培训、无偿贷款担保以及部分税费免减。大学生、研究生可以休学保存学籍创办高新技术企业等多项扶持措施。

三、创业计划

创业计划的制作主要内容和基本技巧包括如下几个方面。

第一，封面。总体风格要简洁大方，线条要美观流畅。封面要包括以下几项：XXX(企业名称)创业计划书及创业者姓名、日期、通讯地址、联系电话、电子邮箱地址。

第二，目录。明晰各章节标题及所对应的页码，通常不超过3页。

第三，摘要。作为计划书的浓缩版，篇幅以1～2页为宜，以便潜投资者能在最短的时间内评审计划并作出判断。它的基本功能是用来吸引投资者的注意力，它必须能够让潜在投资者有兴趣并渴望得到更多的信息。

第四，企业概况。简单明了，概括即可，重点介绍该企业的与众不同之处。

第五，市场分析。包括市场需求、市场竞争现状、企业产品在市场中的地位预测。建立在严密科学的市场调查基础上，要以平实的语言进行说明。

第六，产品介绍。对于产品或服务是什么，简明地讲清楚即可，没有必要介绍太多的技术原理和内容；产品或服务的特点，重在市场化的特点；附带产品原型、图片，以吸引读者，加深读者对产品的印象。

第七，组织结构。组织结构最好采用图表的形式，一目了然。对于创业团队的描述关键是叙述管理者的素质和能力。经验和经历也很重要，大胆地起用新人也要说明理由。企业管理人员应是互补型的，且具有团队精神。

第八，营销策略。需要把营销计划、宣传策略、价格策略和营销队伍几大要素先概括后具体地讲清楚。对创业企业来说，由于产品(服务)和企业的知名度低，很难进入其他企业已经稳定的销售渠道中去。因此，企业不得不暂时采取高成本、低效益的营销战略，如上门推销、大打商品广告、向批发商和零售商让利或交给任何愿意经销的企业销售。

第九，生产计划。把设备现状与更新、质量控制与改进以及新产品投产计划讲明即可。

第十，财务规划。重点是提供未来3年的现金流量表、资产负债表以及损益表。

第十一，风险分析。风险在哪里？如何应对？资本如何积累？最好的和最坏的设定是怎么样的？将这些问题解答完毕，这一部分的编写就到位了。

第十二，附录。将管理层简历、销售手册、产品图纸、其他说明等需要补充的材料附加在此即可。

总之，创业计划书是个性的体现，并没有通用的模板。但需客观真实，有效可行，创新性强，讲求逻辑。

【扩展阅读】

撰写创业计划书的六个C(六要素)

第一个C是CONCEPT，概念。概念指的是：在计划书里面，要写得让别人可以很快地知道要卖的是什么。

第二个C是CUSTOMERS，顾客。有了卖的东西以后，接下来就是要卖给谁，谁是顾客。顾客的范围在哪里要很明确，比如说认为所有的女人都是顾客，那50岁以上的女人也能用吗？5岁以下的也是客户吗？适合的年龄层是多大要界定清楚。

第三个C是COMPETITIONS，竞争者。东西有没有人卖过？如果有人卖过是在哪里？有没有其他的东西可以取代？这些和竞争者的关系是直接的还是间接的？

第四个C是CAPABILITIES，能力。要卖的东西自己会不会，懂不懂？比如开餐馆，如果师傅不做了找不到人，自己会不会炒菜？如果没有这个能力，至少合伙人要会做，要不然也要有鉴赏的能力，不然最好不要做。

第五个C是CAPITAL，资本。资本可以是现金也可以是资产，是可以换成现金的东西。那么资本在哪里？有多少？自有的部分有多少？可以借贷的有多少？这些都要很清楚。

第六个C是CONTIUATION，永续经营。当事业做得不错时，将来的计划是什么？

任何时候只要掌握这六个C，就可以随时检查，随时做更正，不怕遗漏什么。

四、新企业的开办

(一)企业组织形式选择

创业者对新企业组织形式的确定，是新企业生存与发展的重要法律基础。一家新创企业可以选择的组织形式有多种，主要有个人独资企业、合伙企业、公司制企业(包括有限责任公司和股份有限公司)。

(二)企业名称核准

根据规定，设立企业应当申请企业名称预选核准，这便于申请人办理各种前置手续以及赋予申请人一种登记优先权，在保留期内别人不得以相同的名称申请登记，企业名称经核准登记注册后方可使用，在规定的范围内享有专用权，受国家法律保护，其他企业或者社会组织不得假冒、使用或者盗用。

(三)办理经营场所手续

企业登记注册要提交营业场所证明。自有场地需要提交产权证明，租赁场地的需要提供租赁期在一年以上的房屋租赁协议，并附上出租人的产权证明，还有场地平面图，标明方位和面积。

(四)前置审批

根据规定，凡属于专项管理范围的经营项目，都要办理前置审批手续，需要到政府相关机构办理批准许可手续，如从事宾馆餐饮行业需到卫生防疫部门办理卫生许可证，需体检的企业员工要到所在地区卫生防疫部门进行培训，以便办理个人健康合格证。

(五)银行注册

至少准备好政策允许的最低注册资金，在银行服务窗口办理注册手续，取得注资证明。

(六)工商注册

申请人应当按照国家工商管理总局制定的申请书格式文本提交申请，并按照企业登记法律、行政法规和国家工商行政管理总局规章的规定提交有关材料。涉及法律、行政法规和国务院发布的决定确定的企业登记前置许可项目的，申请人应当提交法定形式的许可证或批准文件。

(七)印章刻制

创业者需到所在地公安局办理新企业印章，并提供相关文件，包括营业执照、法定代表人身份证明等。公安局审批后到指定的印章刻制单位刻制新企业印章。

一般包括公章(企业名称)一枚、财务专用章(也可刻制铜章)一枚、合同专用章一枚(可多枚)、企业法人代表章(人名章)一枚等。完成后，回公安局办理印模备案。

(八)企业代码登记

我国实行组织机构代码管理制度，根据《全国组织机构代码编制规则》强制性国家标准，对境内每一个机关、团体和企事业单位颁发唯一的、始终不变的法定代码标识。创业者应到当地质量技术监督局申请办理组织机构代码证书，申请办理时需提供以下文件：(1)企业单位提交企业法人营业执照或者营业执照及复印件；(2)法定代表人、负责人身份证件及复印件；(3)经办人身份证件及复印件，组织机构授权经办人办理登记的证明。

(九)银行开户

根据现行国家有关制度规定，每个独立核算的经济单位都必须在银行开户，各单位之间办理款项结算，除现金账管理办法规定可用现金外，均须通过银行结算。具体程序是：首先，向银行提供营业执照和组织机构代码证书，证明是经法律许可登记注册的企业，具有生产经营的权利，并已办理组织机构的代码证书。其次，填写开户申请书，申请书内容应写明申请开户的理由，并按照银行提供的表格填写，力求真实、准确、明了。此申请书在单位盖章后交由银行审核。

(十)税收登记

企业，企业在外地设立的分支机构和从事生产、经营的场所，个体工商户和从事生产、经营的事业单位自领取营业执照之日 30 日内，持有关证件，向税务机关申报办理税务登记。税务机关应当自收到申报之日起 30 日内审核并发给税务登记证件。申报办理税务登记的一般程序是：第一，由纳税人主动提出申请登记报告，并提供营业执照；有关合同、章程、协议书；银行账号证明；居民身份证、护照或其他合法证件以及税务机关要求提供的其他有关证件、资料。第二，如实填写税务登记表。第三，税务机关审核后发给税务登记证件。

(十一)社会保险登记

根据《中华人民共和国社会保障法》，新企业注册后必须办理社会保险。国家建立基本养老保险、基本医疗保险、工伤保险、失业保险、生育保险等，保障公民在年老、疾病、工伤、失业、生育等情况下依法从国家和社会获得物质帮助的权利。

用人单位应当自成立之日起 30 日内凭营业执照、登记证书或者单位印章向当地的社会保险经办机构申请办理保险登记。社会保险经办机构应当自收到申请之日起 15 日内予以审核，发给社会保险登记证件。用人单位的社会保险登记事项发生变更或者用人单位依法终止的，应当自变更或者终止之日起 30 日内，到社会保险经办机构办理变更或者注销社会保险登记。

五、大学生创业 SWOT 分析

SWOT 分析法又称为态势分析法，它是由美国哈佛商学院著名管理学教授安德鲁斯于20世纪60年代首先提出来的，是一种能够较客观而准确地分析和研究一个单位现实情况的方法。SWOT分析法是一种对外部环境的威胁T(Threats)、机会O(Opportunities)进行分析辨别，同时，估量组织内部的劣势W(Weakness)与优势S(Strengths)，制定有效战略计划的方法。SWOT四个英文字母分别代表优势(Strengthes)、劣势(Weakness)、机会(Opportunities)、威胁(Threat)。

从整体上看，SWOT分析可以分为两部分：第一部分为S、W(优势和劣势是内在要素)，主要用来分析内部条件；第二部分为O、T(机会与威胁是外在要素)，主要用来分析外部条件。

利用这种方法可以从中找出对自己有利的、值得发扬的因素以及对自己不利的、要避开的东西，发现存在的问题，找出解决办法，并明确以后的发展方向。根据这个分析，可以将问题按轻重缓急分类，明确哪些是目前急需解决的问题，哪些是可以稍微拖后一点儿的事情，哪些属于战略目标上的障碍，哪些属于战术上的问题，并将这些研究对象列举出来，依照矩阵形式排列，然后用系统分析的思想，把各种因素相互匹配起来加以分析，从中得出一系列相应的结论，而结论通常带有一定的决策性，有利于领导者和管理者做出较正确的决策和规划。

SWOT分析法常常被用于制定集团发展战略和分析竞争对手情况，在战略分析中，它是最常用的方法之一。

大学生创业的SWOT分析如下。

(一)优势分析(S)

首先，大学生勇于拼搏，具有冒险精神。创业面临诸多不确定因素，这些不确定因素会给创业带来风险。因为高风险和高收益具有高度相关性，所以创业者必须具有冒险精神。大学生有着年轻的血液、蓬勃的朝气、敢想敢做的拼搏意识以及“初生牛犊不怕虎”的精神，敢于在市场环境中把握机遇、面对风险，而这些都是一个创业者应该具备的冒险精神。

其次，大学生敢于挑战新事物，富有创新精神。“杰里米”的创始人克劳斯提醒打算创业的年轻人：“要成为行业中的创新者，而不是一成不变的模仿者”。年轻人的特点是充满朝气和标新立异，有对传统观念和传统行业挑战的信心和欲望，在创新中具备一定的优势，能够根据市场需求变化，不断挑战自我，不断采用新思路、新策略、新方法，把创新思想转化为现实的科研、管理和实践动手能力。

最后，大学生拥有较高的专业素质。大学生在学校里学到了很多理论性的东西，有着较高专业水平和继续学习的能力，对事物有较强的领悟能力。而目前最有前途的事业就是开办高科技企业，大学生创业从一开始就必定会走向高科技、高技术含量的领域，“用智力换资本”是大学生创业的特色和必然之路。

(二)劣势分析(W)

首先，大学生社会经验不足。纸上谈兵、缺乏经验是目前大学生创业中普遍存在的问题，不少大学生创业者不习惯对其产品或项目做市场调查，而是进行理想化的推断。由于缺少社会阅历和经验，对市场的分析、判断、处理等能力还很欠缺，对公司不具备完整的管理体系，往往找不准项目。对创业中的挫折和失败，没有充足的心理准备，常常感到痛苦茫然，甚至沮丧消沉。

其次，资金不足是制约大学生创业的主要“瓶颈”。创业项目往往需要一大笔启动资金，而大学生融资渠道单一，基本仅限于银行贷款、自筹资金、民间借贷等传统方式，许多大学生都苦于缺乏创业启动资金而放弃了创业的梦想。

最后，急于求成、眼高手低、创业技能缺乏。大学生虽然掌握了一定的书本知识，但终究缺乏必要的实践能力和经营管理能力，对市场营销等缺乏足够的认识，很难立刻胜任企业经理人的角色。而且很多大学生把 IT 业等高科技产业作为大学生眼中的创业金矿，而不屑于从事服务业或技术含量较低的，以至于起点太高而容易失败。

(三)机遇分析(O)

近年来，为支持大学生创业，国家出台了一系列鼓励大学生自主创业的优惠政策，涉及融资、开业、税收、创业培训、创业指导等诸多方面。为了促进以创业带动就业，人力资源社会保障部、发展和改革委员会、教育部等十余个部门共同制定了《关于促进以创业带动就业工作的指导意见》，其中涉及放宽市场准入、改善行政管理、强化政策扶持、拓宽融资渠道等诸多方面。为大学生创业提供了优惠的外部环境。

(四)威胁分析(T)

首先，大学生创业政策不够完善。近年来我国各级政府虽然陆续推出了一些就业、创业方面的政策，但整体上还不够完善，在一定层面上使得创业的大学生找不到相关政策。

其次，关于大学生创业的服务机制不够健全。各级政府在为大学生提供创业指导、整合社会资源为大学生创业服务等方面不够完善，相应服务机构不够健全，影响了大学生创业的效率和质量。